华东政法大学
教材建设和管理委员会

主　　任　郭为禄　叶　青
副 主 任　张明军　陈晶莹
部门委员　虞潇浩　赵庆寺　王月明
　　　　　洪冬英　屈文生
专家委员　王　迁　孙万怀　杜素娟
　　　　　余素青　任　勇　钱玉林

人文素质教育教材系列

逻 辑

主　编　王　莘

副主编　（按姓氏笔画为序）

　　　　孔庆荣　张晓光　缪四平

撰稿人　（按撰写章节为序）

　　　　张晓光　缪四平　梁永春　孔庆荣　王　莘

图书在版编目(CIP)数据

逻辑/王莘主编. —北京:北京大学出版社,2009.4
(人文素质教育教材系列)
ISBN 978 – 7 – 301 – 15075 – 7

Ⅰ. 逻… Ⅱ. 王… Ⅲ. 逻辑 – 教材 Ⅳ. B81

中国版本图书馆 CIP 数据核字(2009)第 043271 号

书　　　名:	逻辑
著作责任者:	王　莘　主编　孔庆荣　张晓光　缪四平　副主编
责任编辑:	朱　彦　朱梅全　王业龙
标准书号:	ISBN 978 – 7 – 301 – 15075 – 7/B · 0791
出版发行:	北京大学出版社
地　　　址:	北京市海淀区成府路 205 号　100871
网　　　址:	http://www.pup.cn
电　　　话:	邮购部 62752015　发行部 62750672　编辑部 62752027 出版部 62754962
电子邮箱:	zpup@pup.cn
印　刷　者:	北京宏伟双华印刷有限公司
经　销　者:	新华书店
	730 毫米 × 980 毫米　16 开本　17.75 印张　336 千字 2009 年 4 月第 1 版　2024 年 1 月第 17 次印刷
定　　价:	39.00 元

未经许可,不得以任何方式复制或抄袭本书之部分或全部内容。
版权所有,侵权必究
举报电话:010 – 62752024　电子邮箱:fd@pup.cn

人文素质教育教材系列

编　委

主　任　范玉吉

委　员　黄淑华　吴　桥　巢立明

　　　　钱　伟　张晓光

目 录

第一章 引论 …………………………………………………… (1)
- 第一节 逻辑是什么 ……………………………………… (1)
- 第二节 逻辑学的性质和作用 …………………………… (4)
- 第三节 逻辑简史 ………………………………………… (6)
- 第四节 关于非形式逻辑与批判性思维 ………………… (8)

第二章 逻辑基本规律 ………………………………………… (12)
- 第一节 逻辑基本规律概述 ……………………………… (12)
- 第二节 同一律 …………………………………………… (13)
- 第三节 矛盾律 …………………………………………… (18)
- 第四节 排中律 …………………………………………… (22)

第三章 定义 …………………………………………………… (28)
- 第一节 定义的基本概念 ………………………………… (28)
- 第二节 定义的三大类型 ………………………………… (30)
- 第三节 定义的规则 ……………………………………… (34)
- 第四节 划分 ……………………………………………… (35)

第四章 论证 …………………………………………………… (39)
- 第一节 论证概述 ………………………………………… (39)
- 第二节 论证的方法 ……………………………………… (42)
- 第三节 论证的规则 ……………………………………… (46)
- 第四节 论证中的谬误 …………………………………… (49)

第五章 复合命题及其推理 …………………………………… (52)
- 第一节 复合命题 ………………………………………… (52)
- 第二节 复合命题推理 …………………………………… (84)
- 第三节 命题演算 ………………………………………… (126)

第六章　简单命题及其推理 ·· (138)
第一节　概念和概念间关系 ·· (138)
第二节　直言命题 ··· (143)
第三节　直言直接推理 ·· (149)
第四节　三段论 ·· (152)
第五节　关系命题与关系推理 ··· (159)
第六节　谓词演算 ··· (164)

第七章　模态推理 ·· (175)
第一节　模态及模态命题 ··· (175)
第二节　模态对当关系及其推理 ·· (182)
第三节　模态命题与非模态命题的关系及其推理 ······················· (186)
第四节　带有模态词的复合命题推理 ······································ (188)

第八章　归纳推理 ·· (191)
第一节　归纳推理概述 ·· (191)
第二节　完全归纳推理和不完全归纳推理 ································ (192)
第三节　探求因果联系的五种逻辑方法 ··································· (198)

第九章　类比推理 ·· (206)
第一节　类比推理 ··· (206)
第二节　运用类比推理应注意的问题 ······································ (210)

第十章　假说与侦查假说 ··· (212)
第一节　假说概述 ··· (212)
第二节　侦查假说 ··· (222)

第十一章　法律逻辑基础 ··· (231)
第一节　法律逻辑概述 ·· (231)
第二节　法律推理 ··· (236)
第三节　规范命题 ··· (264)
第四节　法律概念 ··· (271)

后　记 ··· (279)

第一章 引　　论

第一节　逻辑是什么

一、"逻辑"一词的含义

"逻辑"是外来语,且多义。

"逻辑"是英语"Logic"的音译。它原于古希腊语"λογος"(逻各斯)。"逻各斯"是多义词,主要含义有:(1) 一般的规律、原理和规矩;(2) 命题、说明、解释、论证等;(3) 理性、推理;(4) 尺度、关系、比例;(5) 价值等。

最早将西方逻辑思想引入我国的是明末清初学者李之藻,他与西方传教士傅汎际合力翻译了《名理探》一书。初始,我国译者将"Logic"译为"名学"、"辩学"、"名辩学"。将"Logic"译为"逻辑"一词的是近代学者严复。"逻辑"一词首见于他20世纪初的译著《穆勒名学》。后经近代学者的提倡,这一译名才逐渐普及。

在汉语中,"逻辑"一词也是多义的,主要含义有:(1) 客观事物的规律;(2) 某种理论、观点;(3) 思维的规律、规则;(4) 逻辑学或逻辑学知识。

本书采用的含义是作为一门科学的"逻辑",即汉语含义中的第四种。

二、逻辑的研究对象

在现实中,特别是在学界,逻辑不仅在词义上多义,而且在研究对象上也存有差异。有的学者认为,逻辑是研究有效推理的理论,即有效推理就是从前提真必然地得出结论真的理论。有的学者则认为,逻辑研究的对象是关于正确思维的理论,把逻辑置在一个"大逻辑"观的视角上,予以宽泛理解。

本文持后一种逻辑观,即逻辑是一门研究思维的形式、规律和方法的科学。

1. 什么是思维的形式

思维的形式,又称"思维的逻辑形式",它是指思维内容的存在方式、联系方式。

要理解什么是思维的形式,我们先要把握思维是什么。辩证唯物主义认识论认为,人的认识是人脑对客观世界的反映,是基于实践的基础由感性认识上升到理性认识的不断深化的过程。思维则是认识的理性阶段。理性认识阶段的特征是:对现实间接、抽象、概括的反映。理性认识阶段的具体表现形式是:概念、判断、推理。概念是反映对象特有属性的思维形式;判断是对对象作出断定的思维形式;推理是由已知知识推出一个新知识的思维形式。

因此,思维的形式,就是概念、判断、推理三种思维形式的联结方式。

如:

  所有法律都是强制性的。
  所有金属都是导电体。
  所有商品都是劳动成品。

以上三语句,用逻辑术语表述,就是三个判断。这三个判断的具体内容各不相同,但它们却有共同的形式。这共同的形式就是:所有……都是。

若把这三个判断的各自内容"法律"、"金属"、"商品"和"强制性的"、"导电体"、"劳动成品"用符号"S"和"P"表示,则它们的思维逻辑形式就是:

  所有 S 都是 P。

又如:

  如果过度砍伐森林,那么就会破坏生态平衡。
  如果某甲是杀人凶手,那么某甲有作案时间。
  如果物体受到摩擦,那么物体一定生热。

这也是三个判断,它们的各自内容不同,但却有共同的逻辑形式。这个共同的逻辑形式是:如果……那么。若用"p"表示其中的"过度砍伐森林"、"某甲是杀人凶手"、"物体受到摩擦",用"q"表示"就会破坏生态平衡"、"某甲有作案时间"、"物体一定生热",则该思维逻辑形式为:

  如果 p,那么 q。

我们再看下例:

  所有金属都是导电体,
  所有铜都是金属,
  所以,所有铜都是导电体。

  所有违法行为都是具有社会危害性的行为,
  所有犯罪行为都是违法行为,
  所以,所有犯罪行为都是具有社会危害性的行为。

上例就是两个推理,是以句组或句群反映思维对象。它们的思维具体内容虽各不相同,但却有共同的形式,都包含三个概念和三个判断,每个概念都出现两次。如果用"M"表示其中的"金属"、"违法行为",用"S"表示其中的"铜"、

"犯罪行为",用"P"表示其中的"导电体"、"具有社会危害性的行为",那么两个推理的思维逻辑形式可以表示为:

所有 M 都是 P,
所有 S 都是 M,
─────────────
所以,所有 S 都是 P。

以上所分析有关思维的逻辑形式、存在方式、联系方式主要包括逻辑常项和变项两部分。所谓逻辑常项,是指在某种逻辑形式中,不随思维具体内容的变化而发生变化的部分。以上逻辑形式中的"所有……都是……"、"如果……那么……"、"所以"都属于逻辑常项。所谓变项,是指在某种逻辑形式中,随着思维具体内容的变化而发生变化的部分。以上逻辑形式中的"S"、"P"、"p"、"q"、"M"都属于变项。因此,可以这样表述:任何一种思维逻辑形式都是由逻辑常项和逻辑变项两部分组成的。其中,逻辑常项决定逻辑形式的性质,是区分不同逻辑形式的依据。

2. 思维形式的规律

思维形式的规律,即逻辑规律,是在研究思维的形式基础上总结出来的,是存在于思维形式的必然关系。

逻辑规律分为基本的逻辑规律和非基本的逻辑规律。

基本的逻辑规律通常是指保证思维确定性的同一律、保证思维无矛盾律性的矛盾律、保证思维明确性的排中律三大规律(有的教科书指四大规律,将充足理由律也列入其中)。基本的逻辑规律是普通地适用于各种类型的思维形式,体现了任何人进行思维活动时都必须遵守的最起码的逻辑要求的规律。

非基本逻辑规律是指适用于某一种思维形式的特殊规律,传统逻辑把这些规律称为逻辑规则。

在现代逻辑的基础部分即经典命题逻辑和经典谓词逻辑中,逻辑的基本规律是以重言式或者普遍有效的方式表现出来的。

我们掌握逻辑规律至少有这样两点认识:

第一,思维形式的规律不是人们主观臆造的,而是有其客观基础的,它们是客观事物本身所存在的关系在人们头脑中的反映。

第二,这些规律不但是人们正确地认识客观世界和表述、论证思想的有效凭借,而且也是在这个过程中人们必须遵守的,它对正确思维具有规范性和制约性。

3. 思维的逻辑方法

逻辑学还研究思维的逻辑方法。它主要是指,人们在思维的过程中所形成的概念、判断,进行推理和论证的方法。例如,定义、划分、限制和概括三种明确概念的逻辑方法,探求因果联系的科学归纳法,进行证明和反驳的反证法和归谬法等。逻辑方法与思维的逻辑形式及其规律有着密切的联系,也是逻辑学研究对象中不可缺少的部分。

第二节　逻辑学的性质和作用

一、逻辑学的性质

逻辑学的性质主要体现它的功能定位。

逻辑学所具有的工具性、基础性的功能定位早已为专家、学者所论述,或为权威部门所认定,并被大家接受。

逻辑学本身虽不能给人们直接提供各种具体知识,但它能够为人们进行正确思维、获取新知识,以及表述、论证思想,提供必要的逻辑手段和方法。这种工具性,从逻辑学产生之日起就已经被人们认识,它不仅成为在论辩、演讲、谈话中所必不可少的有力工具,而且成为一切科学研究的必备工具,与数学和语言学相类似。

逻辑学作为工具性学科的定位,使它具有全人类性。任何一个人,只要进行思维活动,那么就必须遵守逻辑学所揭示的有关思维形式的知识。唯有如此,人们才可能正确地认识客观世界,人和人之间的思想交流、相互理解也才有可能成为现实。

逻辑学还具有基础学科性质。联合国教科文组织早在1974年编制的学科分类中,就已经把逻辑学(包括逻辑的应用、演绎逻辑、一般逻辑、归纳逻辑、方法论等)与数学、天文学和天体物理学、地球科学和空间科学、物理学、化学、生命科学一起并列为七大基础学科,明确了逻辑学的基础性。

二、逻辑学的作用

学逻辑的目的是用逻辑。因此,逻辑学的作用主要体现在它的应用性上。关于逻辑的应用,可从以下三方面进行说明:

1. 有助于人们准确、严密地表达和交流思想,进行有效的交际

人们在工作、学习和生活中,相互表达、交流思想,进行有效的交际,主要有两种方式,一是说,一是写。说和写的第一"要务"是清楚、明白。因为主体之间的交际不论是单向的还是双向的都要清楚、明白,只有清楚、明白才能准确、严密地表达和交流思想,才能进行有效的交际。逻辑学要求人们在运用概念时要明确、作出判断要恰当、推理要有逻辑性,这正是有助于提高人们这方面的思维能力。其前提就是学习逻辑知识,掌握逻辑方法,培养逻辑素养。

2. 有助于培养和提高人们认识事物、把握事物规律的思维能力,运用逻辑推理,从而获得间接知识

直接经验构成了人类认识的一个重要来源。但是,这一来源有其自身的局限性。在有些情况下,仅仅依靠直接经验,人们是根本不可能获得有关对象的具体认识的。事实上,多数知识还是通过间接的途径获得的。在这个过程中,需要运用推理。因为推理是由一个或几个判断推出另一个判断的思维形式。

例如,喜马拉雅山被人们称为"世界屋脊"。人们由此认为,不仅今天如此,而且以前也应如此。但是,科学家的科学考察告诉我们:27亿年前,那里曾是一片汪洋大海。根据地质学常识,逻辑推理告诉我们:凡是有水生生物化石的地层,都是地质史上的古海洋地区。科学发现,喜马拉雅山山脉的地层遍布珊瑚、苔藓、鱼龙、海百合等水生生物化石。因此,可得出结论:喜马拉雅山在过去的地质年代,曾经是一片汪洋大海。

我们把上例写成如下的形式:

凡是有水生生物化石的地层都是地质史上的古海洋地区,
喜马拉雅山山脉的地层有水生生物化石。

所以,喜马拉雅山山脉是地质史上的古海洋地区。

这个结论就是运用了三段论推理形式得出的。这个结论的获得,与其说是相信科学考察,倒不如说相信它所依赖的思维工具逻辑推理的有效性。因此,人们认识事物,把握事物规律,都必须依赖于正确运用各种推理和逻辑方法。

3. 有助于识别、驳斥谬误和诡辩

在人们认识客观事物和表述、论证思想的过程中,有时会出现一些谬误。谬误主要是指在人们的思维活动中,发生的违反思维规律或规则的逻辑错误。

近代意大利科学家伽利略,就是运用逻辑的有力武器,推翻了当时的科学权威亚里士多德影响世界长达近千年的关于"物体落下的速度与重量成正比"的论断。亚里士多德在他的《物理学》一书中讲道:"重的物体下落快,轻的物体下落慢。"当时没有人对这一论断产生怀疑,因为这是权威人士之言,同时又符合所谓"生活常识"的认知。然而,伽利略提出,如果遵循亚里士多德"重的物体下落快,轻的物体下落慢"的论断,让鸡毛和石头绑在一起,即一个重物和一个轻物绑在一起,就会出现两种推断:一方面,重物由于被轻物拖着,要比原先下落的速度慢了。轻物由于被重物拉着,要比原先下落的速度快了。这样,轻重两物绑在一起后,其下落速度应比原先单个重物下落慢,而比原先单个轻物下落快。另一方面,轻重两物绑在一起后,应比原先单个重物还要重,下落速度则更快。这样就出现了逻辑矛盾。若从一个命题出发,推出两个相互矛盾的结论,那么这个命题一定是虚假的(不成立)的。可见,亚里士多德关于"物体落下的速度与重

量成正比"的论断是荒谬的。这就是逻辑对谬误的识别。

诡辩主要是指在实际论辩过程中,有的人为了达到某种目的,往往会散布貌似正确、实则荒谬的言论。其实质也同谬误一样,是违反逻辑的规律或规则。为了彻底驳斥诡辩,必须从诡辩产生的根源上加以分析,运用逻辑工具,指出所犯的逻辑错误。

第三节 逻辑简史

逻辑学是一门古老的科学,从产生到今天,已经有两千多年的历史。古代的中国、印度和希腊是逻辑学的三大源头。三大逻辑是在自己民族的文化背景下,用自己民族的语言和表达方式,向后人阐释各自的逻辑体系,从而形成了三个不同的逻辑传统。

一、以古希腊逻辑为先河的传统逻辑

亚里士多德(Aristotle,公元前384—前322)是古希腊逻辑学的创始人。他在继承前人研究成果的基础上,建立了人类历史上第一个演绎逻辑系统,被后人尊称为"西方逻辑之父"。亚里士多德的主要逻辑著作包括:《范畴篇》、《解释篇》、《前分析篇》、《后分析篇》、《论辩篇》和《辩谬篇》。后人把这些逻辑专著收集在一起,合称《工具论》。在这些著作中,他分别论述了有关概念、判断、推理、论证、论辩的方法以及如何驳斥诡辩等方面的问题。特别是他关于三段论的理论,至今我们仍在研用。另外,在其哲学著作《形而上学》一书中,他还系统地论述了矛盾律、排中律,同时也涉及同一律。正是由于亚里士多德的卓越贡献,才奠定了传统逻辑学发展的坚实基础。

继亚里士多德之后,古希腊斯多葛学派研究了假言命题、选言命题、联言命题以及由它们所组成的推理形式,并提出了相应的推理规则。欧洲中世纪对逻辑学的发展虽没有多大的建树,但出版了一些较有影响的逻辑教科书,如西班牙学者彼得的《逻辑大全》等。

17世纪,随着实验自然科学的兴起和发展,英国哲学家、逻辑学家弗兰西斯·培根(Francis Bacon,1561—1626)研究了科学归纳法问题。他在《新工具》一书中,提出了科学归纳的"三表法",即"存在和具有表"、"差异表"、"程度表",进而奠定了归纳逻辑的基础。19世纪,英国哲学家、逻辑学家穆勒(John Stuart Mill,1806—1873)在《逻辑体系》(我国近代学者严复译为《穆勒名学》)中,把培根的"三表法"进一步发展为科学归纳的五种方法:求同法、求异法、求同求异并用法、共变法和剩余法。至此,由古希腊的演绎逻辑与近代的归纳逻辑构成了今天称为"传统逻辑"的基本框架。

二、中国古代逻辑——名辩学

我国古代无"逻辑"之名,只有"形名"或"辩"之称。① 因此,我国古代逻辑思想也大都体现在"名"和"辩"上。名家的公孙龙、后期墨家和儒家的荀子是我国先秦名家、墨家和儒家中对"名"和"辩"的学说论述最详、思想最深、贡献最大的代表。在先秦史上,他们对"名"和"辩"提出了最为丰富的思想理论体系和学说体系。《公孙龙子·名实论》、《墨经·小取》和《荀子·正名》三篇反映了他们三家的名辩学说和理论体系。

在《名实论》《正名》篇里,公孙龙和荀子都提出了关于概念之"名"必须具有自身确定性的逻辑正名原则和正名中必须遵守的同一律和矛盾律的原则。特别是《墨经》的《经上》、《经下》、《经说上》、《经说下》、《大取》、《小取》等六篇逻辑专文,集中体现了墨家学派的创始人——墨子和前、后期墨家在当时特定的社会历史、文化背景下,用自己的语言和表达方式论述了"辩"的对象、范围和性质,提出了"名"、"辞"、"说"等基本思维形式,总结了"譬"、"侔"、"援"、"推"等具体论式,制定了具体的规则,独创了以类同为依据的"类比"推类理论,并发展成为一个完整的理论形态,代表了我国古代逻辑的最高水平。

三、印度古代逻辑——因明学

尽管学界有人称"因明"为佛家逻辑,但由于约定俗成,人们都将"因明"或"因明学"指定为印度逻辑。"因"是指原因、理由、根据,"明"是指智慧和知识,合称即是研究论证、推理及其依据的学说。

因明在古代印度的发展经历了两个阶段——古因明与新因明。古因明与新因明的主要区别体现在逻辑推理上。古因明的推理是五支作法,而新因明是三支作法。新因明的三支作法是指,推理形式由三个部分(三支)组成,即宗(论题)、因(理由)、喻(例证)。新因明的代表人物是5世纪的陈那和他的弟子商羯罗王,代表作是陈那的《正理门论》和商羯罗王用以解释《正理门论》的《入正理门论》,代表了印度逻辑发展的最高水平。

四、现代逻辑的兴起与发展

现代逻辑是在亚里士多德创立的传统逻辑基础上形成和发展起来的。现代逻辑,有的学者称之为"数理逻辑"。

17世纪末,德国数学家、哲学家、逻辑学家莱布尼兹(Gottfried Wilhelm Leibniz,1646—1716)提出了两种思想,一种是用数学演算的方法处理演绎逻辑;另

---

① 参见温公颐:《先秦逻辑史》,上海人民出版社1983年版,第1页。

一种是在自然语言之外,创立一种适合于演算的"通用语言"。这两种思想为数理逻辑的诞生奠定了思想基础。虽然莱布尼兹的理想没有通过自己的努力而得以实现,但后人仍然公认他是数理逻辑的创始人。

莱布尼兹之后,英国数学家、逻辑学家布尔(George Bool,1815—1864)于1847年建立了"逻辑代数"。这是数理逻辑的早期形式,它标志着莱布尼兹关于数理逻辑的思想已经初步成为现实。

19世纪末20世纪初,另一位德国数学家、哲学家、逻辑学家弗雷格(Gottlob Frege,1848—1925)模仿数学的方法,首次把传统逻辑符号化,并形成一种结构清楚的逻辑演算系统。由于贡献突出,弗雷格被称为"现代逻辑之父"。

此后,经过许多杰出的逻辑学家,如皮亚诺(Giuseppe Peano,1858—1932)、罗素(Bertrand Russell,1872—1970)和怀特海(Alfred Whitehead,1861—1947)等人的不懈努力,直至1930年,哥德尔(Kurt Godel,1906—1978)证明一阶谓词演算的完全性,数理逻辑才算真正创立,标志着现代逻辑的诞生。

数理逻辑的基础部分,就是我们常说的两个演算,即命题演算和谓词演算。以命题演算和谓词演算为基础的现代逻辑已经发展出各种各样的分支,其前沿研究领域有语言逻辑、哲学逻辑、计算机与人工智能逻辑以及认知逻辑等。

第四节 关于非形式逻辑与批判性思维

非形式逻辑与批判性思维是20世纪60年代末70年代初在北美和欧洲兴起的一种学术"运动",目前引起学界的深入研究和思考。

一、关于非形式逻辑

目前,学界没有对非形式逻辑给出一致公认和规范的界定。由于它常与批判性思维相伴而行,讨论的问题也多有交叉,所以有"非形式逻辑与批判性思维"的说法。

"非形式逻辑"的英文名称为"Informal Logic"。在表述中,非形式逻辑常和一些名称混用,如"实用逻辑"、"逻辑自卫"(Logical Self-Defense)、"日常逻辑"、"论证逻辑"、"自然语言逻辑"、"论辩逻辑"等等。非形式逻辑涉及的主要问题有:

其一,论证理论。论证的本质是什么?论证和推理有什么关系?论证有哪些类型?能用自然语言对论证进行有效分类吗?论证应满足什么标准,遵从什么原则?如何从自然语言中辨认、抽取并重建论证?在论证的重建中,如何处理预设(或隐含前提)?

其二,论证评价与批评的理论。对论证的评价与批评可否分为逻辑的与非逻辑的？对论证的评价与批评（包括逻辑的与非逻辑的）的目标和标准是怎样的？论证评价与分析中应否容纳伦理方法的原则？这种评价与分析应不应该涉及论证的实质内容？下列说法哪种更贴切：可行的论证，似真的论证，有说服力的论证？

其三，谬误理论。谬误的本质是什么？哪些是论证的谬误，哪些不是？谬误如何分类？促成谬误的因素或条件是什么？

其四，假设与隐含前提的问题。什么是隐含前提？对论证中不同类型的隐含前提如何加以识别？什么样的隐含前提在评价论证中最有意义？

其五，语境问题。语境的构成要素是什么？语境对论证的意义及解释有何影响？语境对论证的重建、论证的评价有何意义？

此外，还有非形式逻辑的本质、分支及范围，非形式逻辑与其他学科的关系等问题。

二、关于批判性思维

批判性思维是英文"Critical Thinking"的直译。"Critical Thinking"在英语中指的是那种怀疑的、辨析的、推断的、严格的、机智的、敏捷的思维。因此，将"Critical Thinking"直译成"批判性思维"有点不尽如人意。今天，当人们谈到批判性思维时，有诸多不同的说法，给出了不同的解释。

例如，M. 斯柯雷文（M. Scriven）与 R. 玻尔（R. Paul）合写的《批判性思维的定义》一文是这样描述批判性思维的："批判性思维是智力的训练过程，这个过程积极地、灵巧地应用、分析、综合或估价由观察、实验、反省、推理、交流中所获得的信息，并用其指导信念和行动……"又如，在 R. H. 约翰逊（R. H. Johnson）与 J. A. 布莱尔（J. A. Blair）合写的《非形式逻辑过去的五年》一文中，他们引述了麦克派克（MacPeck）的说法，对"批判性思维"下了一个简短的定义，即"反思的倾向和技巧"。

批判性思维也把注意力放在了实际论证上面，但它关注的是"多角度的"和"批判性的"。

"多角度的"，是指它不限于逻辑学，还涉及伦理学、认识论、辩证法，乃至论证所牵涉的具体知识领域。这是被纳入一个由不同的、交织在一起的思维模式组成的家庭。它们中有科学思维、数学思维、历史思维、人类学思维、经济学思维、道德思维和哲学思维。

"批判性的"，是指它更多的不是从正面去识别、重建论证，以及分析、评价论证，而是关注对论证作多方面的、反思性的分析与考察。

"批判性思维"理论的目标是，寻找有效途径，训练这种能力，揭示这种能力的差异，把这方面的高素质对象选拔出来。美国的 GRE、GMAT、SAT 等能力型考试中的"批判性推理"(Critical Reasoning)测试的就是考生的这种能力。目前,我国的 MBA、MPA、工程管理硕士考试以及公务员考试采取的实际上就是美国的这种能力型测试模式。

三、形式逻辑与批判性思维的关系

形式逻辑与批判性思维都十分关注实际的论证,这是它们的共同点,所以会出现讨论问题的交叉现象。但是,二者在论述的角度和强调的重点上有差异:非形式逻辑不是形式逻辑的逻辑,所以它是以经验的、用自然语言表述的实际论证为对象,重心和基点在于对实际论证的一般进程的明确认识、抽取与建构。批判性思维则不是从正面去识别、抽取、重建论证,重点是对论证作多方的、反思性的分析与考察。简言之,非形式逻辑关注的是实际论证,批判性思维关注的是思维的训练。

四、研究状况

现今,非形式逻辑与批判性思维运动蓬勃发展,发展的标志是大量的学术论文、论著出版发行。其中,代表性的学术著作有:约翰·查非的《批判性思维》、Dons. Levi 的《批判性思维和逻辑》(Critical Thinking and Logic)、M. Neil Browne 与 Stuart M. Keeley 合著的《走出思维的误区》(Asking the Right Question)、Alec Fisher 的《实际论证的逻辑》(The Logic of Real Arguments)、I. M. Copi 的《Informal Logic》(1986) 等等。有的学术著作受到读者的广泛欢迎,一版再版。另外,继 1976 年和 1983 年在加拿大温莎大学召开的两届非形式逻辑国际会议后,非形式逻辑与批判性思维的专家学者又成立了"非形式逻辑与批判性思维研究会"(AILACT),于 1989 年举行了第三届国际研讨会。该研究会还创办了《非形式逻辑》杂志,更加注意对非形式逻辑的理论问题的探讨。另外,美国加州的 Sonama 州立大学自 1983 年至今,召开了十余次有关"批判性思维、教育与理性的人"研讨会。在欧洲,荷兰的阿姆斯特丹大学也分别于 1986 年、1990 年和 1994 年召开了三届"论证问题国际研讨会",并将每次会议所提交的论文和与会者的发言以专集形式出版。由艾默仁(Frans Van Eemeren)和麦耶尔(Michel Meyer)主编的《论证》杂志的创刊,也为非形式逻辑提供了广阔的发展空间。所有这些都说明了非形式逻辑与批判性思维运动在国外发展的状况,以及逻辑学界对非形式逻辑的重视。

与国外轰轰烈烈的非形式逻辑与批判性思维研究相比,国内逻辑学界则多少显得有点冷清。当 20 世纪 80 年代末 90 年代初,有的学者把国外的非形式逻辑介绍到国内时,却遭遇到了不应该有的尴尬,被斥责为落后、保守等。

现今,国内非形式逻辑与批判性思维的研究状况得到了极大的改观。先是

第一章 引 论

MBA考试中尝试进行"批判性思维"和"非形式逻辑"内容的考核,紧接着MPA、公务员考试也相继引入这种考核。国内的研究虽比国外晚了一些,但发展态势良好,已有不少论文、论著发表。有的高校还开设了"非形式逻辑与批判性思维"的课程,开展了相关的研究。

思考题

1. 逻辑学的研究对象是什么?
2. 学习逻辑的意义是什么?
3. 简要论述逻辑学的发展历史。
4. 如何认识和理解非形式逻辑与批判性思维?

第二章 逻辑基本规律

第一节 逻辑基本规律概述

逻辑基本规律是关于思维形态方面的规律,通常认为有三条,即同一律、矛盾律和排中律。

同一律、矛盾律和排中律之所以被称为逻辑基本规律,主要是因为:

第一,同一律、矛盾律和排中律普遍适用于概念、命题、推理和论证,因而对各种思维形态而言是普遍有效的逻辑规则。正是从普遍性方面而言,我们称其为基本规律。其他的逻辑规则,如定义和划分的规则、三段论的规则、复合命题推理的规则、论证的规则等等,则仅仅适用于与之相应的思维形态。

第二,正确的思维应当具有确定性、无矛盾性和明确性。这些特性反映了正确思维的最基本的逻辑特性。同一律、矛盾律和排中律的内容集中地反映了这些逻辑特性,因而自然成为贯穿整个思维活动过程的规则。只要是正确的思维,都必须遵循这三条规律,从这个意义上我们也称它们是思维的逻辑基本规律。

逻辑规律是思维规律,而非客观世界本身的规律。客观世界本身并不存在是否遵守同一律、矛盾律和排中律的问题。但是,同一律、矛盾律和排中律又不是与客观现实毫不相干的纯粹的自由想象物。它们作为逻辑规律虽然只在人的思维活动中起作用,但却都是客观世界中一定的方面、关系和规律的反映。人们能反映、认识它们,并在思维实际中加以运用,但不能改变或废除它们。一旦人们违反了这些规律的要求,思维便会发生混乱。逻辑规律作为思维规律,既不是先验的,也不是人们约定俗成的。逻辑规律是一定的客观事物的运动发展规律在人们主观意识中的反映,因而是有客观基础的。辩证唯物主义认为,事物是不断变化发展的,但在一定的变化发展阶段上,事物不发生根本性质的改变,即事物都具有相对的质的规定性和量的稳定性。在这种规定性和稳定性的状态下,一事物才成其为该事物,一事物才规定了自身并且得以和其他事物相区别。所以,抽象地看,就是事物 A 是事物 A,即 A→A。在同样的状态下,任何事物都有自己特殊的规定性。因此,当 A 事物为 A 事物时,则 B 事物为 B 事物,而 C 事物为 C 事物……此时,相对于 A 事物而言,B、C 事物都属非 A 事物。所以,当某个事物属 A 事物时,则不可能属非 A 事物,抽象地看即 $\neg(A \wedge \neg A)$。同样,在此状态下,每一事物既然有其质的规定性和量的稳定性,那么任一事物就一定有其归属,如果不是属 A,则就是属 $\neg A$,抽象地看即 $A \vee \neg A$。因此,逻辑规律是客观事物运动规律亿万次地反映到人脑中来,经过人们不断概括和总结后提出的关于正确思维的最一般的规律。

但是,唯心主义者从坚持思维是第一性的、物质是第二性的立场出发,总是以各种方式否认逻辑规律有其客观基础,否认逻辑规律是客观规律性在人们头脑中的反映。例如,先验论者就认为,逻辑规律是人脑所固有的,是先验的。现代唯心主义的逻辑学家则认为,逻辑规律是人们根据彼此的约定,主观随意地建立起来的,如同人们随意地约定一种下棋、打扑克的规则一样。这些唯心主义的观点都是站不住脚的。辩证唯物主义正确地指出逻辑规律是客观规律性的反映,从而对逻辑规律作出了科学的解释,有力地驳斥了唯心主义的各种谬论。

人的思维要正确地反映客观对象,就必须遵守逻辑基本规律的要求,自觉地用逻辑基本规律的要求规范自己的思维活动,从而保证思维活动能正确有效地进行。反之,若不遵守逻辑基本规律的要求,就不可能有正确思维。因为遵守逻辑基本规律的要求是任何正确思维的必要条件。这就是说,任何思维只有当它遵守了逻辑基本规律的要求,具备了确定性、无矛盾性和明确性时,才可能是正确思维。

第二节 同 一 律

一、同一律的内容和要求

同一律的内容是:在同一思维过程中,每一思想与其自身是同一的。

同一律的公式是:"A 就是 A"。这个公式也可以用数理逻辑的符号表示,即"A→A"。

公式里的"A"表示任一思想,或者说表示任一概念或命题,"A 就是 A"即表示同一思维过程中每一概念、命题的自身都具有同一性。也就是说,在同一思维过程中,每一个概念、命题的内容都是确定的,是什么内容就是什么内容。

例如,在同一思维过程中,"立功表现"这个概念就是"立功表现"这个概念,其内容是确定的,绝不会时而是这个内容,时而又是与此完全不同的其他的内容。同样,在同一思维过程中,"已实行计划生育的夫妻将与未实行计划生育的夫妻一样分房"这个命题的内容也是有确定性的,它绝不会时而是这样的内容,时而又是另外的内容。

从逻辑的真假值来说,"A→A"表示,如果 A 是真的,则它是真的;如果 A 是假的,则它是假的。也就是说,其真假值是相等的。当然,我们不能将其机械地理解为前后两个概念或两个命题的语词或语句形式完全相同,而应从思想内容的同一上加以把握,这样才能真正领会同一律内容的要旨。

同一律的内容,产生了如下的逻辑要求:

在同一思维过程中,任一概念或任一命题都必须保持自身的同一。

所谓概念必须保持自身同一,是指在同一思维过程中,所使用的概念必须有确定的内容,一方面其内涵和外延应是明确的,另一方面要在确定的内涵和外延基础上运用概念,不能随心所欲地改变已确定的概念的内涵和外延。例如,在我国《刑法》中,"犯罪未遂"和"犯罪中止"等法律概念,其内涵和外延都有严格和明确的规定,任何人只能始终在法律所严格规定的同样的内涵和外延的意义上使用这些概念。又如,"抢劫罪"这个概念,其内涵是指以非法占有为目的的,通过暴力、胁迫或者其他方法劫走公私财物的行为;其外延是指具有上述特有属性的一切行为。我们在使用这个概念的时候,就必须保持其内涵与外延的确定性,不能在另外的意义上使用这个概念。

所谓命题必须保持自身同一,是指在同一思维过程中,一个命题的断定应该是确定的、清楚的。命题肯定什么就肯定什么,否定什么就否定什么,不能时而断定此,时而断定彼。在同一思维过程中,应保持命题断定上的前后一致,即始终是在原来意义上运用同一命题,而不能随心所欲地改变其意义。例如,我们写文章、发表演讲、讨论问题等,都应围绕同一个主题(命题)进行,并且这个主题(命题)还应该是清楚确定的。有人文章写得很长,但却"下笔千言,离题万里"。有人在讨论会上天南海北无所不谈,可听众却如同坠入五里云雾而不知所云。这种种表现实质上是整个思维活动没有一个统一的核心,从逻辑上讲,就是命题没有保持同一性。

同一律要求尽管是直接对概念和命题的要求,但不能因此认为对推理和论证这些思维形态同一律就不起作用了。推理和论证是由一定概念组成的命题构成的,遵守同一律要求是使推理有效和论证成立的基本条件之一。不能想象,连概念都未能保持同一的推理和论证,能够有效和使人信服。例如,下述推理既是无效的,作为论证也不能使人信服:"他正实施犯罪时,主动中止了犯罪,所以他是犯罪未遂。"这个推理把"犯罪中止"和"犯罪未遂"这两个不同的概念当做同一个概念使用。这是错误的,违反了同一律的要求。因为从法律上看,"犯罪中止"和"犯罪未遂"是有原则区别的,它们是具有不同内涵和外延的两个概念,应予以区别。

同一律要求人们在同一思维过程中使每一思想都与其自身保持同一,不管人们对此认识与否、承认与否,它都对正确思维起规范作用,这是由同一律的客观性和必然性所决定的。因此,正确的思维必须遵守同一律,任何思想如果违反同一律要求,那么思想就是不确定的,也就不能正确反映客观事物,这样的思想也就必然是混乱的。

二、违反同一律要求的逻辑错误

在思维活动中,如果违反了同一律要求,不在同一思维过程中保持概念和命题的同一,就会犯逻辑错误。这种逻辑错误常见的有:

1. 混淆概念或偷换概念

其特点是:把两个不同的概念混淆起来,当做相同的概念使用,并用其中一个概念代替已被使用的另一个概念。

混淆概念或偷换概念表现为:在同一思维过程中,随意改变已被使用概念的内涵和外延。也就是说,在同一思维过程中,一会儿在这个意义上使用概念,一会儿又在另一个意义上使用概念,而不是在同一个意义上使用概念,没有保持思想自身的同一性。

例如,有人写了这样一段话:"变是绝对的,不变是相对的。在改革开放形势下,我们每个干部都在变。只有坚持开放,密切联系群众,才能永远保持不变。"在这段话中,一连用了几个"变",但使用时显得很混乱,前两个"变"是指事物的发展变化,第三个"变"指的是变好或变坏,而第四个"变"专指变坏。这段话中的"变"字,一会儿在一个意义上使用,一会儿又在另一个意义上使用,没有保持概念的前后同一。正因为这样,这段话读后令人摸不着头脑,产生了思维混乱。可见,在同一思维过程中,必须在同一意义上使用概念。

混淆概念或偷换概念还表现为:在同一思维过程中,把同一语词在不同语境中所表达的不同概念混为一谈。汉语中的多义词在不同场合往往可以表达不同概念。在特定语境中,多义词只能用来表达确定的某个概念。如果在不同语境中使用多义词,很可能会混淆语词的不同含义,犯混淆概念或偷换概念的逻辑错误。在三段论中比较常见的"四概念"错误,就是这类错误的典型代表。例如:

鲁迅的小说不是一天能读完的。

《阿 Q 正传》是鲁迅的小说。

所以,《阿 Q 正传》不是一天能读完的。

上述推理中出现在两个前提中的"鲁迅的小说"其实分别表达了两个不同的概念。就其概念种类而言,前者是集合概念,后者是非集合概念。这样的推理即使两前提都真,也无法保证推出必真结论。因为它违反了同一律要求,犯了混淆概念或偷换概念的错误。

2. 转移论题或偷换论题

其特点是:在同一思维过程中,无意或有意地改变原命题的断定内容,扩大或缩小原命题的断定范围,或者用一个与原命题不同的命题取而代之。

转移论题或偷换论题表现为:在同一思维过程中,用一个相似而不同的命题代替原命题;或在论证过程中,有意或无意地改变原来提出的论题。例如,被告人李某贪污人民币8000元,他在法庭上为自己辩护说:"我贪污公款是有罪的。但是,我开始工作时是吃苦耐劳的。由于单位盗窃现象十分严重,我参加工作才两年时间,就目睹了好几起贪污盗窃事件。领导知道后,只是轻描淡写地批评一下,并没有追究应负的法律责任,于是我从'看不惯'发展到'看得惯',进而'跟着干'。因此,我的贪污是单位管理混乱以及官僚主义所造成的。"从逻辑上看,被告的辩护完全违反了同一律要求,故意用"我贪污是单位管理混乱以及官僚主义所造成的"命题替换了"我贪污公款是有罪的"命题。显然,被告人企图通过偷换论题的诡辩为自己开脱罪责。

转移论题或偷换论题还表现为:思考或谈论问题时,没有确定的论题,或远离确定的论题。例如,我们平常所说的某些人回答提问时"答非所问"、"顾左右而言他",写文章或讲话时"跑题"或"走题",把握不住中心,东拉西扯,不着边际,其实都是违反同一律要求所犯转移论题或偷换论题错误的具体表现。

应当指出,在日常思维中,违反逻辑规律要求的错误实际上存在两种情况:一种是由于思想模糊,认识不清,尤其是缺乏逻辑素养,不善于准确地使用概念或命题表达思想所造成的,混淆概念和转移论题的错误通常均属此类。另一种是在同一思维过程中,故意违反同一律要求所犯的错误,这类错误其实就是诡辩,偷换概念和偷换论题是诡辩论者常用的诡辩手法。对于无意中出现的违反逻辑规律要求的错误,我们要善意指出,帮其纠正;而对于故意违反逻辑规律要求的诡辩,我们则要及时揭露,加以驳斥。

三、同一律的作用和运用时应注意的问题

同一律的主要作用是保证思维具有确定性。思维只有具有确定性才能正确反映世界,人们也才能进行正常的思想交流。在同一思维过程中,如果人们的思维不具有确定性,所使用的概念、命题等时而是这种含义,时而是另一种含义,思维就会发生混乱。这种思维不仅不能正确认识世界,也不能正常地进行思想交流。因此,思维只有遵守同一律的要求,在同一思维过程中保持概念、命题的自身同一,使思维具有确定性,才能正确表达思想。

遵守同一律要求对于立法和执法等法律工作具有特别重要的意义。法律作为国家立法机关依照法定程序制定或认可的行为规范,由于有国家强制力作为保证实施的坚强后盾,因而在全体社会成员中具有最高的权威性,成为人人都要遵守和服从的行为准则。但是,法律要能成为指导人们行为的准则,就必须首先具有逻辑上的确定性。法律所规定的行为规则必须是确定的,即它的内容是什么就必须是什么。这就要求我们的立法工作者在制定各项法律时,所使用的法律概念和法律规范命题都必须具有明确的含义,毫不含糊,并始终保持它的同

一。同样,执法人员在实际执法过程中,也应当准确地理解法律条文,保证执法工作严格依法办事,从而保持法律规定的确定性,真正做到公正执法和在法律面前人人平等,使法律在现实社会中真正享有最高的权威性。

正确理解和运用同一律,必须注意下面几个问题:

1. 同一律要求概念、命题保持同一是有条件的,即在同一思维过程中保持同一性

所谓同一思维过程,是在同一时间、同一关系下或同一方面就同一对象而言的。同一时间,是指思想对象处于相对稳定的阶段,这时思想自身是同一的。超出了同一时间,思想对象发生了质的变化,反映该对象的思想自然也要跟着发生变化,这时就不能要求该思想与以前保持同一。例如,昨天某个国家是民主制国家,今天发生了军事政变,成为独裁专制国家,我们对它的断定也随之发生变化,这不能说是违反了同一律的要求。同一关系,主要是指对象的同一方面。事物都是多种规定性的统一,因此事物也都有许多方面。例如,水既具有物理方面的属性,又具有化学方面的属性。物理学从物理属性方面研究水,化学从化学属性方面研究水,两者所形成的"水"的概念就有所不同。因此,在不同关系下或者着眼于不同的方面,人们所使用的概念或命题当然可以不同一,而这并不违反同一律的逻辑要求。

2. 同一律要求思想保持确定性,并不否认思想的发展变化

同一律虽然要求思想保持确定,但并不要求反映事物的思想永远静止,停留在一个水平上。客观事物总是不断发展变化的,人的认识也相应地发展变化,反映在思维过程中,概念和命题也都是发展变化的。同一律并不否认这样的发展变化。相反,同一律从逻辑方面使得发展变化了的概念和命题在新的认识水准上确定下来。例如,"人民"这个概念反映的事物对象是发展变化着的,因而这种发展变化反映到概念中,即概念的内涵和外延也是发展变化的。因此,"人民"这个概念在不同国家或同一国家的不同历史时期,其内涵和外延是不相同的。但是,同一律并不否认这种不同或变化,也不具体研究这种不同或变化,它只要求在同一思维过程中,必须保持思想的确定性,不能随意变换。

3. 同一律是思维的规律,它仅在思维领域起作用

同一律不是客观事物的规律,也不是世界观。同一律要求概念、命题与其自身保持同一,但并不要求客观事物永远与其自身绝对地同一。在哲学史上,形而上学者曾经歪曲同一律的内容,把同一律说成是世界观。恩格斯指出:"旧形而上学意义上的**同一律**是旧世界观的基本原则:$a = a$,每一事物都与自身同一。一切都是永恒的,太阳系、星体、有机体都是如此。"[①]我们必须把作为逻辑规律的

[①] 《马克思恩格斯选集》第 4 卷,人民出版社 1995 年版,第 321 页。

同一律与形而上学的抽象同一原则区别开来。

第三节 矛 盾 律

一、矛盾律的内容和要求

矛盾律的内容是:在同一思维过程中,两个互相否定的思想不能同真,必有一假。

矛盾律的公式是:"A 不是非 A"。这个公式也可以用数理逻辑的符号表示,即"$\neg(A \wedge \neg A)$"。

公式里的"A"表示一个思想,"非 A"表示与"A"互相否定的思想。"A 不是非 A"说的是 A 这个思想不是非 A 这个思想,A 和非 A 在同一思维过程中不可能都是真的。"$\neg(A \wedge \neg A)$"说的是 A 和 $\neg A$ 不能同真,即如果 A 真,则 $\neg A$ 假;如果 $\neg A$ 真,则 A 假。总之,"A 真并且非 A 也真"是不能成立的,在 A 和 $\neg A$ 之中必有一个是假的。

在同一思维过程中,如果同时出现 A 和非 A 两个思想,它们不可能都真。例如:

(1)"张明是审判员"与"张明不是审判员"。
(2)"所有被告均有罪"与"所有被告均无罪"。
(3)"盗窃罪必然是故意罪"与"盗窃罪必然不是故意罪"。
(4)"如果李某是案犯,那么他具有作案时间"与"李某是案犯,但他不具有作案时间"。

上述四对命题,有的是反对关系(如(2)(3)),有的是矛盾关系(如(1)(4))。这些命题的具体内容尽管不同,但每对命题都包含着互相否定的思想,它们总是不能同真的,其中必有一个是假的。各种具有矛盾关系和反对关系的命题,在同一思维过程中不能同时是真的,这一点正是由矛盾律所决定的。

与同一律一样,矛盾律也是具有必然性和客观性的。矛盾律归根到底也是客观事物质的规定性的反映。既然任何事物都具有质的规定性,那么一个事物是 A,就不能同时又是与 A 相否定的别的什么,即不能又是非 A。可见,在同一思维过程中,一个思想及其否定当然不能同时都是真的。从这个意义上说,矛盾律是同一律的进一步展开,它实际上是用否定的形式表示了同一律用肯定形式所表示的思想。在保证思维具有确定性方面,它们是一致的(矛盾律的公式和同一律的公式是等值的即说明了这一点)。

根据矛盾律的内容,矛盾律的要求是:在同一思维过程中,对于不能同真的命题不能同时予以肯定。

从根本上说,矛盾律的要求在于排除思维过程中因同时肯定不能同真命题所蕴涵的逻辑矛盾。那么,哪些命题不能同真？概而言之,互相矛盾和互相反对的命题都是不能同真的。例如,"这份遗嘱是有效的"和"这份遗嘱是无效的"、"甲班同学都来自法院系统"和"甲班同学都不是来自法院系统"这两组命题都不能同真。这两组命题一是矛盾关系,一是反对关系。在复合命题和模态命题中也具有这两种关系。在同一思维过程中,我们对具有这两种关系的命题皆不能同时肯定为真。

矛盾律对命题(或判断)具有制约作用,对概念、推理和论证等思维形态也同样具有规范作用。比如,在同一思维过程中,不能同时用两个互相矛盾或互相反对的概念指称同一个对象,否则就会出现逻辑矛盾,这就是矛盾律在概念方面的要求。又如,在反驳中,根据论据为真或反论题为真而确定被反驳论题为假,就是矛盾律在起作用。

二、违反矛盾律要求的逻辑错误

在同一思维过程中,如果对两个互相矛盾或互相反对的命题同时肯定为真,就违反了矛盾律的要求。我们把这种违反矛盾律要求的错误称为"自相矛盾"。

"自相矛盾"的"矛盾"一词,出自《韩非子·难一》中的一则寓言:

> 楚人有鬻盾与矛者,誉之曰:"吾盾之坚,物莫能陷也"。又誉其矛曰:"吾矛之利,于物无不陷也。"或曰:"以子之矛,陷子之盾,何如?"其人弗能应也。夫不可陷之盾与无不陷之矛,不可同世而立。

这则寓言是说,楚国有一卖兵器的商人,先吹嘘其防御性武器——盾——非常坚固,没有任何东西能刺穿它;接着又吹嘘其进攻性武器——矛——非常锋利,什么东西它都能刺穿。别人用"以你的矛,刺你的盾"反问他,他只得哑口无言。这个楚国商人之所以窘得无言对答,从逻辑上分析,是因为他既说"我的盾任何东西都不能刺穿"(此话实际上蕴涵着"我的矛不能刺穿我的盾"),又说"我的矛可以刺穿任何东西"(此话实际上蕴涵着"我的矛能刺穿我的盾"),而"我的矛不能刺穿我的盾"与"我的矛能刺穿我的盾"是相互矛盾的。既然楚国商人自我吹嘘时所说的两句话实际上蕴涵着逻辑矛盾,那么这两句话事实上不能同真(却可能同假,因为事实上这位楚国商人夸大其词的广告或许全是虚假广告)。现在楚国商人在同一思维过程中对不能同真的命题同时予以肯定,这就违反了矛盾律的要求,陷入了自相矛盾,因而他就无法自圆其说,"弗能应也"。

于此,我们不难发现,早在两千多年以前,韩非子就通过寓言形象而准确地阐明了自相矛盾(即逻辑矛盾)的实质,并阐述了矛盾律的逻辑要求,即通过明确指出"夫不可陷之盾与无不陷之矛,不可同世而立",说明反对关系的命题是不能同真的,人们不能对它们同时加以肯定,如果对不能同真命题同时加以肯定,则会陷入与那位楚国商人同样的自相矛盾之中。

自相矛盾作为违反矛盾律要求的错误,是指在同一思维过程中,对同一对象既肯定它具有某属性,同时又否定它具有某属性,或者既肯定它具有某属性,同时又肯定它不具有某属性,即对具有矛盾关系或反对关系的命题同时加以肯定,都断定为真。

违反矛盾律要求的逻辑错误,通常表现在命题方面,即对互相矛盾或互相反对的两个命题同时予以肯定。例如:

大量服用维生素 C 必然对人体有益,而大量服用维生素 C 又必然对人体无益。

这是对互相反对的命题同时肯定,所以必不正确。

违反矛盾律要求的错误,还表现在概念方面,即使用互相矛盾或互相反对的概念去指称同一对象,从而造成自相矛盾。例如:

一年一度的中秋节是千载难逢的传统节日。

若是"一年一度",就不是"千载难逢",这个实例用相互否定的概念去指称同一对象,因而包含了互不同真的两个思想,结果造成了自相矛盾。

上面的例子表明,人们在说话、写文章的时候,自觉遵守矛盾律的要求,保持思想的前后一致是极为重要的。因为任何思想或学说一旦包含了逻辑矛盾,也就失掉了逻辑性和科学性,这样的思想或学说就不可能具有说服力。各种反科学的宗教教义、唯心论体系以及错误理论,常常包含着大量不能自圆其说的逻辑矛盾。

有一种创世说,说的是上帝在海边走着,想着怎样创造世界。他最后命令一个小鬼沉下海去,从海底拿了一块泥土上来。世界就是上帝用这块泥土创造出来的。这种说法含有明显的逻辑矛盾:上帝创世之前,应该没有世界,可是却有了海边,即有了海洋和陆地,那就是说,是有世界的。从逻辑上揭露这种自相矛盾的说法,就可看出宗教创世说的荒诞无稽。

黑格尔的辩证法认为,一切都是发展、变化的。但是,黑格尔又认为自己的哲学体系已达到了顶峰,即不能再发展了。"顶峰论"违背了辩证法,与辩证法的发展观构成了尖锐的逻辑矛盾。

在现实生活中遇到的逻辑矛盾,并不都像上述举例那样简单,两个不能同真的命题紧紧相连,一眼便能看出。现实之中,有时两个不能同真的命题前后相隔很远,若不经过推导、引申和分析,则不能看出其中包含的逻辑矛盾。

应当注意,有一种特殊的逻辑矛盾叫"悖论"。所谓悖论,是这样一种命题:

由该命题的真可推出它的假,由它的假又可推出它的真。古希腊著名的"说谎者悖论"就是这样。"说谎者悖论"通常表述为:"我正在说的这句话是假话。"如果他所说的这句话是真话,那么据此可推出他说的这句话是假话;如果他说的这句话是假话,那么他所说的这句话恰恰是真话。因此,悖论是一种有逻辑矛盾的命题,因而是不符合逻辑规律要求的,正确的思维应当排除悖论。

三、矛盾律的作用和运用时应注意的问题

矛盾律的主要作用是保证思维具有无矛盾性。无矛盾性是正确思维必不可少的基本条件。任何思维如果违反矛盾律的要求,出现逻辑矛盾,那就不可能正确认识现实。列宁说过:"'逻辑矛盾'——当然在正确的逻辑思维的条件下——无论在经济分析中或在政治分析中都是不应当有的。"[1]因此,任何科学理论都不应包含逻辑矛盾。遵守矛盾律是构造任何科学体系的起码要求。科学理论常常是在发现逻辑矛盾,并且逐步排除逻辑矛盾的过程中发展的。

例如,关于自由落体运动,亚里士多德曾认为:物体从空中下落时,其速度的快慢和物体的重量成正比,即物体重量越大,下落速度也就越快。这一说法在他死后的一千八百多年间被物理学界公认为真理。伽利略却认为这一理论有逻辑矛盾,他指出:设有两物体 A、B,而且 A 重 B 轻,按照亚里士多德的理论,下降速度应是 A 快 B 慢。再假定,如果我们把 A、B 绑在一起即(A+B),那么这个绑在一起的物体将以哪种速度降落?一方面,这个速度应该小于 A 物体下落的速度,因为快速和慢速合在一起,只能是中速,中速显然小于 A 物体下落的速度;另一方面,这个速度又应该大于 A 物体下落的速度,因为绑在一起的两个物体的重量要比单独一个 A 物体的重量大。于是,得出了自相矛盾的结论:(A+B)的下落速度小于 A 的速度,并且(A+B)的下落速度不小于 A 的速度。既然亚里士多德的落体学说包含逻辑矛盾,也就不能成立。伽利略通过指出亚里士多德理论包含着逻辑矛盾而推翻了长期统治人们思想的旧的落体学说,并通过排除逻辑矛盾重新确立了新的落体学说,即物体下落的速度与它的重量无关。这一新的落体学说通过在比萨斜塔所做的著名的落体实验得到证实。

遵守矛盾律的要求,可以避免思想中的自相矛盾,这是正确思维的必要条件。矛盾律作为思维规律,在立法和司法实践中也有着重要作用。在立法方面,完整的法律体系中不应有任何自相矛盾的现象存在。在法律文件、法律条文之间,彼此也不能有自相矛盾的情况出现,否则人们对法律文件、条文便无法理解。在司法工作中,也不能有自相矛盾的现象出现。例如,侦查人员提出的侦查推论如能推出互相矛盾的结论,则说明侦查工作存在失误。在审判工作中,有些证人

---

[1] 《列宁全集》第 23 卷,人民出版社 1959 年版,第 33 页。

证言前后不一致,自相矛盾,这些证言就不能同时为真,其中必有假,因而不能作为诉讼证明中的证据。

矛盾律作为逻辑工具,还可以帮助我们发现犯罪分子的思想破绽,从而攻破他们的思想防线,揭露他们的罪行。一般而言,犯罪分子为掩盖罪行,总要对犯罪事实进行隐瞒或歪曲,因此他们的交代中往往会出现自相矛盾的漏洞,及时抓住这一矛盾常常成为侦查人员查清案情的突破口。总之,立法和司法工作要求思维的严密性,我们应当用矛盾律要求严格规范思维,使之确定且无矛盾,以保证思维的正确有效。

在运用矛盾律时,我们应该注意以下几方面的问题:

第一,矛盾律的规范作用是有条件的。

矛盾律所说的一个思想及其否定不能同时是真的,是就同一思维过程而言的,即在同一时间、同一关系下对于同一对象作出的论断而言的。也就是说,如果在不同时间或从不同方面对同一对象分别作出两个相反的论断,不能说是违反矛盾律的要求。例如,"喜马拉雅山高,因为它是世界第一高峰;喜马拉雅山矮,因为它在征服者的脚下"这段文字,表面上看,思想内容似乎有对立性。其实,这并不矛盾,因为它们是从不同方面说的,即不是在同一思维过程中。所以,这不仅不包含矛盾,反而多层次、多角度地反映了事物。

第二,矛盾律要求在思维中避免自相矛盾,并不否认客观事物本身的矛盾。

在思维中,正确运用矛盾律,就必须严格区分客观事物本身存在的矛盾和人们思想中的逻辑矛盾。逻辑矛盾是思想的自相矛盾,它既不是客观现实中存在的矛盾,也不是现实矛盾在思维中的反映。如果人们的思想正确反映客观现实中存在的矛盾,是不会形成逻辑矛盾的。比如,当我们说"任何事物都存在矛盾"时,就不能同时说"有的事物不存在矛盾",也不能同时说"所有事物都不存在矛盾",因为这是思想的自相矛盾,人们必须排除。但是,这毫不妨碍我们承认"任何事物都存在矛盾"这一观点。

第三,矛盾律的要求对于下反对关系的命题没有制约作用。

由于下反对关系的命题是可以同真的,因而矛盾律的要求对这类命题没有制约作用。例如,"可能P"与"可能非P"是下反对关系的命题,对它们同时加以肯定,并不违反矛盾律的要求。同样,在日常思维活动中,同时肯定"有S是P"与"有S不是P"也不违反矛盾律的要求。

第四节 排中律

一、排中律的内容和要求

排中律的内容是:在同一思维过程中,两个互相矛盾的思想不能都假,必有一真。

排中律的公式是:"A 或非 A"。这个公式也可用数理逻辑的符号表示,即"A∨￢A"。

公式中,A 与￢A 是互相矛盾的,它们的逻辑值相反。这一公式表明,在 A 与￢A 之间必有一真,不可能都假。A 与非 A 穷尽了一切可能,即或者 A 真,或者非 A 真,二者必居其一,除此之外,没有第三者。

在同一思维过程中,人们对两个互相矛盾的思想必须承认它们不能同假,必有一个是真的,这也反映了排中律的客观性和必然性。处在相对的质的规定和量的稳定状态下的任何事物都规定了自身,因此某事物如果不是 A,则一定是非 A;如果不是非 A,则一定是 A。这就决定了在 A 和非 A 两个思想中,或者 A 真,或者非 A 真,二者必居其一,不可能既不是 A 真又不是非 A 真。在同一思维过程中,要使思想明确,并保持思维确定性,必须在两个不能同假的命题中作出明确的选择,或者肯定 A 真,或者肯定非 A 真。思维是对客观世界的反映,正确的思维应该明确地反映事物的客观归属。如果思维反映的对象此也不是,彼也不是,那就毫无认识价值可言。排中律从对命题的断定方面排除了那种既否定 A 真又否定非 A 真的两不可的思维形态。在真值表上,排中律公式是一个永真式,它与同一律、矛盾律公式在逻辑上是等值的。这表明,作为逻辑规律,它们在保证思维的确定性方面是一致的。

根据排中律的内容,排中律的要求是:在同一思维过程中,对于不能同假的两个命题不能同时予以否定。

那么,哪些命题不能同假? 第一,具有矛盾关系的命题不能同假。例如,具有 p→q 形式的命题与具有 p∧￢q 形式的命题不能同假,具有 SEP 形式的命题与具有 SIP 形式的命题也不能同假,因为它们都是矛盾关系的命题。第二,具有下反对关系的命题不能同假。例如,具有 SIP 形式的命题与具有 SOP 形式的命题不能同假,具有 Mp 形式的命题与具有 M￢p 形式的命题也不能同假,因为它们都是下反对关系的命题。因此,在同一思维过程中,对于具有矛盾关系或下反对关系的命题都不能同时予以否定。

在同一思维过程中,我们对具有矛盾关系或下反对关系的命题不能都断定为假,必须肯定其中必有一真,这就是排中律对正确思维的要求。例如,"凡知道案情的人都有作证的义务"(SAP)与"有的知道案情的人没有作证的义务"(SOP)是两个具有矛盾关系的命题,它们不能都是假的,必须承认其中一个是真的。又如,"有的知道案情的人有作证的义务"(SIP)与"有的知道案情的人没有作证的义务"(SOP)是下反对关系的命题,它们也不能同假,必须承认其中必有一真。

需要指出的是,排中律要求在同一思维过程中,对于不能同假的两个命题不能同时予以否定，但如果两个命题具有反对关系则可以同假，因而对反对关系的命题同时否定并不违反排中律的要求。例如，对于"所有犯罪都是故意犯罪"与"所有犯罪都不是故意犯罪"这组具有反对关系的命题就可以同时加以否定，这并不违反排中律的要求。

排中律的要求对推理和论证也具有制约作用。如论证中的间接证明，先证明与原论题相矛盾的反论题为假，再推出原论题为真。这就是排中律的运用。

在思维过程中，排中律其实是矛盾律的进一步展开。矛盾律不允许思维有逻辑矛盾，指出互相否定的思想不能同真，而排中律则进一步指出两个互相矛盾的思想不能同假。

二、违反排中律要求的逻辑错误

在同一思维过程中，如果将两个互相矛盾的命题皆断定为假，即对两个互相矛盾的命题同时加以否定，就违反了排中律的要求。我们把这种违反排中律要求的错误称为"模棱两可"，亦可叫做"两不可"。

"两不可"的逻辑错误，常常表现为对两个互相矛盾的命题全都否定。例如，在对某一起交通事故的处理中，有人断言："不能让司机负刑事责任，但也不能让司机不负刑事责任。"那么，司机到底负不负刑事责任？这一断定让人捉摸不透。显然，上述断定对互相矛盾的命题全都加以否定，因而违反了排中律的要求，犯了"两不可"的逻辑错误。

"两不可"的逻辑错误，有时还表现在对两个互相矛盾的思想断定不作明确的表态，而是闪烁其词，隐匿其思想观点。例如，前些年日本文部省有些人肆意篡改历史教科书中有关日军对中国和东南亚各国的入侵历史。当记者问这些人："当年日本的行为是侵略行为吗？"答曰："不是。"记者又问："那么，日本的行为不是侵略行为了？"又答："也不能这么简单地说。"这些人把第二次世界大战中日本对周围邻国的侵略称为"进入"，企图掩盖侵略历史，但在思想的逻辑性方面明显地暴露出他们违反了排中律要求，其实是在诡辩。此外，对于下反对关系的命题采取两否定的态度也属于"两不可"的错误。例如，对"张某可能有罪"和"张某可能无罪"这两个命题都加以否定，也犯了"两不可"的逻辑错误。

应当指出，排中律只要求对两个不能同假的命题在同一思维过程中不能同时否定，但不要求对矛盾关系或下反对关系的命题必须确定哪一个为真、哪一个为假。由于认识上的原因而一时不能确定什么命题真、什么命题假时，可以不表态。例如，对"小王是律师"和"小王不是律师"两个命题，如果尚不清楚何者为真，完全可以不作断定（当然不能说都假）。因此，在思维活动中，当有些思想内容超出了我们的认识范围，或者当我们对一些问题尚未认识透彻，对事物的内在本质还不清楚时，不作明确的表态是可以的，这并不违反排中律的逻辑要求。

此外,对"复杂问语"不作肯定或否定的回答,也不违反排中律的逻辑要求。

"复杂问语"是一种含有预设成分的问语。当这种问语含有对方没有承认或根本不能接受的预设成分时,不论对方作出肯定还是否定的回答,其结果都得承认问语中的预设成分。例如,在抗日战争期间,一天日军进攻我抗日根据地,一个日军军官刚进村,遇见一个十来岁的小孩,就问:"你们村里的八路军走了没有?"这个小孩很机灵,当即回答:"我们村里根本没有来过八路军。"日军军官的这句话就是一个"复杂问语",其中隐含着这样一个预设,即"这个村子来过八路军"。对于这句话,无论回答"走了"还是"没有走",实际上都承认"村里来过八路军"。

对于这样一种"复杂问语"不作"走了"或"没有走"的简单回答,从逻辑上说是无可非议的。因为"村里来过八路军,而现在走了"（p∧q）与"村里来过八路军,而现在没有走"（p∧￢q）这两个联言命题并不是矛盾关系的命题,而是反对关系的命题。既然是反对关系命题,可以同假,就不受排中律制约,也就可以拒绝作出简单肯定或否定的回答。因此,对"复杂问语"不作肯定或否定的简单回答,并不违反排中律的要求。

三、排中律的作用和运用时应注意的问题

排中律的主要作用在于保证思想的明确性。思想具有明确性,才能正确地反映客观事物,也才能为人们所理解和把握。因此,遵守排中律的要求是正确思维的必要条件。

在同一思维过程中,当问题归结为两个互相矛盾的思想,即面临非此即彼的情况时,人们只能在这两者之间作出选择。排中律要求人们在这两者之中承认必有一真,排除第三者存在的可能性。当然,在运用排中律时,应注意问题的复杂性。在实际思维过程中,由于对某一问题尚未深入了解,对某一事件的是非还看不清楚,需要进一步作调查研究,在这种情况下可以不作明确表态,这不能说是违反排中律的要求。

排中律要求对同一情况的两个互相矛盾的思想不能持两否定的态度,这对司法工作具有重要意义。例如,司法人员在办案过程中,当需要确定某一案件是否应当立案,以及某人的行为是否构成犯罪时,都应作出明确的选择,不能用一些似是而非的言词搪塞,或作出含糊其辞的表述。此外,在审讯工作中,还应严禁使用"复杂问语",因为"复杂问语"包含着未经证实的预设,司法人员通过这种诱供方法引对方上当而获取的所谓"口供"其实是不可靠的。例如,"你偷车后马上销赃了,是吗?"这就是一个"复杂问语",被问者无论回答"是"或"否",都得承认偷过车这个暗含的预设。这种审讯,有时即使获得"成功",其材料也并不可靠,若无其他旁证,不得作为诉讼证据。

正确运用排中律应注意下面几个问题：

第一，排中律只是在一定条件下起作用。

排中律只是要求对两个互相矛盾的思想排除作出中间选择的可能性。但是，如果不是两个互相矛盾的思想，而是存在着第三种可能情况，那就不能要求只在两种可能中选择。例如，盗窃案客观上包括内盗、外盗和内外勾结盗三种情况。当我们分析某起盗窃案时，有人既否定此案是外盗，也否定此案是内盗，就被人指责犯了逻辑错误。这其实是对排中律的误解，由于事实上可能存在内外勾结盗，排中律对此可能性并不加以否认。因此，正确运用排中律首先要辨明是否属于矛盾关系或下反对关系，排中律要求只适用于这两种关系。如果不是矛盾关系或下反对关系，就不能运用排中律。

另外，排中律与同一律、矛盾律一样，也是有适用条件的，即也是在同一思维过程中，亦即在同一时间、同一关系下就同一对象而言的。失去了这些条件，排中律就不起作用。

第二，排中律和矛盾律的区别。

排中律与矛盾律的区别在于：

（1）两者的内容不同。矛盾律的内容是说两个互相否定的思想不能同真，必有一假；而排中律的内容是说两个互相矛盾的思想不能同假，必有一真。

（2）两者的要求不同。矛盾律的要求是对于不能同真的命题不能同时予以肯定；而排中律的要求是对于不能同假的命题不能同时予以否定。

（3）违反要求后所犯错误不同。违反矛盾律要求的错误是自相矛盾，常以"两肯定"的形式出现；而违反排中律要求的错误是"两不可"，常以"两否定"的形式出现。

（4）两者的适用范围不同。矛盾律适用于矛盾关系和反对关系，但不适用于下反对关系；而排中律适用于矛盾关系和下反对关系，但不适用于反对关系。

（5）两者的作用不同。矛盾律指出互相否定的命题不能同真，必有一假，它可由已知一真而推出另一必假，常常用来揭露自相矛盾思想的虚假性，是间接反驳的依据；而排中律指出两个互相矛盾的命题不能同假，必有一真，它可由已知一假而推出另一必真，常常用来排斥居中的选择，是间接证明的根据。

第三，排中律并不否认事物的相互转化和中间形态。

排中律指出两个互相矛盾的思想不能同假，这是从思维确定性角度来说的，它并不涉及事物在一定条件下的相互转化和过渡性的中间形态。比如，唯物辩证法认为"在一定条件下坏事可以转化为好事"，这并不违反排中律的要求，只是当思维出现"坏事可以变为好事"与"坏事不可以变为好事"的矛盾论断时，排中律才要求指出这两个论断不能同假，必有一真。至于坏事能否变为好事，排中律并不涉及，因为这是辩证法的研究范围。

排中律也不否认事物间存在过渡性的中间形态。例如,文昌鱼是无脊椎鱼类,介于无脊类和脊椎类之间;鸭嘴兽是卵生的哺乳类,介于爬虫类和哺乳类之间,排中律并不否认这种中间状态。如果借助排中律的逻辑思想和要求否认事物过渡中的中间环节和事物的中介状态,则是对排中律的曲解。

　　最后,应当指出,这三条逻辑思维基本规律,就其所反映的客观真理而言,其真理性是有条件的、相对的。它们的命题形式的所谓"永真",指的是命题真假二值上的永真,但这并不意味着它们的客观真理性是无条件的、永恒的。它们作为客观真理的条件性和相对性主要表现在:首先,它们只是思维领域的规律,只在逻辑思维领域起作用,并不直接涉及客观事物自身是否存在矛盾、发展和变化的问题;其次,即使在思维领域,它们的作用也是相对的,即仅仅是相对于二值逻辑而言的,不能随意夸大它们作为思维规律的作用范围。

思考题

1. 为什么称同一律、矛盾律和排中律为逻辑基本规律?
2. 什么是同一律?同一律的逻辑要求及违反同一律要求的逻辑错误各是什么?
3. 什么是矛盾律?逻辑矛盾与事物矛盾有什么不同?
4. 矛盾律的逻辑要求及违反矛盾律要求的逻辑错误各是什么?
5. 什么是排中律?排中律与矛盾律的主要区别是什么?
6. 同一律、矛盾律和排中律的主要作用各是什么?

第三章 定 义

在日常思维中,在人们的交流与沟通过程中,总是离不开语言的应用。语词作为语言的基本单位,经常与概念保持一定的联系。因此,人们对语言的理解往往包含着对概念的理解,这就需要首先明确概念的含义及适用范围。下面就对明确概念的主要逻辑方法——定义和划分——作一简单介绍。

第一节 定义的基本概念

一、定义和定义构成

1. 什么是定义

定义就是揭示概念内涵的逻辑方法。例如:

(1) 商品是用来交换的劳动产品。
(2) 刑法就是规定犯罪和刑罚的法律。

例(1)、(2)都是定义。例(1)揭示了"商品"这一概念的内涵,例(2)揭示了"刑法"这一概念的内涵。

2. 定义的组成

任何定义都是由被定义项、定义项和定义联项三个部分组成的。

被定义项就是其内涵需要得到揭示的那个概念。例(1)中的"商品"和例(2)中的"刑法"就是被定义项。

定义项就是用以揭示被定义项内涵的概念。例(1)中的"用来交换的劳动产品"和例(2)中"规定犯罪和刑罚的法律"就是定义项。

定义联项是联结被定义项与定义项的系词。例(1)、(2)中的"是"、"就是"就是常用的定义联项。

若以 Ds 表示被定义项,以 Dp 表示定义项,定义的形式通常是:

Ds 就是 Dp

为了准确理解定义,下面先对与定义有关的几个概念进行必要的说明。

二、概念的内涵和外延

概念是反映思维对象特有属性的思维形态。

概念具有两个显著的逻辑特征,即概念的内涵和概念的外延。

概念的内涵,就是指反映在概念中的思维对象的特有属性。如"商品"这个概念的内涵,是指反映在商品这个概念中的特有属性,即"用来交换的劳动产品"。

概念的外延,就是指具有概念所反映的特有属性的一类对象。如"商品"这个概念的外延,是指具有"用来交换的劳动产品"这一属性的所有事物组成的类,如购买的衣食住行方面的消费品等。

就概念的逻辑特征而言,明确概念实际上就是明确概念的内涵和外延。

三、类和子类,属和种

1. 类和子类

与定义理论相关的另一组基本概念是类和子类。

类和子类属于概念外延间的关系,可以表述如下:

一个普遍概念的外延可以看成是一个类,组成这个类的每个成员称为这个类的分子。一个类如果包含在另一个类之中,这个类即是另一个类的子类。如下图所示,A 类对象包含在 B 类对象之中,则 A 类是 B 类的子类。

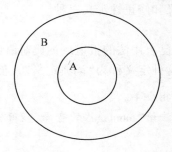

2. 属和种

类和子类关系的另一种古典描述是属和种的关系。

在传统逻辑中,通常把外延大的、包含另一概念的概念叫做"属概念",把外延小的、被包含的概念叫做"种概念"。属概念与种概念间的关系及种概念与属概念间的关系,在传统逻辑中统称为"属种关系"。例如,"商品"相对"劳动产品"来说,它是种概念;而相对"超市货架上的日用品"来说,它却是属概念。但是,"商品"与"劳动产品"间是属种关系,"商品"与"超市货架上的日用品"间也是属种关系。

属概念与种概念间的属种关系,既可以表达类和子类的关系,如"文学作品"与"小说";也可以表达类和分子的关系,如"文学家"与"巴金"。

上述两种关系在讲到明确概念的逻辑方法时都会用到。

第二节　定义的三大类型

传统定义理论将定义视为明确概念内涵的逻辑方法，按照这种定义理论，只存在一种定义，即内涵定义。但是，人们在日常思维及科学理论中，往往突破这种界限，将传统的定义理论加以扩充。因此，现代定义理论已将语词定义和外延定义包括在内，不再局限于内涵定义。但是，我们必须承认，传统的内涵定义特别是属加种差定义仍然是各种定义的基础。需要说明的是，语词定义和外延定义已无法适用传统的定义概念，因为传统的定义概念是对概念的定义，而语词定义和外延定义已经不是对概念下定义。考虑到语词定义和外延定义在日常思维及科学理论中得到广泛应用，本章也将其纳入定义理论之中，与传统的内涵定义一起加以介绍。不过，本章所介绍的定义方法和定义规则仅限于传统的内涵定义。

一、语词定义

语词定义就是对语词意义的标准用法或特殊用法的界定。常见的语词定义有报道性定义、约定性定义和修正性定义三种。

1. 报道性定义

报道性定义是对语词已有用法的报道。词典对语词的定义是典型的报道性定义，因此人们又习惯将这种定义称为"词典定义"。例如：

> 羝：古汉语用词，指公羊。
> 蒙太奇：外来语，法语"montage"的音译，指剪辑和组合。

2. 约定性定义

约定性定义是通过约定规定某些语词的使用含义。这种定义通常用来为冗长的叙述规定简约的表达，以便于记忆、表达和交流。例如：

> "三农问题"是"农村问题、农业问题和农民问题"的简称。
> "三个代表"是"代表中国先进生产力的发展要求，代表中国先进文化的前进方向，代表中国最广大人民的根本利益"的简称。

约定性定义所规定的词义，可能只是在一段时间内的约定，日久通用之后可能会变成一个新的通用词被收入词典。

3. 修正性定义

修正性定义是对语词已有的用法进行更严格、精确的限定，它是介于报道性定义与约定性定义之间的一种定义形式，通常也称为"精确定义"。

例如，以心脏停止跳动和呼吸停止作为死亡的定义和判定标准，人类社会沿袭了数千年。时至今日,英国的《牛津法律大辞典》和我国出版的《辞海》仍将心跳和呼吸的停止作为判定死亡的主要标准。1983 年,美国一个由总统任命的医学伦理委员会发表了一份报告,其中对"死亡"一词给出了如下的定义:

> 任何人遇到以下情况之一者,即为死亡:循环系统和呼吸系统的功能永久停顿,或者整个脑部(包括脑髓体)的所有功能永久停顿。

随着现代医学技术的发展和人体器官移植所造成的法律纠纷的增加,医学、伦理学和法学界有越来越多的人开始接受"脑死亡"的定义,认为脑死亡是比心跳停止更可靠的判定死亡的标准,于是出现了上述对"死亡"传统定义的修正。

二、内涵定义

内涵定义是揭示概念内涵的定义。传统定义理论所讲的定义主要是内涵定义。标准的内涵定义是属加种差定义。由于种差可以从不同的方面去找,因此属加种差定义也有不同的种类,如性质定义、发生定义、功用定义和关系定义等。

属加种差定义是具备"被定义项 = 种差 + 属"这种结构的定义,它是揭示概念内涵的标准定义方法。用这种方法给某一个概念下定义,首先要找出被定义项的属概念,然后将被定义项所反映的对象与同层次的种概念作比较,找出它们之间的差别(即种差),而这一种差只为被定义项所具有。例如,给"刑法"这一概念下定义,先要找出它的属概念"法律",然后将"刑法"与其他部门法作比较,找出"刑法"与其他部门法的差别,即"规定犯罪和刑罚"的法律。把种差和属概念相加,就得到了"刑法"的定义:

> 刑法就是规定犯罪和刑罚的法律。

属加种差定义常用如下公式表示:

> 被定义项 = 种差 + 邻近的属

所谓"邻近的属",是指下定义时尽可能找出与被定义项比较接近的属概念,这样能够使所下的定义言简意赅。试想,如果以"行为规范"作为"刑法"的属概念,关于刑法的定义就会显得十分冗长。

由于种差可以从不同的方面去找,所以属加种差定义也可以有不同的种类。

1. 性质定义

性质定义是指以被定义项所反映的事物自身的性质作为种差的定义。前文对"刑法"所下的定义就属于性质定义,因为"规定犯罪和刑罚的法律"揭示了"刑法"自身的性质。

性质定义在日常生活及各门科学中得到广泛应用。例如:

> 法院是专门行使审判权的国家机关。

公司是依法设立的，由法定数额的股东所组成的以营利为目的的企业法人。

哺乳动物就是以分泌乳汁喂养后代的脊椎动物。

2. 发生定义

发生定义是指以被定义项所反映的事物的产生或形成情况作为种差的定义。例如，"圆是在平面上绕一定点作等距离运动所形成的封闭曲线"就属于发生定义，因为该定义的种差"在平面上绕一定点作等距离运动所形成的封闭曲线"揭示了"圆"的发生由来。再如：

水是由氢原子和氧原子化合而成的化合物。

日食是月球运行到地球和太阳中间，月球掩蔽太阳而发生的天文现象。

3. 功用定义

功用定义是指以被定义项所反映的事物的功能或作用作为种差的定义。例如，"电子计算机是具有自动和快速地进行大量计算和数据处理功能的电子设备"就属于功用定义，因为该定义的种差"具有自动和快速地进行大量计算和数据处理功能的电子设备"揭示了"电子计算机"的功能。再如：

温度计是用来测量大气温度的物理仪器。

居民身份证是证明公民身份的法律证件。

4. 关系定义

关系定义是指以被定义项所反映的事物与其他事物之间的关系作为种差的定义。例如，"偶数就是能被2整除的整数"就属于关系定义，因为该定义的种差"能被2整除的整数"揭示了偶数与2之间的关系。再如：

钝角是大于直角而小于平角的角。

叔叔是指与父亲辈分相同而年龄较小的男子。

可见，在定义中，属加种差定义不仅种类繁多，而且应用广泛，需要重点掌握。

三、外延定义

外延定义是通过列举一个概念的外延，使人们获得对该概念的某种理解和认识，从而明确该概念的意义和适用范围的逻辑方法。外延定义包括：

1. 穷举定义

穷举定义是通过列举概念全部外延对象的外延定义方法。如果一个概念所指的对象数目很少，或者其种类有限，则可对它下穷举的外延定义。例如：

> 氧族元素是指氧 O、硫 S、硒 Se、碲 Te、钋 Po 五种元素。
>
> 太阳系大行星包括金星、土星、木星、水星、地球、火星、天王星和海王星。①

很显然,列举概念全部外延对象的穷举定义只适用于少数概念,因为多数普遍概念的外延对象的数目是列举不尽的。在这种情况下,通常采用例举定义。

2. 例举定义

例举定义是通过举出一些例证以帮助人们了解关于该概念所指称的对象的外延定义。如果一个概念的外延的对象数目很大,或者种类很多,无法穷尽列举,就需要例举定义。例如:

> 我国的少数民族有藏族、维吾尔族、蒙古族、回族、壮族、土家族、苗族等。
>
> 什么是自然语言?例如,汉语、英语、俄语、德语、日语、朝鲜语都是自然语言。

3. 实指定义

实指定义是借助于手势或者其他的非语言符号方式说明一个概念的外延定义。我们用手指着一台笔记本电脑,然后说,这就是笔记本电脑,这样以语言描述伴随着手势,就构成了实指定义的一个例子。

当然,有少数概念可以用身体的其他感觉加上相应的描述进行说明。例如,对于什么是交响乐,我们可以通过播放一张交响乐的光碟告诉别人:你听,这就是交响乐。对于什么是玫瑰香味,也可以用同样的方式让人闻一闻。

实指定义很可能是人们学习语词、了解概念的最初级、最原始的方法。儿童的看图识字应该是这种方法的一个延伸,我们掌握语言也是从这种方法开始的。然而,实指定义的对象毕竟是感觉把握的对象,因而实指定义具有很大的局限性。对于抽象的语词表达的思辨性的概念,如"哲学"、"社会"这样的概念,无论你用什么身体姿势作辅助说明,人们也无法知道这些概念到底指称什么。

因此,在人们日常生活及科学研究活动中,通常是将内涵定义与外延定义合在一起使用。通常,先给出某个概念的一些或全部内涵,再列举该概念的一些或全部外延。例如:

> 基本粒子是迄今所知、能够以自由状态存在的所有最小物质粒子的统称,包括电子、中子、光子等,它们构成宏观世界的一切实物以及电磁场。

---

① 国际天文学联合会大会 2006 年 8 月 24 日投票部分通过新的"行星"定义,不再将传统九大行星之一的冥王星视为大行星,而将其列入"矮行星"。

将内涵定义与外延定义合在一起使用的情形,在法律文本对法律概念所下的定义中比较多见。(这方面内容请参见本书第十一章的介绍)

第三节 定义的规则

本节所说"定义的规则"是指传统的内涵定义的规则,也就是属加种差定义的规则。

要作出一个正确的内涵定义,除了掌握属加种差定义的方法外,还必须遵守一定的内涵定义规则。传统定义理论将定义的规则归纳为如下四条:

1. 定义项与被定义项的外延必须全同

这条规则是说定义项与被定义项必须是具有全同关系的概念,因为全同关系的概念所反映的是同一对象。只有当定义项与被定义项所反映的是同一对象时,才能说"Ds 就是 Dp"或"Ds = Dp"。这条规则实际上是规定了一个前提,即下定义时,不得任意改变被定义项的外延,在此前提下,才有达到揭示被定义项内涵的目的。

违反这条规则的错误是"定义过宽"或"定义过窄"。

定义过宽是指定义项的外延大于被定义项的外延。例如,"犯罪就是违法行为",如果把它作为定义,就是犯了"定义过宽"的错误。因为并非所有"违法行为"都是"犯罪","违法行为"不仅包括"犯罪",而且包括了一些不构成犯罪的轻微违法行为等。

定义过窄是指定义项的外延小于被定义项的外延。例如,"中华人民共和国公民就是年满十八岁、具有中华人民共和国国籍的人",如果把它作为定义,就是犯了"定义过窄"的错误。因为未满十八岁而具有中华人民共和国国籍的人也是中华人民共和国公民。

2. 定义项不能直接或间接地包含被定义项

给概念下定义,是用定义项揭示被定义项的内涵。如果定义项直接或间接地包含被定义项,那么定义项又要用被定义项加以揭示,等于用被定义项揭示它自身的内涵,自然达不到揭示概念内涵的目的。所以,定义项不能直接或间接地包含被定义项。

违反这条规则的错误是"同语反复"或"循环定义"。

同语反复是指在定义项中直接包含了被定义项。例如,"法学家就是被人称为法学家的人",如果把它作为定义,就是犯了"同语反复"的错误。因为它的定义项直接包含了被定义项,没有真正揭示被定义项的内涵。同语反复在语言表达上表现为语词的反复。

循环定义是指在定义项中间接包含了被定义项。例如,"太阳就是白昼发光的星体","白昼就是有太阳的时候",这就等于说"太阳就是有太阳时候……",犯了"循环定义"的错误。

3. 定义项必须清楚确切

定义项是用来明确被定义项内涵的,必须清楚确切才能起到定义的作用。反之,如果定义项含混不清,就不能明确概念的内涵。例如,"生命是通过塑造出来的模式化而进行的新陈代谢"[①],如果把它作为定义,就会使人对什么是生命颇感费解,因为它的定义项含混不清。

比喻是一种积极的修辞手法,但如果用比喻下定义,却不能起到定义的作用。例如,"儿童是祖国的花朵",以"花朵"比喻"儿童",形象生动。但是,如果把它作为定义就不正确,因为它没有揭示"儿童"的内涵。

4. 定义一般不能用否定式

否定式定义一般指这样两种情况:一是种差为负概念;二是定义联项用"不是"等表示(否定的语句形式)。这两种情况无论哪一种都只能说明被定义项不具有某种属性,而不能揭示被定义项的内涵。例如,"直线是不曲的线","盗窃罪不是危害公共安全罪",这两个语句如果作为定义都是错误的。因为前者只表示"直线"不具有"曲的线"的属性,并未说明直线究竟具有什么属性;后者同样没有揭示"盗窃罪"具有什么特有属性。

但是,这条规则是有例外的。倘若被定义项本身是一个负概念,则可以且常用否定式下定义。例如,"无效婚姻就是因欠缺婚姻成立的法定要件而不发生法律效力的婚姻",这就是一个否定式定义。由于被定义项"无效婚姻"是负概念,所以它是一个正确的定义。

属加种差的定义方法虽然较为常用,但它不能给所有概念下定义。例如,不能给哲学中的"范畴"下定义,因为哲学中的"范畴"是外延最大的概念,无法找出它的属概念。同样,用属加种差定义方法也很难给单独概念下定义,因为我们不大容易把单独概念的种差简单地表达出来。这就是属加种差的定义方法的局限性。

第四节 划　　分

"划分"一词通常有两种用法:一种是在将整体分成部分的意义上使用,如"划分行政区域";另一种是在分类的意义上使用,如"划分人民内部矛盾和敌我矛盾"。逻辑学把前一种意义上的划分称为"分解",而只在后一种意义上使用

---

① 这是杜林给"生命"所下的定义。恩格斯在《反杜林论》中对这一定义从逻辑等方面作了分析批判。具体参见《马克思恩格斯选集》第3卷,人民出版社1995年版。

"划分"这个词。

传统定义理论不包括外延定义,因而划分成为与定义方法并列的明确概念的逻辑方法。现代定义理论将外延定义纳入其中,外延定义具有划分方法的部分作用。但是,二者不能完全等同,仍有一定的区别:外延定义对概念外延的揭示更多地带有人为的因素,是一种主观的规定。这一点在法律文本中表现得特别明显,许多重要法律概念的定义采用了外延定义。划分则更多地带有被动色彩,是对概念外延的客观揭示,这在科学分类中表现尤为突出。

划分方法在日常生活及工作中,更多地带有科学分类的色彩,且应用极为广泛。因此,本章在简单介绍了外延定义之后,仍将对传统的划分方法独立加以介绍。

一、什么是划分

划分是揭示概念外延的逻辑方法。例如:

(3) 犯罪分为故意犯罪和过失犯罪。
(4) 文学作品包括小说、诗歌、散文和剧本。

例(3)、(4)都是划分。例(3)揭示了"犯罪"的外延,例(4)揭示了"文学作品"的外延。

二、划分的组成

任何划分都由划分的母项、划分的子项和划分的标准三部分组成。

划分的母项,就是外延需要明确的概念。例(3)、(4)中的"犯罪"和"文学作品"就是划分的母项。

划分的子项,就是用来揭示母项外延的若干概念。例(3)中的"故意犯罪"和"过失犯罪",例(4)中的"小说"、"诗歌"、"散文"和"剧本",就是划分的母项。

划分的标准,就是将母项分为若干子项的根据。划分是以概念所反映的对象的某方面属性作为标准或根据的。例(3)就是以"犯罪"在主观方面的不同属性作为标准,将其分为"故意犯罪"和"过失犯罪"。思维对象各个方面的属性都可作为划分的标准,而究竟以哪一方面的属性作为划分标准,则要由实际需要而定。

在划分中,子项都具有母项的属性,母项与子项是属种关系。划分实际上是根据一定的属性,将一属概念分为若干种概念。例如,把类分为若干子类,或者将类分为若干分子。这与分解有所不同。分解是将整体分为若干组成部分,而整体与部分之间的关系不是属种关系。例如,把树分为树根、树干、树枝、树叶等,就属于分解而不是划分,因为"树根"、"树干"等与"树"的关系不是属种关系而是全异关系。

三、划分的方法

常用的划分方法有一次划分、连续划分和二分法。

一次划分是对母项作一次划分后,不再划分。例(3)、(4)就是一次划分。

连续划分是在一次划分之后,又把划分后所得的子项作为母项再次进行划分,这样连续进行下去,直至满足需要为止。例如,先将"命题"划分为"复合命题"和"简单命题",再在第一次划分的基础上,又以其中的子项"简单命题"作为划分母项,再将其划分为"直言命题"和"关系命题",这一系列连续进行的划分就是连续划分。如果需要,还可以把"直言命题"作为母项,再将其划分为六种直言命题。

二分法是把母项分为两个具有矛盾关系的子项,其中一个为正概念,另一个为负概念。例如,把"战争"分为"正义战争"和"非正义战争",就是二分法。从概念的种类看,二分法恰好是一属概念划分为一个正概念和一个负概念。二分法的特点是着重明确正概念的外延,而对负概念的外延需要在确定它的论域后才能得以明确。

四、划分的规则

要作出一个正确的划分,必须遵守以下几条规则:

1. **每次划分必须按同一标准**

这条规则要求,在一次划分中,一旦确定了某一划分标准,就要自始至终按这一标准进行划分,不得随意改变划分标准。如果在一次划分中,时而用这一标准,时而又用另一标准,就会使划分的子项混乱不清。

违反这条规则的错误称为"标准不一"。例如,将"法律"一次分为国内法、国际法、实体法和程序法,就是犯了"标准不一"的错误。

2. **划分的子项必须是互相排斥的**

这条规则要求,划分的各子项间应为全异关系,而不能是属种关系或交叉关系。因为如果子项间是属种关系或交叉关系,势必造成有些对象既属于这一子项,又属于另一子项,这就达不到明确概念外延的目的。

违反这条规则的错误称为"子项相容"。例如,市场上的家用电器分为进口的、国产的、高档的和低档的,就是犯了"子项相容"的错误。因为有的进口家用电器是高档的,也有的是低档的;国产的同样有高档、低档之分。也就是说,"进口的"与"高档的"、"低档的"之间不是全异关系,而是交叉关系。

3. **划分必须是相应相称的**

这条规则要求,划分所得的各子项的外延之和必须等于母项的外延。因为如果子项外延之和小于母项的外延,那么母项的外延就不能全部揭示出来;如果子项外延之和大于母项的外延,那么会把不属于母项的对象当做它的子项。出现这两种情况的划分都是错误的划分。我们称前者所犯的错误为"子项不全",称后者所犯的错误为"多出子项"。例如,"复合命题分为联言命题、选言命题和假言命题",就是犯了"子项不全"的错误。因为复合命题还包括负命题。又如,"附加刑分为罚金、剥夺政治权利、没收财产和缓刑",就是犯了"多出子项"的错误。因为缓刑不属于附加刑,它是刑罚具体运用中的规定。

思考题

1. 什么是定义？定义由哪几部分组成？
2. 定义有哪三大类型？请举例说明。
3. 什么是属加种差定义？举例说明如何用此方法给概念下定义？
4. 内涵定义有哪几条规则？常见的违反定义规则的错误有哪些？
5. 什么是划分？常见的划分方法有哪几种？
6. 划分有哪几条规则？常见的违反划分规则的错误有哪些？

第四章 论 证

第一节 论证概述

一、什么是论证

人们在工作、学习和日常生活中，经常会遇到各种各样的意见分歧，有分歧就会有论辩，论辩的一方为了说服另一方，往往会摆出几条理由支持自己的观点，或驳斥对方的观点。这样的思维过程，就是论证。

论证包括证明和反驳。证明是用一个或一些已知为真的命题确定另一个命题真实性的思维过程。反驳是用一个或一些已知为真的命题确定某一个命题虚假或某一个论证不能成立的思维过程。

例如，有人向法院告发王×参与贪污舞弊。王×向法院出示一个证件，证明他跟此事无关。人们怀疑证件的真实性，但一时又看不出可疑之点。后来，制造证件纸的工厂技师被请来，技师将证件拿向光亮处一看，马上断定证件是假的。他指出："这张证件的纸是1985年产品，可是签署证件的时间1984年。"原来，证件纸上有标明年份的水印商标图案。技师的论证过程是：如果该证件是真的，那么签证日期应是1985年以后（因为证件纸是1985年生产的），但是该证件的签署日期却是1984年（即不是在1985年以后）。所以，该证件是假的。

论证作为思维过程，它的特点是：在"以辞抒意"下，"以说出故"（《墨子·小取》）。其中，"辞"即命题，"说"为推理。这就是说，论证是依一些根据理由，通过推理表达某一命题能否成立的思维过程。

例如，唯物主义哲学家伊壁鸠鲁为了和当时的宗教迷信作斗争，曾经作了如下论证：

我们不得不承认上帝或者愿意扑灭世界上的邪恶，但他做不到；或者他能够做，但他不愿做；或者他既不愿做，也做不到；或者他既愿做，又做得到。

如果上帝愿意做，但做不到，这就不符合"上帝是全能的"这一宗教观念。

如果上帝虽然可以做得到，但他不愿做，这就不符合"上帝是全善的"这一宗教观念。

如果他既不愿意做，又做不到，这当然与上帝"全能、全善、全智"的本性根本不相符。

如果他既愿意做,同时又做得到,那么世界上为什么还有邪恶的存在? 这只能证明一个问题:上帝是不存在的。

可以看出,在这个论证中,伊壁鸠鲁是用"这只能证明一个问题"以上的各个真实命题,通过推理,确定了"上帝是不存在的"这一命题的真实性。

在论证过程中,当论证者运用论据去肯定论题即证实某论题为真时,通常人们称之为"立论",或称"证明";当论证者运用论据去否定论题即证实某论题为假时,通常人们又称之为"驳论",也称"反驳"。因此,思维的论证活动可有两个不同方面的表现,即证明和反驳(立论或驳论)。

证明和反驳各自具有其相对独立性,但是在实际思维中又是相通的。因为如前所述,证明是围绕确定某一命题的真实性而展开的。与此相联系,有时我们还需要揭露、判明对立命题的虚假性,这就需要运用反驳。例如,逻辑规律告诉我们,两个互相矛盾的命题是不能同真或同假的,在论证了某一命题为假时,实质上也就判明了与这一命题相矛盾的命题的真实性。反之,当我们论证了某一命题为真时,实质上也就判明了与这一命题相矛盾的命题的虚假性。因此,证明和反驳尽管在直观表现上有些不同,但最终都是思维的论证活动。

二、论证组成

论证都是由论题、论据和论证方式组成的。证明如此,反驳也一样。以下着重从证明的角度讨论论证的组成成分。

1. 论题

论题是论证中需要证明或需要反驳的命题。它回答"论证什么"的问题。

前例中,"上帝是不存在的"这一命题就是论题。再如,某刑事案件中,人民检察院向人民法院提起公诉,指控被告人某厂厂长犯有贪污罪。"某厂厂长犯有贪污罪"便是公诉人需要证明的论题。

论题可以是真实性已得到证实,因需要仍应再证实其真实性的命题;也可以是真实性尚未得到证实的命题。证明真实性已经得到证实的命题,目的在于使人们确信该论题的真实性。一般教学中所运用的论证大多属于此类论题。例如,几何课中对"三角形内角和等于180°"的证明就是这样。证明真实性尚未得到证实的命题,目的在于探求未知领域的真实性或规律性,如科学假说的验证。

2. 论据

论据是论证中据以作出证明或反驳的那些真实命题。它解决"用什么命题论证"的问题。

前例中,除"上帝是不存在的"这一命题之外,都是论据。再如起诉书、公诉词、判决书中关于犯罪事实及相关法律规定的命题,都是论证被告有罪或无罪、罪轻或罪重的论据。

论据是论证的依据,一个论证只有有了真实而充足的理由(即论据)才能成立。作为论据的真实命题,可以是已被证实的关于事实的命题,如通过刑事侦察所得到的关于犯罪事实的命题;也可以是得到实践证实的科学理论、原理、公理和定义等。

论据可以分为明示论据和隐含论据。明示论据是论证者在论证中明确表达出来的论据。隐含论据是论证者结合语境或其他一些情况省略的论据。

在一些复杂的论证中,论据又可分为基本论据和非基本论据。凡是论证中必不可少而又彼此独立的论据都是基本论据。对基本论据的说明,或者可以由基本论据推导出来的论据,均为非基本论据。逻辑上,对论据的这些分类,都是相对而言的。

3. 论证方式

论证方式是论证所运用的推理形式。它是将论据与论题、基本论据与非基本论据联系起来的逻辑手段。

例如,毛泽东在论证"我国现在的社会制度比较旧时代的社会制度要优胜得多"这个论题时说:

> 我国现在的社会制度比较旧时代的社会制度要优胜得多。如果不优胜,旧制度就不会被推翻,新制度就不可能建立……旧中国在帝国主义、封建主义和官僚资本主义的统治下,生产力的发展一直是非常缓慢的。解放前五十多年间,全国除东北外,钢的生产一直只有几万吨;加上东北,全国的最高年产量也不过是九十多万吨。在一九四九年,全国钢产量只有十几万吨。但是全国解放不过七年,钢的生产便已达到四百几十万吨。旧中国几乎没有机器制造业,更没有汽车制造业和飞机制造业,而这些现在都建立起来了。当人民推翻了帝国主义、封建主义和官僚资本主义的统治之后,中国要向哪里去?向资本主义,还是社会主义?有许多人在这个问题上的思想是不清楚的。事实已经回答了这个问题:只有社会主义能够救中国。社会主义制度促进了我国生产力的突飞猛进的发展,这一点,甚至连国外的敌人也不能不承认了。①

毛泽东在这里主要运用了假言推理和选言推理证明"我国现在的社会制度比较旧时代的社会制度要优胜得多"这一论题。

三、论证和推理的关系

论证和推理是有密切联系的。任何论证都是一定推理的运用,但推理并非

---

① 《毛泽东文集》第7卷,人民出版社1999年版,第206页。

都是论证。如果比较一下,那么可以说,论证中的论据相当于推理的前提,论证中的论题相当于推理的结论,论证中的论证方式相当于推理形式。

论证和推理又是不同的,因为:第一,从思维活动的进程看,两者是不同的。推理是由前提到结论的过渡;而论证则应由论题(相当于推理结论)的需要去找出论据(相当于前提),并由论据推论其成立。在论证中,推理是将两者联系起来的逻辑手段。第二,要求不同。推理要求判定前提与结论之间的逻辑联系,即确定前提到结论的归结关系,当这些联系或关系在逻辑上被判定有效或无效时,它只限于形式上的意义(可以说是形式上的正确与可靠否);而论证不仅要求论据与论题之间的逻辑联系是合乎逻辑的、充分可靠的,而且要求能由论据的真实性而确立论题能成立,即论证讲究的是形式的正确和思想内容真实的统一。第三,论证一般比推理复杂。虽然有的论证只有一个推理式样,但大量的论证一般需要运用多种推理,所以论证可以看成是推理的综合运用。

四、充足理由原则

论证必须遵循充足理由原则。所谓充足理由原则,是指任一真实性的思想,应当具有充足理由。若用 A 表示任一思想,B 表示该思想的根据,那么充足理由原则可以表示为:

A 真,因为 B 真,并且 B 足以推出 A。

论证只有遵循这一原则才具有逻辑力量。就证明来说,若论题为 P,只有做到论据都是真实可靠的,而且由论据能够推出 P 真。就反驳而言,如被反驳的论题为 P,也必须做到所有证据都是真实可靠的,而且由论据能够推出 P 假。

充足理由原则要求论证应当运用必然性推理,因为由论据足以推出 P 或者 ㄧP,只有必然性推理才能实现这一要求,而或然性推理则不可能达到这一要求。因此,或然性推理在论证中只能作为论证的辅助方式。

第二节 论证的方法

根据不同的标准,对论证方法可进行不同的分类。例如,根据运用推理形式的不同,可将论证分为演绎论证和归纳论证;根据是否由论据直接确立论题,可将论证分为直接论证和间接论证。本书主要采纳后一种分类。

直接论证是从真实充足的论据出发,直接去确立论题的真实性的方法。它的特点是:将论据直接作用于论题,无须通过中介过渡确立论题。直接论证的方法在证明和反驳中都可运用。

间接论证是从真实充足的论据出发,先去确立与论题具有矛盾关系(或其他逻辑关系)的命题的假或真,然后再去确立原论题的真或假的方法。它的特点是:不是从论据中直接确立原论题的真或假,而是要通过逻辑中介过渡间接地去确立原论题的真或假。间接论证也是证明和反驳中常用的方法。

结合论证的证明和反驳这两个具体方面,以下将介绍直接论证和间接论证方法的一般逻辑内容。

一、证明的方法

以是否从论据直接地确立论题的真实性为标准,可将证明分为直接证明和间接证明。

1. 直接证明

直接证明就是根据论据的真实性,通过逻辑推理直接确定论题真实性的论证。

例如,证明"喜马拉雅山脉在过去年代曾被海洋淹过"就可用如下的直接论证:"凡是有水生生物化石的地层,都是地质史上的海洋地区。地质普查探明,喜马拉雅山脉层中遍布了珊瑚、苔藓、海藻、鱼龙等化石。因此,喜马拉雅山脉在过去年代曾被海洋淹没过。"这里,我们是通过两个真实的论据,运用三段论推理,合乎逻辑地直接确立了论题的真实性。

分情况证明也是一种直接证明。即当我们要证明命题 P 是真的,又知道 P 由 $P_1, P_2, \cdots, P_n$ 若干可能情况组成时,可以分别证明在 $P_1, P_2, \cdots P_n$ 下均为真,也就证明了 P 在任何情况下都是真的。例如,下面的证明就是分情况直接证明:

> 法律是具有阶级性的。因为迄今为止的人类历史的全部法律都是有阶级性的。奴隶社会的法律是为维护奴隶主阶级的利益,巩固奴隶主阶级的统治服务的;封建社会的法律是为维护封建统治者的利益,巩固封建地主阶级的统治服务的;资本主义社会的法律是为维护资产阶级的利益,巩固资产阶级的统治服务的;社会主义的法律是为维护无产阶级、劳动人民的利益,巩固人民民主专政服务的。上述种种法律是人类社会历史的全部法律,都有鲜明的阶级性。

由于直接证明是由真实论据并通过逻辑推理直接确定论题的真实性,因此在直接论证过程中,如果运用的是必然性推理,则论据与论题之间的联系是必然的;如果运用的是或然性推理,则论据与论题之间的联系是或然的。为了提高证明的论证力度,我们应当尽可能地运用必然性推理。当然,论证过程中的推理式样的选择,仍要根据论证的实际需要决定。

2. 间接证明

间接证明就是用论据证明与论题相矛盾的或具有下反对关系的反论题的虚

假,从而确定论题真实性的论证。其主要特点是:需要通过确立与原论题相矛盾的反论题的虚假这一逻辑中介,才能确定原论题的真实性。

间接证明通常采用两种方法:

(1) 反证法。这是通过确定与论题相矛盾的命题的虚假确定论题真实性的间接论证。它一般有三个步骤:① 设立反论题(即与原论题相矛盾的命题);② 证明反论题的虚假;③ 根据排中律确定论题的真实性。

运用反证法的关键在于证明反论题的虚假。论证反论题的虚假往往采用的是归谬法,其论证过程是:

论题:p
反论题:非 p
如果非 p,那么 q
非 q
所以,非"非 p"(即 p)

以下就是一个运用反证法进行间接证明的例子:"瞿秋白不是叛徒。如果瞿秋白是叛徒,那么就会出卖同志或出卖党的机密。但是,事实上,瞿秋白既没有出卖同志也没有出卖党的机密。所以,瞿秋白不是叛徒。"在这个证明中,为了求证"瞿秋白不是叛徒",先假设反论题"瞿秋白是叛徒",由反论题引出了与已知的事实相悖的思想。根据充分条件假言推理规则,反论题应当否定。既然反论题应当否定,那么按照排中律的逻辑要求,原论题就应当肯定。

(2) 选言证法。选言证法是通过确定除论题所指情况以外其余可能情况都为虚假,从而推出论题为真的一种间接证明方法。

选言证法的论证过程是:

论题:p
反论题:或者 q,或者 r(q、r 等于非 p 的所有可能情况)
或者 p,或者 q,或者 r
非 q 并且非 r
所以,p

可见,运用选言证法的关键在于论证除论题 p 以外的其余可能情况均为虚假。因此,可以认为,选言证法同样是通过对反论题的否定论证原论题的真实性的。即 q、r 实际是除 p 以外的各种可能情况。因此,q∨r 可以看成¬p,分别否定了 q 和 r,也就是否定了 q∨r,即否定了¬p,从而可以肯定 p。这也就是我们把选言证法视做一种间接证明的原因。

例如:"我们必须实现安定团结的政治局面。究竟是安定团结的局面好,还是动乱不安的局面好?对于动乱所造成的灾难,全国人民有深切感受,绝不允许这种局面再现。人民希望社会安定团结,希望生产得到发展,希望生活得到改善。"这一论述就是通过否定选言命题的一肢,从而证明一选言肢(即原命题),它运用了选言证法。

二、反驳的方法

1. 直接反驳

直接反驳就是用论据直接确立被反驳论题的虚假。直接反驳可以有两种不同的方法:

一种方法是列举出与对方论题或论据相矛盾的事实命题,以论证对方的论题或论据是虚假的。例如,驳斥"所有的被告都是有罪的"这一论题时,只要列举出有人虽是被告但并非有罪的事实,即可确定被反驳论题为假。

另一种方法是归谬法。归谬反驳是从被反驳论题引出互相矛盾的命题,进而证明被反驳论题是假的。其形式是:

被反驳论题:p
归谬反驳:如果 P,则 q
如果 p,则 ¬q
所以,¬p

例如,在反驳"上帝是万能的"时,有人进行了如下论证:"如果上帝是万能的,那么他就能创造一块他自己也举不起来的石头。如果上帝是万能的,那么他能举起来任何石头。所以,上帝不是万能的。"

2. 间接反驳

间接反驳就是建立一个与被反驳论题具有矛盾关系或反对关系的反论题,通过证明反论题的真实,并根据矛盾律的要求(两否定命题不可同时为真),从而确定被反驳论题的虚假性。

间接反驳的步骤有三:

(1) 设立反论题,此反论题与被反驳论题具有矛盾关系或反对关系;
(2) 独立证明反论题的真实性;
(3) 根据矛盾律,由反论题的真而确定被反驳论题必假。

例如:"并非所有哺乳动物都生活在陆地上。因为鲸不生活在陆地上,鲸是哺乳动物,所以有些哺乳动物不生活在陆地上。换句话说,并非所有哺乳动物都生活在陆地上。"这个例子中,论证"所有哺乳动物都是生活在陆地上"的虚假,是通过论证与之相矛盾的命题"有些哺乳动物不生活在陆地上"为真而实现的,因而是间接反驳。

第三节 论证的规则

一个正确的论证,必须遵守论证的规则。由于论证是由论题、论据、论证方式三个方面所组成的,因而论证应从三个方面建立相应的规则。

一、关于论题的规则

1. 论题必须明白

论证的根本目的是要确定论题能否成立,因此论题是论证的中心。为了使论证正确地进行,论题就必须清楚、确切。如果论题不明确,含含糊糊,就无法找出适当的论据和正确的论证方式进行论证。

违反"论题必须明确"这条规则,就会犯"论旨不清"的错误。

论题必须明确,首先要求论题所涉及的概念必须明确,它应有确定的内涵和外延,应避免使用含混不清的概念,以防歧义或产生"自相矛盾"。其次,论证者本身必须明确论题的含义。只有这样,才能有的放矢地论证。否则,如果论证者对论题本身在认识上含糊不清,或是似是而非的,那么势必使整个论证从一开始就缺乏中心和方向,从而使论证离题而归于失败,即犯"论证离题"甚至"自相矛盾"的错误。最后,论证者要表达清楚,让对方正确了解自己的论题,并在整个论证过程中始终围绕论题,否则就会犯"无谓争论"的错误。例如,有两人对盐碱地能否种水稻发生了争论,各自都列举了一些事实证明自己的观点,谁也说服不了谁。结果发现,双方争论中使用的共同词"盐碱地"在含义上是各不相同的,一个说的是"改造过的盐碱地",一个说的是"没有改造过的盐碱地",这就是论题表示不明确而引起的"无谓争论"。

2. 论题必须始终保持同一

在同一论证过程中,论题必须始终保持同一,不能随意转移和改变。也就是说,整个论证过程应该针对已经确定了的论题展开,而且始终按论题本来的意义去论证。如果在一个论证过程中,不去论证开始提出的论题,而去论证与原论题不同的论题,或者看上去是同一个论题而实质上是另一个论题,这就犯了"偷换论题"或"转换论题"的逻辑错误。

"偷换论题"或"转移论题"的逻辑错误常表现为"论证过多"或"论证过少"。

"论证过多"是指在实际论证过程中所论证的内容多于原论题所断定的内容。例如:"违法不都是犯罪。因为违法既可是违反刑法,也可是违反民法或其他法律、法规。骑车带人违法了,但并不犯罪,所以违法都不是犯罪。"这样的论证就犯了"论证过多"的错误,本来是要论证"违法不都是犯罪",结果却扩大了论证的论题范围,实际上论证的是"违法都不是犯罪"。

"论证过少"与"论证过多"正好相反,它是指在实际论证过程中所论证的内容比原论题所断定的内容要少。"论证过少"与"论证过多"一样,都是对原论题的不忠实,都是论证中常犯的"偷换论题"或"转移论题"的错误。例如,有人作了如下的论证:"地球外是有高等智能动物的。因为在苏联科学院的古生物博物馆,陈列着一具四万年前的野牛的颅骨,其额上有类似枪伤留下的痕迹。研究表明,这些呈圆洞状的痕迹是野牛生前被束状高压气体冲击而成的,但当时地球上的人类还远未掌握这种技术。可见,地球外可能有高等智能动物。"由于实际论证的论题是"地球外可能有高等智能动物",比需要论证的论题"地球外是有高等智能动物的"要小,因而这是一个"论证过少"的论证。

二、关于论据的规则

论证的充足理由原则要求:

1. **论据必须是真实的命题**

论据是论证赖以建立的支柱,真实的论据是论证有说服力的重要条件,论据虚假就会使论证失去支柱。当然,这不是说论据虚假则论题就必定虚假,但是此时论题已经无法合乎逻辑地被证明。

违反这条规则的逻辑错误主要有"虚假理由"和"预期理由"两种表现。"虚假理由"也称"虚假论证",它是指在论证过程中以虚假命题为论据。在科学史上,法国古生物学家居维叶曾经在论证他的突变理论时说:"从远古以来,地球发生过许多次周期性的大突变,每次突变后,生物全部灭绝了,而造物主又重新制造了一批生物,所以化石也都不一样。"可见,居维叶的"突变论"中用了虚假论据,即"上帝创造说"。他在论证过程中犯了"虚假理由"的逻辑错误。

"预期理由"是指用真实性未明的或只在可能性上真而尚未在现实性上为真的命题为论据。在司法实践中,若把那些尚未查证属实的材料当做证据,就犯了"预期理由"的错误。例如,某起诉书中有这样一段文字:"案发前,被告人给其姐发出一信,要其姐'有时间最好来京一趟';又借其母名义给自己的哥哥发去电报'见电速回京';还买了件深蓝色新上衣。由此可见,被告人在案发前就准备和亲人告别,做好了杀人走绝路的打算。"这里,起诉书中对"被告人有杀人打算"的论证,犯有"预期理由"的逻辑错误。

2. **论据的真实性不能依赖论题论明**

论据是用来证实论题的,论题的成立是依赖真实论据确定的。因此,论据的真实性应当独立于论题之外,即不依赖论题而成立。如果论据的真实性又要依赖论题论证,那么论题与论据就互为证明根据了,最终就什么也论证不了。

违反"论据的真实性不能依赖论题证明"的规则,就犯了"循环论证"的错误。例如,莫里哀的剧作《假病人》中有一位医生,他在回答鸦片烟为什么能够催眠的问题时说:"鸦片烟之所以能催眠,是因为它有催眠的力量。""那么,鸦片烟为什么有催眠的力量?"他又回答说:"因为它是鸦片。"这里,医生犯了"循环论证"的错误。正确的论证应该是指出鸦片中含有诸如吗啡、那可汀等成分,而这些成分具有麻醉作用,从而论证"鸦片烟有催眠的力量"。

三、论证方式的规则

在论证中,论证方式是联结论题与论据的纽带,只有合乎逻辑的论证方式,才能保证从论据的真实性可靠地推出论题。论证方式是论证过程中运用的推理的总和,所以要使论证方式合乎逻辑,必须在论证过程中使用正确的形式,遵守有关的推理规则和逻辑基本规律的要求,从而保证从论据的真实性推出论题的真实性。正确论证对于论证方式的逻辑要求是:论据必须充分或有效地推出论题。

在论证中,违反论证方式的规则就要犯"推不出"的逻辑错误。在思维过程中,"推不出"的错误通常表现为下列几种情况:

第一,违反推理规则或违反逻辑规律。

在本书的前面章节中介绍了许多推理规则及一些逻辑规律,凡违反这些规则、规律而进行的论证,都称为犯"推不出"的错误。例如:"一个人病了,即使吃药也是无用或者是多余的。因为如果一个人得病而不痊愈,那么吃药是无用的;如果不吃药而痊愈,那么吃药是多余的;一个人得病或者吃药而不会痊愈,或者不吃而痊愈,总之吃药是无用或多余的。"这个论证违反假言选言推理规则,其论证方式犯了"推不出"的逻辑错误。

第二,论据与论题不相干。

也就是说,虽然论据可能是真的,但论据的真实性与论题的真实性毫无联系,二者风马牛不相及。这样,从论据的真实性当然不能推出论题的真实性。例如,帝国主义者在为自己侵略行为辩护时提出:被侵略国家有他的侨民。这个论据虽然是真的,但由此推不出可以对这个国家进行侵略,即论据与论题无关。

第三,论据对论题必要但不充分,即"理由不充足"。

例如,毛泽东在《论持久战》中说:要驳倒亡国论者,仅仅指出"敌人虽强,但是小国,中国虽弱,但是大国"是不足以使他们折服的,还必须提出其他理由,也就是说仅仅提出这种理由,对于驳倒亡国论者而树立自己的观点是"理由不足"的。可见,论据的充足性、全面性对进行正确论证有着极为重要的作用。

应该指出,如果一个论证遵守了论题、论据和论证方式方面的所有规则,则它是正确的论证,并且论题必真。如果违反了论题、论据和论证方式方面的任一规则,则论证不能成立。在论证过程中,论题被证实为假,意味着整个论证"垮台"。但是,驳倒了对方的论据,不等于驳倒了对方的论题,只证明了对方用以判定其论题真实性的理由是错误的。同样,驳倒了对方的论证方式,也不等于驳倒了对方的论题和论据,只能证明对方的论据与论题之间没有合乎逻辑的、有效的、可靠的联系,即不能由论据正确地推出论题。

第四节 论证中的谬误

一、谬误和非形式谬误

"谬误"一词在汉语中通常指不符合客观实际的荒谬言论。在逻辑学中,"谬误"泛指人们在思维和语言表达中所产生的一切逻辑错误。

谬误一般可以分为两种:一种是形式谬误,一种是非形式谬误。形式谬误是由于运用不正确的推理形式而出现的逻辑错误。例如,充分条件假言推理的否定前件式和肯定后件式;三段论推理中前提不周延的项在结论中却周延了的推理形式等等。非形式谬误是指由于论证中使用的语言存在歧义,或由于认识上的片面性及观点上的错误,或出于主观故意(诡辩)而造成的种种错误。在本节中,我们将着重讨论非形式谬误。

二、几种常见的非形式谬误

1. 语言歧义

由于语言歧义而造成的逻辑错误通常出现在表达思维的自然语言的形态中,它又分为两种:语词歧义和语句歧义。

语词歧义是指在同一思维过程中,对同一语词在不同意义下使用而造成的逻辑混乱。它通常表现为一词多义或对原词义的应用失当。例如,"出谋划策的人都不可信赖"和"建筑师是出谋划策的人"这两个命题中的"出谋划策"具有不同的含义,第一个词是指搞阴谋诡计的人,而第二个词是指设计建筑蓝图的人。它们若在同一思维过程中当同一语词理解运用,就一定会造成歧义。

语句歧义是指在同一思维过程中,对同一语句作不同意义的理解而导致的歧义。例如,"小商品柜台的营业员发觉男同志来买涤棉短袖衬衣上的纽扣供不应求……"这个语句因歧义而难以理解,到底是"男同志来买的时候才发觉供不应求",还是"发觉男同志来买的时候出现供不应求"?语句歧义在日常生活中是较常见的谬误。

2. 错认因果

因果联系既具有普遍性,又具有复杂性。正确认识事物之间的因果联系是提高非必须性推理结论可靠程度的必要条件。如果错认了事物之间的因果联系,则会导致逻辑谬误。

因果联系从时间上看,具有原因在结果之前、结果在原因之后的特点。但是,时间上先后相继的现象却不一定都具有因果联系。例如,昼夜有时间上先后相继的关系,但并没有因果联系。如果单纯根据两类现象时间上的相续关系,把没有因果关系的现象确定为有因果关系,就犯了"居前为因"的错误。

同一现象可能由多种原因引起,如果把导致某种现象的多种原因中的一个原因当成唯一原则,就犯了"以多因为一因"的错误。

在有限的范围内,原因与结果是界限分明的,不允许倒置。所谓"因果倒置",就是在有限范围内把原因当成了结果,把结果当成了原因。例如,微生物入侵与有机物的腐败之间具有因果联系,前者为因,后者为果。如果认为有机物腐败之后才有微生物入侵,就犯了"因果倒置"的错误。

3. 以人为据

所谓"以人为据",是指不根据具体情况和条件,将权威的思想、书本上的理论或权势人士的话作为论据。以人为据具体表现于"诉诸权威"、"因人纳言"、"因人废言"等谬误。

所谓"诉诸权威",是指在论证中对论题不作具体论证,不加分析地摘引权威人士的言论,以权威人士的个别言论作为证明论题的根据。例如,在中世纪的欧洲,亚里士多德是至高的权威。他认为人的神经在心脏汇合。有解剖学家发现并非如此,但是这位解剖学家事后的回答是如此之妙:您清楚明白地令我看到了一切,假如您的著作里没有与此相反的说法,即神经是在心脏里汇合的,那我也就一定会承认神经在大脑里汇合是真理,可现在我不能。这种盲目地崇拜、迷信权威和书本的行为,是"诉诸权威"的典型。

所谓"因人纳言",是指仅仅根据立论者的威望或自己对立论者的感情、钦佩,而不考虑其论断内容真实与否或论证过程正确与否,便对其论点表示赞同。凡是因崇拜他人而纳言或因私情而纳言的做法,都属于这种谬误。

所谓"因人废言",则与"因人纳言"正好相反,是指仅仅依据立论者的道德品质或者个人对立论者的厌恶,而对立论者断定的内容不加考察和逻辑分析,就轻率否定立论者的思想观点。

4. 人身攻击

所谓"人身攻击",是指在论辩中以攻击论敌的个人品质,甚至谩骂论敌等等手段,代替对具体论题的论证。例如,19世纪60年代,英国教会和一些保守学者曾集会反对达尔文的进化论思想。某大主教拿不出科学的论据反驳进化论,就把矛头指向信仰进化论的赫胥黎。他嘲讽地说:"赫胥黎教授就坐在我旁边,他是想等我一坐下来就把我撕成碎片的。因为照他的信仰,他本来就是猴子变的嘛!不过,我倒要问问,这个猴子子孙的资格,到底是从祖父那里得来的呢,还是从祖母那里得来的呢?"这位大主教的"论证"就是一种人身攻击。这种手法的实质,是以不道德的论战手段代替正常的逻辑论证,以便使自己在论辩中取胜。

非形式谬误有很多种,我们这里所讨论的只是其中常见的几种。分析讨论谬误的目的,在于帮助大家了解谬误产生的原因,从而能更有效地揭露和打击谬误。如果掌握了正确的逻辑形式,又善于识别形形色色的谬误,那么人们的思维就会更加富有逻辑性,从而能更好地发挥作用。

思考题

1. 什么是论证?论证有哪些种类?
2. 论证与推理的关系如何?什么是充足理由原则?
3. 直接论证方法和间接论证方法的区别是什么?
4. 论证有哪些规则?违反论证规则的错误表现有哪些?
5. 反驳有哪些方法?反驳论题、反驳论据、反驳论证方式的作用有什么区别?

第五章 复合命题及其推理

推理是逻辑学研究的主要对象,而推理的基本单位是命题,所以本章首先介绍命题和复合命题的定义、构成、种类、逻辑特征,然后着重介绍推理和复合命题推理的定义、构成、种类及推理的有效性。

第一节 复合命题

一、命题的概述

命题是构成推理的基本成分(最小单位),或者说,推理由若干个命题组成。

（一）命题的逻辑特性

命题就是反映事物情况的思维形式。例如：

（1）所有的贪污罪都是故意罪。

（2）印度洋比太平洋的面积大。

（3）如果天下雨,那么地上湿。

（4）犯罪行为必然是违法行为。

命题是对事物情况的陈述。当一个命题陈述的事物情况与客观实际相符时,该命题为真;当一个命题陈述的事物情况与客观实际不符时,该命题为假。上述命题中,（1）、（3）、（4）是真命题,（2）是假命题。

命题的基本特性是具有真值,真值也就是命题的逻辑值。在传统逻辑中,取值范围只有"真"和"假"两个值,一个命题或是真的,或是假的,二者必居其一,因此又称为"二值逻辑"。命题的真或假统称为命题的"真值","真"是命题的真值,"假"也是命题的真值。任何一个命题,要么为真,要么为假,但不能既真且假,也不能既不真也不假。

命题与语句既有联系,又有区别:命题必须用语句表达,但并非所有的语句都是命题。有真值的语句表达命题,如陈述句;而没有真值的语句不表达命题,如疑问句、祈使句和感叹句。疑问句中的反诘句是例外,它是用疑问的形式表达陈述的内容,具有确定的真值,因此是表达命题的。例如,"是可忍,孰不可忍?"这个反诘句实际上表达了这样一个命题:"如果这个都可以容忍,那么什么都可以容忍",而这个陈述是有真值的。

命题与语句的主要区别是:二者不是一一对应的。首先,同一个语句可以表达不同的命题。如"他老了",该语句既可以表达命题"他年纪大了",又可以表达命题"他已经死了"。其次,同一个命题可以用不同的语句表达。如"你错了"和"你不是没有错的",这两个语句形式不同,语气有差异,但表达的是同一个命题,即思想内容完全相同。

命题与判断的主要区别是:命题是陈述者未断定的陈述,判断是陈述者断定的陈述。对事物情况的陈述,有两种主观态度:一种是未置可否的态度,是不加主观色彩的陈述;另一种是肯定的态度,是主观断定的陈述。前者是命题,后者是判断。如"火星上有生命"这个陈述,若陈述者持肯定态度,则为判断;若陈述者仅提出这样一种猜想,有待证实或证伪,则为命题。在传统逻辑中,命题与判断可以不加区别。

按照不同的划分标准,可以对命题作不同的分类。在传统逻辑中,一般是这样划分的:

首先,根据命题中是否含有模态词(如"必然"、"可能"等),把命题分为模态命题和非模态命题。模态命题就是包含模态词的命题,如例(4);非模态命题就是不包含模态词的命题,如例(1)、(2)、(3)。非模态命题及其推理是我们主要的研究对象。

其次,根据是否包含其他命题,把非模态命题分为复合命题和简单命题。复合命题就是包含其他命题的命题,如例(3);简单命题就是不包含其他命题的命题,如例(1)和(2)。

最后,根据命题的逻辑特性不同,把复合命题和简单命题再进行划分。

(二) 命题和复合命题的构成

命题包含内容和形式两部分,逻辑学只研究命题的形式。从逻辑的角度看,命题由两部分构成:一是表达命题逻辑性质的部分,我们称之为"逻辑常项";二是表达命题思想内容的部分,我们称之为"逻辑变项"。因为逻辑学不研究命题的思想内容,所以我们总是把逻辑变项用特定的符号表示。

复合命题就是包含着其他命题的命题,或者说,是能够分解出其他命题的命题。例如:

(5) 他既当爹又当娘。
(6) 或者今天开会,或者明天开会,或者后天开会。
(7) 如果他犯了罪,那么他要受到惩罚。
(8) 并非只有金属才导电。

复合命题的逻辑形式由两部分组成:肢命题和联结词。

肢命题是逻辑变项,就是被复合命题包含的命题,或者说,是可以从复合命题中分解出来的命题。例(5)包含两个肢命题:"他当爹"和"当娘";例(6)包含三个肢命题:"今天开会"、"明天开会"和"后天开会";例(7)包含两个肢命题:"他犯了罪"和"他要受到惩罚";例(8)只包含一个肢命题:"只有金属才导电"。

复合命题的肢命题往往采用省略形式,比如例(5)中的肢命题"当娘",就是"他当娘"的省略形式。

在复合命题中,肢命题至少有一个,多则不限,但不能无穷。肢命题可以是简单命题(如例(5)、(6)、(7)),也可以是复合命题(如例(8))。如果肢命题是复合命题,那么该命题就是多重复合命题。

上述四例中,除了肢命题,还有联结词,如下:

(5) 既……又……
(6) 或者……,或者……,或者……
(7) 如果……,那么……
(8) 并非只有……才……

联结词是逻辑常项,表达命题的逻辑结构、逻辑含义,是我们研究的重点。

如果我们把变项(肢命题)分别用小写的字母 p、q、r、s、t……代表,也就是把命题的具体思想内容舍去,使它形式化、符号化,则称其为命题形式。

命题形式由逻辑常项和逻辑变项组成,上述四例的命题形式如下:

(5) 既 p 又 q
(6) 或者 p,或者 q,或者 r
(7) 如果 p,那么 q
(8) 并非 p(也可表达为:并非只有 p 才 q)

舍去了具体思想内容的命题形式,凸现了其中的逻辑常项。我们要在研究不同常项的逻辑特性的基础上,研究推理的普遍性质。

研究复合命题及其推理的逻辑又称为"命题逻辑"。

(三) 复合命题的逻辑特性与真值表

命题的逻辑特性是有真假(有真值),复合命题的真假取决于肢命题的真假。在这个意义上,复合命题的逻辑特性是:肢命题的真假决定复合命题的真假。例如:

(9) 并非法律有阶级性。

其中,由于肢命题"法律有阶级性"为真,决定了复合命题"并非法律有阶级性"为假。

(10) 并非语句就是命题。

其中,由于肢命题"语句就是命题"为假,决定了复合命题"并非语句就是命题"为真。

上述两个命题的形式都是:并非 p。

在例(9)中,"p"替代肢命题"法律有阶级性";在例(10)中,"p"替代"语句就是命题"。

可见,肢命题"p"的真假,决定复合命题"并非 p"的真假。

我们可以构造一个表简明扼要地揭示肢命题与复合命题之间的真假关系。这个表就是真值表。

p	并非 p
真	假
假	真

真值表是有力的逻辑工具,它既可以定义复合命题的常项,又可以判定复合命题之间的关系,还可以判定推理形式的正确与否。

关于真值表的制作方法及其用途,详见本节第七部分"真值表的判定作用"。

(四) 复合命题的种类

不同的复合命题有不同的逻辑特性,也有不同的逻辑联结词。根据逻辑特性的不同,可以把复合命题分为负命题、联言命题、选言命题、假言命题。选言命题和假言命题又可以分成不同的小类,如下表:

```
              ┌ 联言命题
              │                ┌ 相容选言命题
              │ 选言命题 ┤
              │                └ 不相容选言命题
复合命题 ┤
              │                ┌ 充分条件假言命题
              │ 假言命题 ┤ 必要条件假言命题
              │                └ 充分必要条件假言命题
              └ 负命题
```

与之相应,复合命题推理也可以分为联言命题推理、选言命题推理、假言命题推理和负命题推理。

二、联言命题

(一) 什么是联言命题

联言命题就是陈述几种事物情况同时存在的命题。"几种事物情况同时存在"也就是"几个肢命题同时为真"。例如:

(1) 这种行为虽然不犯罪,但是违法。

(2) 产品不但要数量多,而且要质量好。
(3) 虽然他的错误是严重的,但是他的悔悟态度是诚恳的。
(4) 北京队、上海队和大连队都是强队。

上述命题是联言命题。联言命题的肢命题叫"联言肢",可以(至少)是两个(如例(1)、(2)、(3)),也可以是两个以上(如例(4))。

联言命题往往表现为省略形式,省略的部分可以是肢命题主语(省主式),也可以是谓语(省谓式)。比如,例(1)的完整表述是:

"这种行为虽然不是犯罪,但是这种行为违法。"

其中,主语"这种行为"省略了一次,这是省主式。

同样,例(4)中的谓语"是强队"也省略了两次,这是省谓式。

在汉语中,常见的联言命题的联结词有:

并且
而且
和
不但……而且……
虽然……但是……
不仅……还……
一方面……一方面……
既……又……

其中,最典型的是"并且"。

联结词是复合命题的外部表征,判定一个复合命题究竟是什么种类,其判定的主要依据是逻辑联结词。因此,熟悉不同复合命题的汉语逻辑联结词,是区分复合命题种类的必要条件。

用"p"、"q"表示两个联言肢,联言命题的逻辑形式为:

p 并且 q

用人工符号"∧"表示"并且",联言命题的真值形式可以表述为:

p∧q(读作"p 合取 q")

"∧"是一个真值联结词。在命题形式中,表示逻辑常项的特定符号就是真值联结词。

用"∧"概括和表达所有的联言命题的语言联结词,是为了表意的单一和演算的方便。如上所述,联言命题的汉语联结词甚多,它们除了表达共同的逻辑含义之外,还分别表达各自不同的非逻辑含义。比如,有的表达并立(如

"并且"、"而且"、"也"、"又"等),有的表达转折(如"虽然……但是……"等),有的表达递进(如"不但……而且……"、"不仅……还……"等)。这些非逻辑含义在"∧"中完全舍去,只剩下它们共同的逻辑含义——真值含义(即真假含义)。

命题形式有两种:一是语言联结词连接命题变项,如"p 并且 q",其中的逻辑常项还是用自然语言表达;另一种是真值联结词连接命题变项,如"p∧q",其中的逻辑常项和变项都用特定的人工符号表达。后者又称为"真值形式",是完全符号化的命题形式。

(二)联言命题的逻辑特性

"∧"是众多汉语联言命题联结词的逻辑抽象,它概括了语言联结词的逻辑特性:

若肢命题都真,则联言命题为真;只要肢命题中有一假,则联言命题为假。

由此引申:

若联言命题为真,肢命题都真;若联言命题为假,则肢命题中至少有一假。

例如:

(5) 张三是故意杀人犯。

在某些语境下,例(5)可视为联言命题:张三既是故意犯,又是杀人犯。

若联言肢"张三是故意犯"(p)与"张三是杀人犯"(q)都真,则联言命题例(5)(p∧q)为真;若联言肢"张三是故意犯"(p)与"张三是杀人犯"(q)有假,则联言命题例(5)(p∧q)为假。

由此引申:

若联言命题"张三既是故意犯,又是杀人犯"(p∧q)为真,则联言肢"p"与"q"都真;若联言命题"张三既是故意犯,又是杀人犯"(p∧q)为假,则联言肢"p"与"q"中至少有一假。

联言命题的逻辑特性可用真值表描述:(表中的"1"代表"真","0"代表"假";以两肢为例,两肢以上的联言命题的性质与两肢相同)

p	q	p∧q
1	1	1
1	0	0
0	1	0
0	0	0

看表的方法如下:

上表中,共有五行三列(五行横行,三行竖行)。

三列中,第一列是肢命题 p 及其真值,第二列是肢命题 q 及其真值,第三列是联言命题 p∧q 及其真值。

五行中,第一行分别列出肢命题 p、q 和联言命题 p∧q。

第二行:若 p 取值真,q 取值真时,则 p∧q 取值为真。

第三行:若 p 取值真,q 取值假时,则 p∧q 取值为假。

第四行:若 p 取值假,q 取值真时,则 p∧q 取值为假。

第五行:若 p 取值假,q 取值假时,则 p∧q 取值为假。

第二行至第五行,穷尽了肢命题"p"、"q"的各种的真假组合,归纳了肢命题"p"、"q"的真假如何确定联言命题"p∧q"的真值。

真值表中的行数随着肢命题的个数增加而增加,两个肢命题的真假组合有四种:

(1) p 真 q 真　　(2) p 真 q 假　　(3) p 假 q 真　　(4) p 假 q 假

三个肢命题的真假组合有八种:

(1) p 真 q 真 r 真 (2) p 真 q 真 r 假 (3) p 真 q 假 r 真 (4) p 真 q 假 r 假
(5) p 假 q 真 r 真 (6) p 假 q 真 r 假 (7) p 假 q 假 r 真 (8) p 假 q 假 r 假

如下真值表:

p	q	r	p∧q∧r
1	1	1	1
1	1	0	0
1	0	1	0
1	0	0	0
0	1	1	0
0	1	0	0
0	0	1	0
0	0	0	0

可见,两个肢命题的联言命题与三个肢命题的逻辑特性相同:肢命题全真,则联言命题为真;只要有一个肢命题为假,则联言命题为假。简而言之,一假即假,全真才真。(联言肢中有一假,合取为假;联言肢全真,合取为真)

三、选言命题

选言命题就是陈述几种可能事物情况至少有一种存在的命题。"几种可能事物情况至少有一种存在"也就是"几个肢命题至少有一个为真"。选言命题的肢命题称为"选言肢",可以(至少)是两个,也可以是两个以上。根据逻辑特性的不同,选言命题可分为相容选言命题和不相容选言命题。

(一)什么是相容选言命题

相容选言命题就是陈述几种事物情况可以同时存在的选言命题。

首先，相容选言命题是选言命题，它的若干个肢命题中，至少有一个为真。其次，它的若干个肢命题中，可以有两个或两个以上的肢命题同时为真。例如：

(1) 或者你说错，或者我听错。
(2) 他学习成绩不好，或许是学习不努力，或许是学习方法不对，或许是基础太差。
(3) 盗窃犯在甲、乙、丙、丁四人之中。
(4) 张三、李四、王五三人中终会有人能考取大学。

上述命题都是相容选言命题，其中有两肢的，有三肢的，也有四肢的。其肢命题只要有一个为真，上述命题为真；其肢命题有若干个为真，或肢命题全真，上述命题也为真。

有些在语法上有所省略的陈述句也表达选言命题。比如，例(3)、(4)的完整表述是：

(3) 盗窃犯或者是甲，或者是乙，或者是丙，或者是丁。（省主式）
(4) 或者张三能考取，或者李四能考取，或者王五能考取。（省谓式）

常见相容选言命题的语言联结词有：

或者
或许……或许……
也许……也许……
可能是……可能是……

其中，最典型的是"或者"。
用"p"、"q"表示两个选言肢，相容选言命题的逻辑形式为：

p 或者 q

用人工符号"∨"表示"或者"，相容选言命题的真值形式可以表述为：

$p \vee q$（读作"p 析取 q"）

(二) 相容选言命题的逻辑特性

"∨"是众多相容选言命题汉语联结词的逻辑抽象，它概括了语言逻辑词的逻辑特性：

只要肢命题有一真，则相容选言命题为真；若肢命题全假，则相容选言命题为假。

由此引申：

若相容选言命题为真，则肢命题至少有一真；若相容选言命题为假，则肢命题全假。

例如：

（5）今天比赛，或者你上场，或者我上场。

若选言肢"你上场"（p）与"我上场"（q）都真，则选言命题（p∨q）为真；若选言肢"你上场"（p）与"我上场"（q）都假，则选言命题（p∨q）为假。

由此引申：

若相容选言命题"今天比赛，或者你上场，或者我上场"（p∨q）为真，则选言肢"p"与"q"中至少有一真；若选言命题"今天比赛，或者你上场，或者我上场"（p∨q）为假，则选言肢"p"与"q"都假。

相容选言命题的逻辑特性可用真值表描述，或者说，"∨"这个真值联结词可用真值表定义：（以两肢为例，两肢以上的"∨"，性质与两肢相同）

p	q	p∨q
1	1	1
1	0	1
0	1	1
0	0	0

相容选言命题的逻辑特性，可以从上表中读出：

若 p 取值真，q 取值真时，则 p∨q 取值为真。
若 p 取值真，q 取值假时，则 p∨q 取值为真。
若 p 取值假，q 取值真时，则 p∨q 取值为真。
若 p 取值假，q 取值假时，则 p∨q 取值为假。

三个肢命题的相容选言命题，与两个肢命题的逻辑特性相同。

如下真值表：

p	q	r	p∨q∨r
1	1	1	1
1	1	0	1
1	0	1	1
1	0	0	1
0	1	1	1
0	1	0	1
0	0	1	1
0	0	0	0

可见,三个肢命题的相容选言命题的逻辑特性也是:若有一个肢命题为真,则相容选言命题为真;若肢命题全假,则相容选言命题为假。简而言之,一真即真,全假才假。(选言肢中有一真,析取为真;选言肢全假,析取为假)

(三) 什么是不相容选言命题

不相容选言命题就是陈述几种可能事物情况中只有一种存在的选言命题。

首先,不相容选言命题是选言命题,它的若干个肢命题中,至少有一个为真。

其次,它的若干个肢命题中,只能有一个肢命题为真。例如:

(6) 鱼翅或者熊掌,二者不可兼得。

(7) 一场象棋比赛,或者赢,或者输,或者和,三者不可兼得。

(8) 或是故意犯罪,或是过失犯罪,二者必居其一。

(9) 这个分币,要么是一分,要么是二分,要么是五分。

上述命题都是不相容选言命题,其肢命题中有且只有一真。

常见的不相容选言命题的语言联结词有:

要么……要么……

或者……或者……二者必居其一

也许……也许……也许……三者不可兼得

其中,最典型的是"要么……要么……"。

用"p"、"q"表示两个选言肢,不相容选言命题的形式为:

要么 p,要么 q

用人工符号"$\dot\vee$"表示"要么……要么……",不相容选言命题的真值形式为:

$p \dot\vee q$(读作"p 严格析取 q")

(四) 不相容选言命题的逻辑特性

"$\dot\vee$"是众多不相容选言命题汉语联结词的逻辑抽象,它概括了语言逻辑词的逻辑特性:

若肢命题有且只有一真,则不相容选言命题为真;若肢命题全假或不止一肢为真,则不相容选言命题为假。

由此引申:

若不相容选言命题为真,则肢命题有且只有一真;若不相容选言命题为假,则肢命题全假或有不止一真。

例如:

(10) 今天要么是星期一,要么是星期二。

若选言肢"今天是星期一"(p)与"今天是星期二"(q)有且只有一真,则不相容选言命题(p ∨̇ q)为真;若选言肢"今天是星期一"(p)与"今天是星期二"(q)都假,或者有两个以上的肢命题为真,则选言命题(p ∨̇ q)为假。

由此引申:

若不相容选言命题"今天要么是星期一,要么是星期二"(p ∨̇ q)为真,则选言肢"p"与"q"中有且只有一真;若不相容选言命题"今天要么是星期一,要么是星期二"(p ∨̇ q)为假,则选言肢"p"与"q"都假,或者有两个以上的肢命题为真。

不相容选言命题的逻辑特性可用真值表描述,或者说,"∨̇"这个真值联结词可用真值表定义:(以两肢为例,两肢以上的"∨̇",性质与两肢相同)

p	q	p ∨̇ q
1	1	0
1	0	1
0	1	1
0	0	0

不相容选言命题的逻辑特性,可以从上表中读出:

若 p 取值真,q 取值真时,则 p ∨̇ q 取值为假。
若 p 取值真,q 取值假时,则 p ∨̇ q 取值为真。
若 p 取值假,q 取值真时,则 p ∨̇ q 取值为真。
若 p 取值假,q 取值假时,则 p ∨̇ q 取值为假。

三个肢命题的不相容选言命题,与两个肢命题的逻辑特性相同。

如下真值表:

p	q	r	p ∨̇ q ∨̇ r
1	1	1	0
1	1	0	0
1	0	1	0
1	0	0	1
0	1	1	0
0	1	0	1
0	0	1	1
0	0	0	0

可见,三个肢命题的不相容选言命题的逻辑特性也是:有且只有一个肢命题为真,则不相容选言命题为真;肢命题全假或不止一真,则不相容选言命题为假。简而言之,一真才真,其余为假。(选言肢只有一真,严格析取为真;选言肢的其

他真假组合都为假)

四、假言命题

假言命题又称"条件命题",就是陈述某一事物情况的存在(或不存在)是另一事物情况存在(或不存在)的条件的命题。

假言命题陈述的是两个事物情况之间的条件,两个事物情况分别是前件和后件,所以假言命题只有两个肢命题——前件和后件。作为条件的事物情况是前件,作为条件后承的事物情况是后件。"事物情况的存在(或不存在)"就是"前件或后件为真(或为假)"。

根据条件的性质,假言命题分为:充分条件假言命题、必要条件假言命题和充分必要条件假言命题。

(一) 充分条件假言命题

1. 什么是充分条件假言命题

充分条件假言命题就是陈述前件为后件充分条件的假言命题。

首先,充分条件假言命题是假言命题,它陈述的是:前件是后件的充分条件。

其次,充分条件就是"若一事物情况(前件)存在,则另一事物情况(后件)一定存在",即"若前件为真,则后件一定为真"。因此,若前件是后件的充分条件,则前件真而后件必真。例如:

(1) 如果某人的行为不具有社会危害性(p),那么某人的行为不是犯罪(q)。

(2) 假使某人得肺炎(p),那么某人发热(q)。

(3) 若某行为是犯罪行为(p),则某行为是违法行为(q)。

(4) 只要坚持努力、锲而不舍(p),就会取得相应的成绩(q)。

上述命题都是充分条件假言命题,肢命题 p 是前件,肢命题 q 是后件。

充分条件假言命题陈述的是:若前件 p 存在(p 为真),则后件 q 必然存在(q 为真)。如例(1)中,前件"某人的行为不具有社会危害性"存在("p"为真),则后件"某人的行为不是犯罪"也必然存在("q"必然为真)。

常见的充分条件假言命题的语言联结词有:

如果……那么……

若……则……

假使……就……

只要……就……

一旦……就……

倘若……便……

其中,最典型的是"如果……那么……"。

用"p"、"q"分别表示前件、后件,充分条件假言命题的逻辑形式为:

如果 p,那么 q

用人工符号"→"表示"如果……那么……",充分条件假言命题的真值形式为:

p→q(读作"p 蕴涵 q")

2. 充分条件假言命题的逻辑特性

充分条件假言命题的逻辑特性是:

若前件真则后件必真,若后件假则前件必假。

由此引申:

若前件假则后件真假不定,若后件真则前件真假不定。

充分条件假言命题的逻辑特性可用真值表描述,或者说,"→"这个真值联结词可用真值表定义:

p	q	p→q
1	1	1
1	0	0
0	1	1
0	0	1

充分条件假言命题的逻辑特性,可以从上表中读出:

若 p 取值真,q 取值真时,则 p→q 取值为真。

若 p 取值真,q 取值假时,则 p→q 取值为假。

若 p 取值假,q 取值真时,则 p→q 取值为真。

若 p 取值假,q 取值假时,则 p→q 取值为真。

从上表中,我们还可以读出:

在"p→q"为真的三行组合中,当 p 取值为真时,q 只有一种取值,即取值为真。因此,若 p 是 q 的充分条件,则前件真而后件必真。当 q 取值为假时,p 只有一种取值,即取值为假。因此,若 p 是 q 的充分条件,则后件假而前件必假。

充分条件的性质是:

前件真后件必真,后件假前件必假。

在"p→q"为真的三行组合中,当 p 取值为假时,q 可以任意取值(即取值为真或假)。因此,若 p 是 q 的充分条件,则前件假而后件可真可假。当 q 取值为真时,p 可以任意取值(即取值为真或假)。因此,若 p 是 q 的充分条件,则后件真而前件可真可假。

要言之,充分条件假言命题的逻辑特性是:

前真后假为假,其余为真。(若前件真且后件假,则蕴涵为假;而前后件的其他真假组合,则蕴涵为真)

(二) 必要条件假言命题

1. 什么是必要条件假言命题

必要条件假言命题就是陈述前件为后件的必要条件的假言命题。

首先,必要条件假言命题是假言命题,它陈述的是:前件是后件的必要条件。

其次,必要条件就是"若一事物情况(前件)不存在,则另一事物情况(后件)一定不存在",即"若前件为假,则后件一定为假"。因此,若前件是后件的必要条件,则前件假后件必假。例如:

(5) 只有推理形式有效(p),结论才能必然为真(q)。
(6) 没有良好的比赛态度,(p),没有理想的比赛结果(q)。
(7) 除非水分充足(p),小麦才长得好(q),
(8) 必须自身过硬(p),才能带领大家前进(q)。

上述命题都是必要条件假言命题,肢命题 p 是前件,肢命题 q 是后件。

必要条件假言命题陈述的是:若前件 p 不存在(p 为假),则后件 q 必然不存在(q 为假)。如例(5)中,前件"推理形式有效"不存在("p"为假),则后件"结论必然为真"也必然不存在("q"必然为假)。

常见的必要条件假言命题的语言联结词有:

只有……才……
除非……不……
除非……才……
不……不……
没有……没有……
必须……才……

其中,最典型的是"只有……才……"。

用"p"、"q"分别表示前件、后件,必要条件假言命题的逻辑形式为:

只有 p,才 q

用人工符号"←"表示"只有……才……",必要条件假言命题的真值形式可为:

p←q(读作"p 逆蕴涵 q")

65

2. 必要条件假言命题的逻辑特性

必要条件假言命题的逻辑特性是：

若前件假则后件必假，若后件真则前件必真。

由此引申：

若前件真则后件真假不定，若后件假则前件真假不定。

必要条件假言命题的逻辑特性可用真值表描述，或者说，"←"这个真值联结词可用真值表定义：

p	q	p←q
1	1	1
1	0	1
0	1	0
0	0	1

必要条件假言命题的逻辑特性，可以从上表中读出：

若 p 取值真，q 取值真时，则 p←q 取值为真。

若 p 取值真，q 取值假时，则 p←q 取值为真。

若 p 取值假，q 取值真时，则 p←q 取值为假。

若 p 取值假，q 取值假时，则 p←q 取值为真。

从上表中，我们还可以读出：

在"p←q"为真的三行组合中，当 p 取值为假时，q 只有一种取值，即取值为假。因此，若 p 是 q 的必要条件，则前件假而后件必假。当 q 取值为真时，p 只有一种取值，即取值为真。因此，若 p 是 q 的必要条件，则后件真而前件必真。

必要条件的性质是：

前件假后件必假，后件真前件必真。

在"p←q"为真的三行组合中，当 p 取值为真时，q 可以任意取值（即取值为真或假）。因此，若 p 是 q 的必要条件，则前件真而后件可真可假。当 q 取值为假时，p 可以任意取值（即取值为真或假）。因此，若 p 是 q 的必要条件，则后件假而前件可真可假。

要言之，必要条件假言命题的逻辑特性是：

前假后真为假，其余为真。（若前件假且后件真，则逆蕴涵为假；前后件的其他真假组合，则逆蕴涵为真）

(三) 充分必要条件假言命题

1. 什么是充分必要条件假言命题

充分必要条件假言命题就是陈述前件为后件充分必要条件的假言命题。

首先，充分必要条件假言命题是假言命题，它陈述的是：前件是后件的充分必要条件,即前件是后件的既充分又必要条件。

其次,充分必要条件就是"若一事物情况(前件)存在,则另一事物情况(后件)一定存在;若一事物情况(前件)不存在,则另一事物情况(后件)一定不存在",即"若前件为真,则后件一定为真;若前件为假,则后件一定为假"。

要之,若前件是后件的充分必要条件,则前件真后件必真,前件假后件必假。例如:

(9) 一个整数是偶数(p)当且仅当它能被2整除(q)。

(10) 当且仅当一个三角形是等边三角形(p),它才是等边三角形(q)。

上述命题都是充分必要条件假言命题,肢命题 p 是前件,肢命题 q 是后件。

充分必要条件假言命题陈述的是:若前件 p 存在(p 为真),则后件 q 必然存在(q 为真);若前件 p 不存在(p 为假),则后件 q 必然不存在(q 为假)。如例(9)中,前件"一个整数是偶数"存在("p"为真),则后件"它能被2整除"也必然存在("q"必然为真);前件"一个整数是偶数"不存在("p"为假),则后件"它能被2整除"也必然不存在("q"必然为假)。

常见的充分必要条件假言命题的语言联结词有:

……当且仅当……

如果……那么……并且只有……才……

只有并且仅仅如此……才……

当且仅当……才……

其中,最典型的是"……当且仅当……"。

用"p"、"q"分别表示前件、后件,充分必要条件假言命题的逻辑形式为:

p 当且仅当 q

用人工符号"↔"表示"……当且仅当……",充分必要条件假言命题的真值形式为:

p↔q(读作"p 等值于 q")

2. 充分必要条件假言命题的逻辑特性

充分必要条件假言命题的逻辑特性是:

若前件真则后件必真,若后件假则前件必假;若前件假则后件必假,若后件真则前件必真。

充分必要条件假言命题的逻辑特性可用真值表描述,或者说,"↔"这个真值联结词可用真值表定义:

p	q	p↔q
1	1	1
1	0	0
0	1	0
0	0	1

充分必要条件假言命题的逻辑特性,可以从上表中读出:

若 p 取值真,q 取值真时,则 p↔q 取值为真。

若 p 取值真,q 取值假时,则 p↔q 取值为假。

若 p 取值假,q 取值真时,则 p↔q 取值为假。

若 p 取值假,q 取值假时,则 p↔q 取值为真。

从上表中,我们还可以读出:

在"p↔q"取值为真的两行组合中,p 和 q 的取值为:要么同时为真,要么同时为假。因此,若 p 是 q 的充分必要条件,则前件真后件必真,前件假后件必假;后件真前件必真,后件假前件必假。

要言之,充分必要条件假言命题的逻辑特性是:

前件、后件等值为真,其余为假。(若前后件同真同假,则等值为真;若前后件不同真假,则等值为假)

五、负命题

(一) 什么是负命题

负命题就是否定某个命题的命题。例如:

(1) 并非所有的违法都是犯罪。

(2) 并不是所有的金属都是固体。

(3) 张三有罪,这是错误的。

(4) "如果买股票,那么一定发财。"这话是不对的。

负命题是由联结词连接一个肢命题构成的。这个肢命题可以是一个简单命题,如例(1)中的"所有的违法都是犯罪";也可以是复合命题,如例(4)中的"如果买股票,那么一定发财"。

在汉语中,常见的负命题的语言联结词有:

并非……

并不是……

……这是错的

……这是假的

……这是不对的

其中,最典型的是"并非"。

在一个命题后紧跟着"这是错的"、"这是假的"、"这是不对的"等短语,往往是对该命题的否定,可把短语视为"并非"。例如:"所有的被告都有罪,这是错误的。"我们可以视为:"并非所有的被告都有罪。"

负命题的逻辑形式为:

  并非 p

用特定的表意符号"¬"表示负命题的联结词,负命题的形式也可表述为:

  ¬p(读作"非 p",或者"并非 p")

(二) 负命题的逻辑特性

负命题的逻辑特性是:

若肢命题假,则负命题真;若肢命题真,则负命题假。

简而言之:

肢真负假,肢假负真。(若肢命题真,则负命题假;若肢命题假,则负命题真)

例如:

  (5) 并非今天下雨。(¬p)

若肢命题"今天下雨"(p)为假,则复合命题"并非今天下雨"(¬p)为真。

若肢命题"今天下雨"(p)为真,则复合命题"并非今天下雨"(¬p)为假。

p	¬p
1	0
0	1

负命题的逻辑特性,可以从上表中读出:

若 p 取值为真,则¬p 取值为假。

若 p 取值为假,则¬p 取值为真。

由上可知,肢命题(p)的真假决定了负命题的真假,这就是负命题(¬p)的逻辑特性。

要言之,负命题的逻辑特性是:

肢真负假,肢假负真。(若肢命题真,则负命题为假;若肢命题假,则负命题为真)

由真值表还可以看出,¬p 与 p 的关系是不可同真,不可同假。这就是矛盾关系。

(三) 双重否定律

根据负命题的逻辑特性,"¬p"与"p"是矛盾关系。若对"¬p"再否定,则

"¬(¬p)"与"p"是等值关系。这就是双重否定律，见下表：

p	¬p	¬(¬p)
1	0	1
0	1	0

由表可知，"¬(¬p)"与"p"是等值关系，与"¬p"是矛盾关系。

在复合命题的关系中，等值关系和矛盾关系可以这样定义：

在真值表的每一行同真同假的两个命题是等值关系。

在真值表的每一行不同真不同假的两个命题是矛盾关系。

$$p \leftrightarrow \neg(\neg p) \qquad 双重否定律$$

例如：

(6) 曹操是文学家。

(7) 曹操不是文学家。

(8) 并非曹操是文学家。

(9) 并非曹操不是文学家。

上述四例中，例(6)、(7)是简单命题，例(8)、(9)是复合命题中的负命题。由于例(6)和例(8)是矛盾命题，而例(7)和例(9)也是矛盾命题，因此我们可以把例(7)和例(8)视为等值命题，把例(6)、例(7)、例(9)分别看成"p"、"¬p"、"¬(¬p)"。也就是说，在复合命题及其推理中，如果有例(6)和例(7)这类命题同时存在，我们常常把例(7)视为例(8)，即把一个简单命题看成一个与之等值的负命题，因为等值命题就是逻辑形式(常项)不同而思想内容相同的命题。

负命题与其肢命题是矛盾关系，若确定它们之中的一命题为真，则可判定另一命题为假；若确定一命题为假，则可判定另一命题为真。因此，在人们的思维中，特别是在证明与反驳中，常常运用这种矛盾关系和等值关系的性质。例如，我们要证明一个命题"A"为真，证明的方法主要有两种：其一，推出结论为"A"的命题，直接证明"A"为真；其二，推出结论为"¬(¬A)"的命题(即"¬A"为假)。由于"A"与"¬(¬A)"是等值关系，因此上述两种证明方法是等价的。同样，我们要反驳一个命题"A"(即证明命题"A"为假)，反驳的方法主要也有两种：其一，运用证据直接证明"A"为假；其二，独立地证明"¬A"为真(即"A"为假)。由于"A"与"¬A"是矛盾关系，因此两种证明方法也是等价的。

六、真值形式的种类

(一) 真值联结词和真值形式

复合命题的真值联结词有：¬、∧、∨、⩛、→、←、↔。

真值联结词连接命题变项 p、q、r、s 等,这就构成命题形式。命题形式的形成有严格的规定:

(1) 命题变项 p、q、r、s 等是命题形式。

(2) 若 A 是真值形式,则￢A 是真值形式。

(3) 若 A、B 是真值形式,则 A∧B、A∨B、A ⊻ B、A→B、A←B、A↔B 是真值形式。

(4) 除上述情况外,没有真值形式。

真值联结词的语义可用真值表定义:若 A、B 是命题,则￢、∧、∨、⊻、→、←、↔的语义如下:

A	B	￢A	A∧B	A∨B	A⊻B	A→B	A←B	A↔B
1	1	0	1	1	0	1	1	1
1	0	0	0	1	1	0	1	0
0	1	1	0	1	1	1	0	0
0	0	1	0	0	0	1	1	1

上述命题形式定义中的 A、B 是元语言中的命题变项,p、q、r、s 等则是对象语言中的命题变项。

据《语言学百科词典》载:元语言,又称"纯理语言"、"符号语言",与"对象语言"相对。它是指描写和分析某种语言所使用的一种语言或符号集合。用汉语说明英语,英语是对象语言,汉语是元语言;用英语说明英语,英语既是对象语言,又是元语言。

"元语言"最早是由哲学界提出的一个命题。20 世纪波兰逻辑学家塔斯基(Alfred Tarski)认为,当人们判断一句话是真还是假时,往往会把这句话的客观真实性与这句话存在的真实性混淆在一起。因此,在区别语言与语言所指称的事物的关系时,就有必要把真实语言与形式语言区分开来。真实语言是与客观对象相联系的语言,在与元语言相对时称为"对象语言",而用来称说对象语言的则是元语言。这也就是语言层次理论。该理论在现代逻辑和科学理论的发展中具有极其重要的作用,在解决悖论方面具有独特的功能。比如,一个经典而通俗的悖论表述形式就是"理发师悖论":萨维尔村的理发师规定:"我只给村里那些不给自己理发的人理发。"有人问他:"你给不给自己理发?"理发师顿时哑口无言。因为按照他的规定,如果他不给自己理发,他就属于招牌上讲的不给自己理发的那一类人,因此他应该给自己理发;而如果他给自己理发,他又属于村里给自己理发的人,因此他不能给自己理发。之所以产生这一悖论,就是因为表述者在表述自己的思想时混淆了不同的语言层次。

现代逻辑的发展,已把逻辑证明推向形式系统,我们可以视这个形式系统为对象语言,而解释、描述这个系统的语言就可被视为元语言。这两套语言必须各自独立,不能混淆。

当然,上述真值形式的定义还不是严格意义上的形式系统中的定义(详细介绍可参阅本章关于命题逻辑系统的介绍)。

真值形式中的括号的引入,是为了表示符号之间的结构。为了减少多重复合命题中的括号,我们可以作出如下规定:上述七个真值联结词的结合力,从左到右,逐渐减弱。其中,"¬"最强,"∧"较强,"∨"、"∀"较弱,"→"、"←"更弱,"↔"最弱。因此,一个真值形式,无论多么复杂,赋值时总是从括号内的开始,然后依次为"¬"、"∧"、"∨"、"∀"、"→"、"←"、"↔"。

例如:

$$(p\rightarrow(q\vee p))\leftrightarrow((q\vee p)\leftarrow p)$$

上述真值形式表达是一个充分必要条件假言命题,其前件是一个"→"(蕴涵),后件是一个"←"(逆蕴涵)。如果我们依据上述规定,前后件外的括号都可以去掉,因为"→""←"的结合力强于"↔";前后件中的括号也可以去掉,因为"∨"的结合力强于"→"和"←"。因此,这个真值形式可以去掉所有的括号,改成:

$$p\rightarrow q\vee p\leftrightarrow q\vee p\leftarrow p$$

但是,上面的真值形式与下面的真值形式是不同的:

$$(p\rightarrow q)\vee p\leftrightarrow q\vee(p\leftarrow p)$$

尽管后一个真值形式也是充分必要条件假言命题,但因为加了括号,其中的前后件都是相容选言命题。

真值形式可分为三大类:永真式、永假式和适真式。

在真值表中取值恒真的真值形式是永真式,或者说,一个真值形式是永真式当且仅当无论其变项取什么值,该真值形式是恒真的。永真式又称"重言式"。

在真值表中取值恒假的真值形式是永假式,或者说,一个真值形式是永假式当且仅当无论其变项取什么值,该真值形式是恒假的。永假式又称"矛盾式"。

在真值表中取值有真有假的真值形式是适真式。适真式又称"协调式"。如下表:

p	q	¬p	p∨¬p	p∧¬p	p→q
1	1	0	1	0	1
1	0	0	1	0	0
0	1	1	1	0	1
0	0	1	1	0	1

上表中：

"p∨¬p"的值恒真,是永真式,表示逻辑规律。

"p∧¬p"的值恒假,是永假式,表示逻辑矛盾。

"p→q"的值有真有假,是适真式,表示可真可假的复合命题形式。

(二) 复合命题中常见的等值永真式

"↔"连接的两个命题是同真同假的命题,这两个命题往往只是常项不同,变项却相同,当然思想内容也相同,也就是用不同的逻辑结构表达同一个命题。因此,在推理中,若A↔B,我们就可以随时随处以A替换B,也可以随时随处以B替换A,这就是等值置换。

真值联结词的语义在真值表中得到诠释。另外,它们可以互相解释或定义。若两个命题是等值的,我们可以把它们看做是互相解释或定义。

下面是常见的复合命题的等值式,它们是永真式：

1. "p∨q"可定义为"¬(¬p∧¬q)",即：

　　(p∨q)↔¬(¬p∧¬q)　　　析取定义律

上述定义可以解释为:一个析取为真,换言之,其肢命题并非都假。

"p∨q"的逻辑含义是:肢命题"p"与"q"中至少有一真。

"¬(¬p∧¬q)"的逻辑含义是:肢命题"p"与"q"并非都假,即并非"p假并且q假"。"肢命题并非都假"就是"肢命题至少有一真"。

同样,在真值表上也可以看到上述两个命题是等值的。

p	q	¬p	¬q	p∨q	¬(¬p∧¬q)	
1	1	0	0	**1**	**1**	0
1	0	0	1	**1**	**1**	0
0	1	1	0	**1**	**1**	0
0	0	1	1	**0**	**0**	1

上表中,两列黑粗体的真假值是两个命题的真值情况,它们同真同假。可见,它们是等值关系。两个等值的命题所表达的内容意义是一致的、相同的。例如：

　　"或者你去,或者我去"(p∨q)与"并非你不去我也不去"(¬(¬p∧¬q))的意义是相同的。

2. "p∧q"可定义为"¬(¬p∨¬q)",即：

　　(p∧q)↔¬(¬p∨¬q)　　　合取定义律

上述定义可以解释为:一个合取为真,换言之,其肢命题并非有假。

"p∧q"的逻辑含义是:肢命题"p"与"q"都真。

"¬(¬p∨¬q)"的逻辑含义是:肢命题"p"与"q"中并非有假。肢命题

"并非有假"就是肢命题"全真"。

同样,在真值表上也可以看到上述两个命题是等值的。

p	q	¬p	¬q	p∧q	¬(¬p∨¬q)
1	1	0	0	1	1 0
1	0	0	1	0	0 1
0	1	1	0	0	0 1
0	0	1	1	0	0 1

例如:

"张三和李四都是团员"(p∧q)与"并非或者张三不是团员,或者李四不是团员"(¬(¬p∨¬q))的意义是相同的。

3. "¬(p∧q)"可定义为"¬p∨¬q",即:

¬(p∧q)↔(¬p∨¬q)　　否定合取定义律

上述定义可以解释为:一个合取为假,换言之,其肢命题至少有一假。

"¬(p∧q)"的逻辑含义是:肢命题为"p"和"q"的合取是假的。

"¬p∨¬q"的逻辑含义是:"p"和"q"中至少有一假。

否定一个联言命题,即断定联言命题(合取)为假。合取为假有三种真假组合:p真q假、p假q真、p假q假。也就是说,p与q中至少有一假。(¬p∨¬q)断定的就是p假与q假中至少有一真,"p与q中至少有一假"与"p假与q假中至少有一真"意义相同。合取为假,即"p"和"q"中至少有一假。肢命题"至少有一假"就是合取为假。

例如:

"并非张三和李四都是团员"(¬(p∧q))等值于"或者张三不是团员,或者李四不是团员"(¬p∨¬q)。

4. "¬(p∨q)"可定义为"¬p∧¬q",即:

¬(p∨q)↔(¬p∧¬q)　　否定析取定义律

上述定义可以解释为:一个析取为假,换言之,其肢命题都假。

"¬(p∨q)"的逻辑含义是:肢命题为"p"和"q"的析取是假的。

"¬p∧¬q"的逻辑含义是:"p"和"q"都假。析取为假就是"p"和"q"都假。

否定一个相容选言命题,即断定相容选言命题(析取)为假。析取为假只有一种肢命题真假组合:p假q假,也就是"p假并且q假"(¬p∧¬q)。

例如:

"并非或者你去,或者我去"(¬(p∨q))等值于"你不去我也不去"

$(\neg p \wedge \neg q)$。

否定合取律和否定析取律又统称为"德摩根律",源于逻辑学家德摩根首先提出这个逻辑规律。

5."$(p \wedge q)$"可定义为"$(q \wedge p)$"
"$(p \vee q)$"可定义为"$(q \vee p)$"

即：

$(p \wedge q) \leftrightarrow (q \wedge p)$　　交换律

$(p \vee q) \leftrightarrow (q \vee p)$　　交换律

上述定义可以解释为:在合取命题或者析取命题中,其肢命题的前后次序可以任意调换。

例如：

"不但拿得起,而且放得下"等值于"既放得下,又拿得起"。

"或者4号出发,或者5号出发,或者6号出发"等值于"或者6号出发,或者4号出发,或者5号出发"。

一般而言,联言肢或者选言肢的前后次序的交换变化,不会对命题的思想内容造成歧义。但是,如果肢命题之间有排序的规定内涵,有时间先后的预设,有约定俗成的顺序,那么使用交换律要慎重。

例如：

"她结了婚并生了孩子"与"她生了孩子并结了婚"

按照交换律原理,这两个命题等值。在一些西方国家的公民眼里,它们的思想内容确实是相同的。但是,在我国公民的眼里,这两个命题的思想内容是有差异的。在我国,一般来说,应当先结婚,后生孩子,这个顺序不能随意变更。

真值联结词是对自然语言中的联结词的逻辑抽象和概括,它摒弃了自然语言联结词的非逻辑含义,只保留真值含义(即复合命题与其肢命题之间的真假关系)。所以,肢命题之间蕴涵的排序、先后的预设,不是(也不应当是)真值联结词所能概括的。

6."$(p \veebar q)$"可定义为"$(p \wedge \neg q) \vee (\neg p \wedge q)$",即：

$(p \veebar q) \leftrightarrow ((p \wedge \neg q) \vee (\neg p \wedge q))$　　严格析取定义律

断定一个不相容选言命题(不相容析取)为真,有两种肢命题真假组合:p真q假、p假q真。这两种真假组合中,只要有一种存在(为真),不相容析取即真。$(p \wedge \neg q) \vee (\neg p \wedge q)$断定的就是"p真q假"和"p假q真"中至少有一真。

例如：

"要么要熊掌,要么要鱼翅"等于说"或者要熊掌而不要鱼翅,或者不要熊掌而要鱼翅"。

7. "$(p \veebar q)$"可定义为"$(p \vee q) \wedge \neg(p \wedge q)$",即:

$(p \veebar q) \leftrightarrow (p \vee q) \wedge \neg(p \wedge q)$　　严格析取定义律

对一个两肢的不相容选言命题(不相容析取)的另一种解释是:首先,其肢命题中要有真命题,不能全假,这是联言肢"$(p \vee q)$"的语义;其次,肢命题不能全真,这是联言肢"$\neg(p \wedge q)$"的语义。

例如:

"要么是自杀,要么是他杀"等于说"或者是自杀,或者是他杀,但绝不会既是自杀又是他杀"。

8. "$\neg(p \veebar q)$"可定义为"$(p \wedge q) \vee (\neg p \wedge \neg q)$",即:

$(p \veebar q) \leftrightarrow ((p \wedge q) \vee (\neg p \wedge \neg q))$　　否定严格析取律

否定一个不相容选言命题,即断定不相容选言命题(不相容析取)为假。两个肢命题的不相容析取为假,有两种肢命题真假组合:p 真 q 真、p 假 q 假。这两种真假组合中,只要有一种存在(为真),不相容析取即假。$(p \wedge q) \vee (\neg p \wedge \neg q)$ 断定的就是"p 真 q 真"和"p 假 q 假"中至少有一真。

例如:

"并非要么你去,要么我去"等于说"或者你我都去,或者你我都不去"。

9. "$p \rightarrow q$"可定义为"$\neg p \vee q$",即:

$(p \rightarrow q) \leftrightarrow (\neg p \vee q)$　　蕴涵定义律

"→"的语义就是:"或者前件为假,或者后件为真"。

例如:

"如果法庭没有弄清事实,那么就不能作出判决"等于说"或者法庭没有弄清事实,或者不能作出判决"。

这个定义刻画的充分条件假言命题的逻辑特性是实质蕴涵的特性。即不考虑前后件的内容联系,只注重前后件的真值如何决定蕴涵命题的真值,这就产生了所谓的"蕴涵怪论"。例如:

(1) 如果 2+3=6,那么中国是个大国。
(2) 如果 2+3=6,那么中国是个小国。
(3) 如果雪是白的,那么 2+2=4。
(4) 如果雪是黑的,那么 2+2=4。

按照实质蕴涵的定义,上述四例都是真命题。因为例(1)、(2)中的前件为假,后件不论真假;例(3)、(4)中的后件为真,前件不论真假。但是,在人们的思维中,对于这类命题或者感到没有意义,或者感到无法接受。这是因为,"如果……那么……"与"→"还是有差异的。"→"表达的语义,只是肢命题(前后件)的真假与假言命题之间的真假关系,如"或者前件假,或者后件真",这就是实质蕴涵的特性;而"如果……那么……"除了具有实质蕴涵的逻辑特性之外,还表达前后件在思想内容上的联系。如果摒弃这种联系(就像例(1)—(4)),真值形式为真的假言命题,也并不是都有实际意义的。因此,实质蕴涵是对一切充分条件假言命题的高度概括。此外,除了逻辑学家们的研究讨论之外,"蕴涵怪论"一般不会出现在正常人的思维中,人们不会把毫不相干的两个事物情况硬加入条件联系。

真值形式是复合命题的科学抽象,有了真值形式(包括蕴涵、析取、合取等),人们才可以在普遍的意义上系统地研究复合命题及其推理。

10. "$\neg(p\rightarrow q)$"可定义为"$(p\wedge\neg q)$",即:

$\neg(p\rightarrow q)\leftrightarrow(p\wedge\neg q)$　　否定蕴涵律

否定一个充分条件假言命题,即断定充分条件假言命题(蕴涵)为假。蕴涵为假有一种肢命题真假组合:p 真 q 假。($p\vee\neg q$)断定的就是前件 p 真而后件 q 假。

例如:

"并非如果买股票,那么发大财"等于说"虽然买股票,但也没有发大财"。

11. "$(p\leftarrow q)$"可定义为"$(p\vee\neg q)$",即:

$(p\leftarrow q)\leftrightarrow(p\vee\neg q)$　　逆蕴涵定义律

"←"的语义就是:或者前件为真,或者后件为假。

例如:

"只有某人得肺炎,某人才发热"等于说"或者某人得肺炎,或者某人不发热"。

12. "$\neg(p\leftarrow q)$"可定义为"$(\neg p\wedge q)$",即:

$\neg(p\leftarrow q)\leftrightarrow(\neg p\wedge q)$　　否定逆蕴涵律

否定一个必要条件假言命题,即断定必要条件假言命题(逆蕴涵)为假。逆蕴涵为假有一种肢命题真假组合:p 假 q 真。$\neg p\wedge q$ 断定的就是前件 p 假而后件 q 真。

例如:

"并非只有人聪明,才能学习好"等于说"虽然人不聪明,但也能学习好"。

13. "(p←q)"可定义为"(q→p)",也可定义为"(¬p→¬q)"。
   (p←q)↔(q→p)　　　　　　　　蕴涵逆蕴涵交换律
   (p←q)↔(¬p→¬q)　　　　　　蕴涵逆蕴涵交换律

必要条件假言命题的前件是后件的必要条件,而它的后件又是前件的充分条件。因此,"p←q"可以表达为"q→p",或者表达为"¬p→¬q"。同样,充分条件假言命题也可以转换成相应的必要条件假言命题。

例如:

"只有马克思主义不怕批评,马克思主义才是真理"等于说"如果马克思主义是真理,那么马克思主义就不怕批评"。

"只有处理好污水,才能搞好环境卫生"等于说"如果不处理好污水,就不能搞好环境卫生"。

14. "(p↔q)"可定义为"(p∧q)∨(¬p∧¬q)",即:
   (p↔q)↔((p∧q)∨(¬p∧¬q))　　等值定义律

若前件 p 是后件 q 的充分必要条件,则 p 与 q 或者同真或者同假。

例如:

"当且仅当一个三角形是等边三角形,它才是等边三角形"等于说"或者一个三角形既是等边三角形又是等边三角形,或者这个三角形既不是等边三角形又不是等边三角形"。

15. "(p↔q)"可定义为"(p→q)∧(p←q)",即:
   (p↔q)↔((p→q)∧(p←q))　　等值定义律

若前件 p 是后件 q 的充分必要条件,则 p 既是 q 的充分条件,又是 q 的必要条件。

例如:

"当且仅当一个三角形是等边三角形,它才是等边三角形"等于说"如果一个三角形是等边三角形,那么它是等边三角形,并且只有这个三角形是等边三角形,它才是等边三角形"。

16. "¬(p↔q)"可定义为"(p∧¬q)∨(¬p∧q)",即:
   ¬(p↔q) ↔ (p∧¬q)∨(¬p∧q)　　否定等值律

否定一个充分必要条件假言命题,即断定充分必要条件假言命题(等值)为假。等值为假就是前件 p 与后件 q 真假不同。有两种肢命题真假组合:p 真 q 假、p 假 q 真。这两种真假组合中,只要有一种存在(为真),则等值为假。(p∧¬q)∨(¬p∧q)断定的就是"p 真 q 假、p 假 q 真"至少有一真。

例如:

"并非当且仅当作案现场找到他的血迹,他才是罪犯"等于说"或者作案现场找到他的血迹而他不是罪犯,或者作案现场没找到他的血迹而他是罪犯"。

17. "(p↔q)"可定义为"(q↔p)",即:

(p↔q)↔(q↔p)　　　　交换律

若前件 p 是后件 q 的充分必要条件,则后件 q 也是前件 p 的充分必要条件,反之亦然。

例如:

"一个整数是偶数当且仅当它能被 2 整除"等于说"一个整数能被 2 整除当且仅当它是偶数"。

18. "¬(¬p)"可定义为"p",即:

¬(¬p)↔p　　　　双重否定律

此外,下列等值式的真理性也很直观。

(p∧p)↔p　　　　　　　　　重言律
(p∨p)↔p　　　　　　　　　重言律
(p∧q)∧r↔p∧(q∧r)　　　　　结合律
(p∨q)∨r↔p∨(q∨r)　　　　　结合律
p∧(q∨r)↔(p∧q)∨(p∧r)　　　分配律
p∨(q∧r)↔(p∨q)∧(p∨r)　　　分配律
(p→q)↔(¬q→¬p)　　　　　 假言易位律
(p∧q→r)↔p→(q→r)　　　　条件移出入律

上述等值式可以在真值表上验证。同时,要在理解真值联结词含义的基础上,读懂这些等值式的意义,因为它们在推理中的用途很广泛。

七、真值表的判定作用

除了给真值联结词定义之外,真值表还有以下的作用:

(一) 判定真值形式(复合命题、多重复合命题)的真值情况

第一步:无论多复杂的复合命题或多重复合命题,总有确定的变项个数。变项个数确定了,真值表的真假组合行数也就确定了。具体方法是:

行数 $=2^n$(n = 变项个数)

例如,若变项是 1 个,即 2^1(2 的 1 次方),则真假组合行数为 2 行;若变项是 2 个,即 2^2(2 的 2 次方),则真假组合行数为 4 行;若变项是 3 个,即 2^3(2 的 3 次

方),则真假组合行数为 8 行……以此类推。

肢命题真假组合的行数确定后,接下来就是真假组合的排列。排列的目的是穷尽各种肢命题真假组合。一般的排列方法如下:

1 个变项的真假组合排列(2 行):

p	¬p
1	0
0	1

2 个变项的真假组合排列(4 行):

p	q
1	1
1	0
0	1
0	0

3 个变项的真假组合排列(8 行):

p	q	r
1	1	1
1	1	0
1	0	1
1	0	0
0	1	1
0	1	0
0	0	1
0	0	0

……以此类推。

第二步:变项的真假组合排列完毕,即可判定真值形式(复合命题、多重复合命题)的真值。

以判定"(¬p→q)∧(¬q←p)"的真值情况为例,具体方法如下:

首先,这是个联言命题,真值表中"∧"下的真值,就是这个命题的真值情况。

其次,这个多重复合命题有两个肢命题,必须先判定肢命题的真值情况,然后再判定"∧"的真值情况。肢命题也是复合命题。因此,要判定"→"和"←"的真值情况。具体的步骤如下:(下表中的①、②等,是指真值表中的竖行,同时也表示从始至终的判定次序)

①	②	③	④	⑤	⑦	⑥
p	q	¬p	¬q	(¬p→q)	∧	(¬q←p)
1	1	0	0	1	0	0
1	0	0	1	1	1	1
0	1	1	0	1	1	1
0	0	1	1	0	0	1

①、② 确定两个肢命题(p、q)的行数是4行,给出4种肢命题真假组合。

③、④ 判定在4种真假组合中,复合命题¬p、¬q的真值情况。

⑤ 判定在4种真假组合中,(¬p→q)的真值情况。即前件③行真值→(蕴涵)后件②行真值。

⑥ 判定在4种真假组合中,(¬q←p)的真值情况。即前件④行真值←(逆蕴涵)后件①行真值。

⑦ 判定在4种真假组合中,(¬p→q)∧(q←p)的真值情况。即联言肢⑤行真值∧(合取)联言肢⑥行真值。

尤为重要的是,在判定各种复合命题的真值情况时,必须严格按照复合命题的逻辑特性进行。

依照上面的方法,可以在有限的步骤内,判定任一真值形式(复合命题、多重复合命题)的真值情况。

(二) 判定真值形式之间的关系

复合命题之间具有各种性质的关系,如矛盾关系、等值关系、蕴涵关系、可同真但不可同假关系(下反对关系)、可同假但不可同真关系(反对关系)等,确定这些关系对人们的逻辑思维大有裨益。

例如,用真值表判定下列命题之间的关系:

  A:或者不跳马,或者不出车。
  B:只有跳马,才不出车。
  C:既跳马又出车。
  D:如果跳马,那么不出车。

以"p"替换"跳马",以"q"替换"出车",转换成真值形式:

  A:¬p∨¬q
  B:p←¬q
  C:p∧q
  D:p→¬q

用真值表判定:

①	②	③	④	⑤ A $\neg p \vee \neg q$	⑥ B $p \leftarrow \neg q$	⑦ C $p \wedge q$	⑧ D $p \rightarrow \neg q$
p	q	$\neg p$	$\neg q$				
1	1	0	0	0	1	1	0
1	0	0	1	1	1	0	1
0	1	1	0	1	0	0	1
0	0	1	1	1	0	0	1

（①—⑧表示判定的次序,解题时可以不写）

如果两个命题在肢命题真假组合的每一行(横行)都同真且同假,则它们是等值关系。由表可知,A 与 D 是等值关系。

如果两个命题在肢命题真假组合的每一行都不同真且不同假,则它们是矛盾关系。由表可知,A 与 C、D 与 C 是矛盾关系。

如果两个命题在肢命题真假组合的每一行都不存在前件真且后件假,则它们是蕴涵关系。由表可知,C 蕴涵 B。

如果两个命题在肢命题真假组合的每一行都不存在同假,但存在同真,则它们是下反对关系。由表可知,A 与 B、D 与 B 是下反对关系。

如果两个命题在肢命题真假组合的每一行都不存在同真,但存在同假,则它们是反对关系。由表可知,A、B、C、D 中没有反对关系。

(三) 用真值表解题

用真值表确定命题之间的关系,往往为解题提供了很大的帮助。

例如:

  A:如果甲是主犯,那么乙是从犯。 ($p \rightarrow q$)
  B:如果乙是从犯,那么甲是主犯。 ($q \rightarrow p$)
  C:甲不是主犯。   ($\neg p$)

问:

(1) 上列 A、B、C 三命题中只有一真,哪一个为真? 甲是否为主犯? 乙是否为从犯?

(2) 上列 A、B、C 三命题都真,哪一个为真? 甲是否为主犯? 乙是否为从犯?

(3) 上列 A、B、C 三命题中只有一假,哪一个为真? 甲是否为主犯? 乙是否为从犯?

用真值表可以判定,A 命题($p \rightarrow q$)与 B 命题 ($q \rightarrow p$)是"不可同假,但可以同真"的下反对关系。由于 A、B 不可同假,因此其中必有一真。根据已知条件,A、B、C 中只有一真,因此 C 必为假。由 C 假可推知甲是主犯,B 为真(后件为真的蕴涵必真),A 为假,因此乙不是从犯(蕴涵为假,前件真且后件假)。

其实,在真值表中,答案非常清楚:

		C	A	B
p	q	¬p	p→q	q→p
1	1	0	1	1
1	0	0	0	1
0	1	1	1	0
0	0	1	1	1

解:

(1)在四行真假组合中,唯有第二行符合题意(C 假、A 假、B 真)。同一行中,p 取值为真,即甲是主犯;q 取值为假,即乙不是从犯。

(2)在四行真假组合中,唯有第四行符合题意(C 真、A 真、B 真)。同一行中,p 取值为假,即甲不是主犯;q 取值为假,即乙不是从犯。

(3)在四行真假组合中,第一、三行符合题意(C 假、A 真、B 真和 C 真、A 真、B 假)。如果有若干行都符合题意,则看这若干行中的肢命题(p、q)是否有共同的取值。比如,第一、三行中,q 取值都为真,即可判定:乙是从犯;p 取值为一真一假,则可判定:甲是否主犯不定。

用真值表寻找符合题设条件的情况,往往可以化繁为简。

例如,现有三套住房在甲、乙、丙、丁四人中分配,其中有一人分不到住房。分房小组分别征询了上述四人的意见,四人回答如下:

甲:如果乙没有分到住房,那么我不要分配住房。

乙:如果我和甲分到住房,那么丁要分配住房。

丙:我和丁之中至少要有一人分到住房。

丁:如果乙和我分到住房,那么丙要分配住房。

问:为了满足上述四人的要求,分房小组应将三套住房分给哪三人?

以"p"替换"甲分到住房",以"q"替换"乙分到住房",以"r"替换"丙分到住房",以"s"替换"丁分到住房",四个命题的真值形式如下:

甲: ¬q→¬p

乙: (q∧p)→s

丙: r∨s

丁: (q∧s)→r

满足甲、乙、丙、丁四人的要求,就是在真值表上寻找上述四个命题同真的一行,那一行的变项真假组合就是答案。

不过，上述四个命题中有四个变项，共有 16 行变项真假组合($2^4 = 16$)。其实，仔细审视题意，只有四行肢命题真假组合是符合题意的，即 p 真 q 真 r 真 s 假(丁没有分到，其他人分到)；p 真 q 真 r 假 s 真(丙没有分到，其他人分到)；p 真 q 假 r 真 s 真(乙没有分到，其他人分到)；p 假 q 真 r 真 s 真(甲没有分到，其他人分到)。真值表如下：

p	q	r	s	¬p	¬q	甲 ¬q→¬p	乙 (q∧p)→s	丙 r∨s	丁 (q∧s)→r	
1	1	1	0	0	0	1	*0*	1	*0*	1
1	1	0	1	0	0	1	*1*	1	*1*	0
1	0	1	1	0	1	0	*1*	1	*0*	1
0	1	1	1	1	0	1	*1*	1	*1*	1

(表中斜体字是肢命题的真值，可以不填入表中)

表中唯有最后一行符合题意。这一行的真假组合是 p 假 q 真 r 真 s 真，即甲没有分到住房，乙、丙、丁都分到住房，这就是答案。

另外，真值表还可以判定推理的有效性，详见本章第二节。

第二节 复合命题推理

人类对真理的追求与探索，是一个长期的思维与实践的过程，在这一过程中，推理是获得新知识的重要思维方法和手段。

一、推理的概述

(一) 什么是推理

推理就是由一个或者若干个命题推出另一个命题的思维形式。例如：

(1) 所有的侵略战争都是非正义的，所以正义战争都不是侵略战争。
(2) 人都要死的，苏格拉底是人，所以苏格拉底要死。
(3) 如果天下雨，那么地上湿，地上不湿，所以天没下雨。
(4) 任何革命都不可能没有曲折，所以任何革命必然会有曲折。
(5) 牛的血是红的，羊的血是红的，马的血是红的，人的血是红的，牛、羊、马和人都是动物，所以动物的血都是红的。
(6) 甲、乙两个案件的作案时间、手段、工具是相同的，甲案的作案者是张三，所以乙案的作案者也是张三。

推理的语言形式是语群，或者说，推理由一个语句(命题)序列构成。这个序列至少包括两个语句(命题),其中一个是结论,其余的是前提。并非所有的命题序列都是推理,如"民法是法,刑法是法,它们都是实体法"就是一个命题序列,而不是推理,因为它们之间没有推出关系。

由此可见,推理都是由三部分构成:前提、结论和推出关系。

前提就是据以推出另一个命题的命题,结论就是由前提推出的那个命题。上述六例中,"所以"前面的命题都是前提,"所以"后面的命题就是结论。前提中命题的数量可以是一个,如例(1)和(4);也可以是两个或两个以上,如例(2)、(3)、(5)和(6),但不能无穷。

在语言表达中,前提与结论很容易区别,一般的情况是:前提在前,结论在后。前提与结论之间有一个显著的标志——"所以"(或是与之作用相同的"总之"、"总而言之"、"可见"、"由此可见"、"因而"、"因此"等)。但是,有时结论在前,前提在后,并用"由于"或者"因为"把两者连结起来。如例(1)可表述为:"正义战争都不是侵略战争,因为所有的侵略战争都是非正义的。"

在推理的结构中,前提与结论都是显性结构,即明明白白地显示出来的结构成分。推出关系则是隐性结构,是隐藏着的内部结构成分——前提与结论的逻辑联系,这种联系分为必然联系与或然联系两种:必然性推理和或然性推理。必然性推出关系就是"若前提真,则结论必然真"的推出关系,即前提与结论之间具有必然性推出关系;或然性推出关系就是"若前提真,则结论不必然真"的推出关系,即前提与结论之间具有或然性推出关系。

(二) 推理的种类

按照不同的划分标准,推理可以有不同的分类。

第一,根据思维进程方向性的不同,可以把推理分为演绎推理、归纳推理和类比推理。

演绎推理是由一般性知识前提推出个别性知识结论的推理,如例(1)、(2)、(3)和(4)。

归纳推理是由个别性知识前提推出一般性知识结论的推理,如例(5)。

类比推理是由一般性知识前提推出一般性知识结论(或是个别性知识前提推出个别性知识结论)的推理,如例(6)。

第二,根据前提数量的不同,可以把推理分为直接推理和间接推理。

直接推理就是只有一个前提的推理,如例(1)和(4)。

间接推理就是有两个或两个以上前提的推理,如例(2)、(3)、(5)和(6)。

第三,根据推出关系的不同,可以把推理分为必然性推理和或然性推理。

必然性推理就是前提与结论之间具有必然性推出关系的推理,如例(1)、(2)、(3)和(4)。

或然性推理就是前提与结论之间具有或然性推出关系的推理,如例(1)和(4)。

演绎推理都是必然性推理。

(三)什么是推理形式

推理形式是一种逻辑形式,是以人工符号替换推理内容的思维形式结构。例如:

(7) 如果是罪犯,那么他有作案时间　(p→q)
　　 张三没有作案时间　　　　　　　　(¬q)
　　 ─────────────────────
　　 所以,张三不是罪犯　　　　　　　(¬p)

(8) 如果是金属,那么该物质导电　　 (p→q)
　　 该物质不导电　　　　　　　　　　(¬q)
　　 ─────────────────────
　　 所以,该物质不是金属　　　　　　(¬p)

上述二例中,横线上面的都是前提,横线下面的是结论,横线表示其上面的命题推出其下面的命题。上述二例的推理形式是:

$$\frac{\text{如果 } p, \text{那么 } q}{\text{所以,非 } p} \quad \text{非 } q \qquad \text{或} \qquad \frac{p \to q}{\therefore \neg p} \quad \neg q$$

这两个都是推理形式,左边推理形式中的变项已符号化,常项尚未符号化;而右边推理形式中的常项和变项都已符号化,它是完全形式化(符号化)的推理形式。符号化是一种科学抽象,是以特定的人工语言替换常项或者变项,它是各门科学理论化、系统化的方法。例如,数学公式"$x+y=z$",其中"$+$"、"$=$"是常项,常项在特定的学科中有其特定的语义;"x"、"y"、"z"是变项,变项可替换具体的思维内容。若用"1"替换"x",用"2"替换"y",用"3"替换"z",那么"$1+2=3$"就是"$x+y=z$"的一个替换实例。"x"、"y"、"z"都可以有无数个替换内容,则"$x+y=z$"就有无数个替换实例。同理,一个推理形式也有无数个替换实例。

推理形式是推理的逻辑抽象,是舍去推理内容的形式抽象。如果我们用不同的思维内容解释(替换)相应的变项符号,就产生了内容不同而形式相同的替换实例。例如,例(7)和(8)是两个不同的推理,但它们的推理形式是相同的。同样,我们还可以用其他的命题替换上述推理形式中的变项"p"和"q",可产生无数个内容不同、形式相同的替换实例。

下面的例子也是推理及其形式:

（9）如果某人是盗窃犯(p)，那么他占有过赃物(q)　　　p→q
　　　他占有过赃物(q)　　　　　　　　　　　　　　　　q
　　　所以，张三是盗窃犯(p)　　　　　　　　　　　　　p

（10）如果某人是盗窃犯(p)，那么他占有过赃物(q)　　　p→q
　　　他占有过赃物(q)　　　　　　　　　　　　　　　　q
　　　所以，李四是盗窃犯(p)　　　　　　　　　　　　　p

例(9)和(10)的推理形式也是相同的。或者说，它们都是下列推理形式的替换实例：

　　　如果p，那么q　　　　　　　　　　　　　　　　　p→q
　　　q　　　　　　　　　　　或　　　　　　　　　　　q
　　　所以，p　　　　　　　　　　　　　　　　　　　　∴ p

我们可以用"王五是盗窃犯"、"马六是盗窃犯"等替换变项"p"，也会产生不同的替换实例。当然，"q"也有无穷的替换内容。

我们可以把任何一个推理看成是某个推理形式的特例解释（替换实例），一个推理形式有无穷数的特例解释（替换实例），因为命题的实例替换是无穷无尽的。

逻辑学研究推理的首要任务是判定推理是否符合逻辑要求，这种判定往往是纯形式的。所谓"纯形式的判定"，就是依据推理形式判定，而不考虑推理的具体内容。因此，判定一个推理是否符合逻辑要求，首先要把该推理抽象成推理形式（这个抽象的过程，在复合命题推理中，要以命题作为变项，以联结词作为常项），然后根据这个推理形式，判定该推理是否符合逻辑要求。

（四）推理的有效性

1. 什么是推理的有效性

逻辑学的核心任务是研究推理的形式是否正确、是否"合乎逻辑"。对推出关系不同的推理（必然性推理和或然性推理），"合乎逻辑"的要求也有所不同。本章是研究必然性推理的，即"若前提为真，则结论必然为真"的推理。因此，在本章中，判定一个推理是否正确、是否"合乎逻辑"，就是检验该推理的形式是否能保证"若前提为真，则结论必然为真"。

推理是由内容与形式两部分构成的，一个推理能否必然推出真实的结论，既与内容有关，也与形式有关。与内容有关的是：前提是否真实、是否符合客观实际。与形式有关的是：该形式是否能保证由真实前提必然导出真实结论。

当我们被问及一个推理是否正确时，往往涉及这两方面的问题：其一，前提和结论是否真实、正确；其二，推理的形式是否正确、合乎逻辑。为了避免术语上的混乱,在本章中,我们把"若前提真则结论必真"的推理形式称为"有效式",把"若前提真则结论未必真"的推理形式称为"无效式"(或然性推理形式另当别论)。

2. 有效式就是前提蕴涵结论的蕴涵式

有效式与蕴涵式的共同点表现为:

有效式	前提真	推出	结论必真
蕴涵式	前件真	蕴涵	后件必真
共同点	前真		后必真

如果我们把前提视为"蕴涵"的前件,把结论视为"蕴涵"的后件,那么"若前提为真,则结论必然为真"的推理也就是"前提蕴涵结论"的推理。因此,我们还可以把必然性推理定义为"前提蕴涵结论的推理"。这样,我们可以用"→"(蕴涵)表示推理形式中的"推出"。例如,下列两种推理形式是等价的:

竖式　　　　　　　横式

$p \rightarrow q$

$\underline{\quad p \quad}$　　　　$(p \rightarrow q) \wedge p \rightarrow q$

$\therefore q$

上述横式中的最后一个"→"表示"推出","→"左面的真值形式是前提,右面的是结论。前提中的"∧"表示它联结两个前提,因为前提与前提之间是"合取"关系,是"同时断定"的关系。

因此,任何一个复合命题推理形式我们都可以用蕴涵式表达:把诸前提用合取(∧)连接,这个合取命题就是前提;再把合取视为前件,结论视为后件,用蕴涵连接,这个蕴涵式就可以表达为一个推理形式。

3. 前提真实性、形式有效性与结论真实性的关系

有效性是指一个推理形式的性质,一个推理形式要么是有效的,要么是无效的。推理的有效与无效,与前提和结论内容的真假无必然联系,有效推理形式的结论未必是真的,而无效推理形式的结论未必是假的。一个推理形式的替换实例是无穷无尽的,替换实例的内容也可真可假。只有当前提内容真实并且推理形式有效时,结论才必然真实。

例如:

其一,当推理形式无效时,前提有两种可能

A. 前提真实

(11)如果李白是诗人,那么他写过诗。李白写过诗,所以他是诗人。

(12)如果薛蟠是诗人,那么他写过诗。薛蟠写过诗,所以他是诗人。

上述两例都是无效式的替换实例,而结论一真一假。
可见,当推理形式无效时,尽管前提真实,也不能保证结论必然真实。
B. 前提虚假

  (13)如果铜是金属,那么铜不导电。铜不导电,所以铜是金属。
  (14)如果塑料是金属,那么塑料导电。塑料导电,所以塑料是金属。

上述两例也是无效式的替换实例,而结论一真一假。
可见,当推理形式无效时,尽管前提也虚假,结论未必虚假。
上述四例都是下列无效式的替换实例:

  竖式   横式

  $p \to q$
   q $(p \to q) \land q \to p$
  ―――
  ∴ p

其二,当推理形式有效时,前提也有两种可能
C. 前提虚假

  (15)如果嫌疑人有作案时间,那么他就是罪犯。该嫌疑人有作案时间,所以他是罪犯。

上例是有效式的替换实例,而结论可真可假。
可见,如果前提虚假,即使推理形式有效,也不能保证结论必然真实。
D. 前提真实

  (16)如果嫌疑人是罪犯,那么他就有作案时间。该嫌疑人是罪犯,所以他有作案时间。

当且仅当一个推理的前提真实,而且形式有效,该推理的结论才必然真实。
上述两例推理的有效式如下:

  竖式   横式

  $p \to q$
   p $(p \to q) \land p \to q$
  ―――
  ∴ q

这个推理形式是有效的,之所以是有效的,是因为可以对其中的变项 p 和 q 作任意的实例替换(替换任意的命题),只要前提中替换的命题是真实的,结论必然也是真实的。也就是说,只要前提真实,有效式必然能导出真实的结论。

  下面的图表概括揭示了前提的真或假、推理形式的有效或无效、与结论的真

或假这三者之间的关系。

前提内容	推理形式	结论
真	有效	真
真	无效	真或假
假	有效	真或假
假	无效	真或假

由表可知,只有前提内容真实并且推理形式有效,结论才必然真实。其他的三种情况都不能保证结论必然真实。

要言之,若要得出一个必然为真的结论,推理必须具备两个条件:

第一,前提内容真实。

第二,推理形式有效。

前提内容是否真实,是各门相关科学关心的事;而推理形式是否有效,则是逻辑学研究的主要问题。

二、复合命题推理有效式

复合命题推理有效式就是前提或结论是复合命题,并根据复合命题的逻辑特性而由前提必然推出结论的推理形式。根据复合命题的分类,我们可以把复合命题推理分为负命题推理、联言命题推理、选言命题推理和假言命题推理等。具体见下表:

复合命题推理
- 联言推理
- 选言推理
  - 相容选言推理
  - 不相容选言推理
- 假言推理
  - 充分条件假言推理
  - 必要条件假言推理
  - 充分必要条件假言推理
- 负命题推理

复合命题推理的特点是:

第一,在推理结构上,复合命题推理的前提或结论中一定有复合命题。

第二,在推理依据上,复合命题推理的有效性依据的是相应的复合命题的逻辑特性。

(一)负命题推理有效式及其规则

负命题推理有效式就是前提或结论是负命题,并根据负命题的逻辑特性而由前提必然推出结论的推理。

首先,在推理结构上,负命题推理的前提或结论中有负命题。

其次，在推理依据上，负命题推理有效式之所以有效，是因为它依据了负命题的逻辑特性。

负命题推理有下列两个有效式：

1.   竖式   横式

$$\frac{p}{\therefore \neg(\neg p)} \qquad p \to \neg(\neg p)$$

上面的推理式可以读为"'p'推出'非非p'"。

例如：

（1）杀人犯是故意犯罪，所以并非杀人犯不是故意犯罪。

2.   竖式   横式

$$\frac{\neg(\neg p)}{\therefore p} \qquad \neg(\neg p) \to p$$

例如：

（2）并非中国不是大国，所以中国是大国。

上述两个推理形式之所以有效，是依据负命题的逻辑特性：对任意一个命题的双重否定，等值于该命题。即：

$$p \leftrightarrow \neg(\neg p)$$

若 A 和 B 是命题，且 A 与 B 等值，则 A 和 B 可以互为前提与结论，互相必然推出。因此，例（1）的前提与结论可以互换：

杀人犯是故意犯罪，所以并非杀人犯不是故意犯罪。（$p \to \neg(\neg p)$）

并非杀人犯不是故意犯罪，所以杀人犯是故意犯罪。（$p \to \neg(\neg p)$）

上述两个推理形式合并为：

杀人犯是故意犯罪，因此等于说，并非杀人犯不是故意犯罪。（$p \leftrightarrow \neg(\neg p)$）

由此可见，等值的命题是两个必然互相推出的命题，等值的两个命题可以互相替换：

若 A 与 B 是等值命题，在推导与证明的任何时段，可以用 A 替换 B，也可以用 B 替换 A，这就是等值置换原则。

负命题推理有效式的规则是：

任一命题（p）与双重否定它的命题（$\neg(\neg p)$）必然互推。

（二）联言推理有效式及其规则

联言推理有效式就是前提或结论是联言命题,并根据联言命题的逻辑特性而由前提必然推出结论的推理形式。

联言推理有两个有效式：

1. 分解式

首先,在推理结构上,分解式的前提是联言命题。

其次,在推理依据上,分解式之所以有效,是因为它依据了联言命题的逻辑特性。

其推理形式如下：

   竖式   横式

   $p \wedge q$ $p \wedge q \rightarrow p$
   ―――――
   ∴ p

   $p \wedge q$ $p \wedge q \rightarrow q$
   ―――――
   ∴ q

例如：

（1）他不但勤于学习,而且善于学习,所以他勤于学习。

（2）他不但勤于学习,而且善于学习,所以他善于学习。

分解式推理有效的依据是：若前提中联言命题为真,则其肢命题必然都真。

因此,前提断定"∧"为真,必然可推出其任一肢命题。

2. 合成式

首先,在结构上,合成式的结论是联言命题。

其次,在推理依据上,合成式之所以有效,是因为它依据了联言命题的逻辑特性。

其推理形式如下：

   竖式   横式

   p
   q $p \wedge q \rightarrow (p \wedge q)$
   ―――――
   ∴ $p \wedge q$

例如：

（3）一切法律不得与宪法相抵触,一切法令不得与宪法相抵触,所以一切法律和法令都不得与宪法相抵触。

合成式推理有效的依据是：若肢命题全真，则联言命题为真。因此，前提断定肢命题"p"和"q"为真，必然可推出"∧"为真。

根据联言命题的逻辑特性，下列推理是无效的：

(4) 今天下雨，所以今天既下雨又刮风。

(5) 张三是干部，所以张三是党员干部。

其推理形式如下：

$p \to p \wedge q$

$q \to p \wedge q$

例(4)和例(5)之所以无效，是因为结论中出现了前提中未肯定的肢命题，其真假未知，因此结论中的"∧"也真假不定。

联言推理有效式的规则是：

若前提中肯定了若干个命题，则可推出由它们组合而成的联言命题；

若前提中肯定了联言命题，则可推出任一联言肢；

若是前提中未肯定的命题，则不可成为结论中的联言肢。

联言命题是同时断定若干个肢命题的命题，在一般的情况下，联言肢的前后次序的变化不会改变该联言命题的真值，如"p∧q"和"q∧p"是等值的。例如，"这家商店的商品价廉并且物美"和"这家商店的商品物美并且价廉"的意义是相同的，是等值的。同理，"p∧q∧r"和"p∧r∧q"、"q∧r∧p"、"r∧p∧q"、"q∧p∧r"、"r∧q∧p"都是等值的。

在一般情况下，我们可以把多于两个联言肢的联言命题视为两个肢的联言命题。例如，"p∧q∧r"和"p∧(q∧r)"是等值的。同理，它与"(p∧q)∧r"以及"p∧(r∧q)"、"(q∧r)∧p"、"r∧(p∧q)"、"q∧(r∧p)"等也都是等值的。

因此，下列的推理是有效的：

p∧q∧r∧s→p∧q∧r∧s

p∧q∧r∧s→p∧q∧r

p∧q∧r∧s→p∧q∧s

p∧q∧r∧s→p∧r∧s

p∧q∧r∧s→q∧r∧s

p∧q∧r∧s→p∧q

p∧q∧r∧s→r∧s

p∧q∧r∧s→p∧s

p∧q∧r∧s→r

……

但是，当联言肢之间具有时间、主次、大小、强弱等排序规定时，联言肢的前后次序就不能随意交换。例如：

"主席台上坐着大会主席、副主席、秘书长、常委和群众代表。"这是一个由五个联言肢组成的联言命题(省略式)，其中联言肢的前后次序不得随意交换，其排序必须依据职务的大小而定。

"连战连败，连败连战"与"连败连战，连战连败"在形式上等值，但在语义上未必相同，缘其联言肢的侧重点不同。

(三) 选言推理有效式及其规则

根据逻辑特性的不同，选言命题可分为相容选言命题和不相容选言命题，选言推理也可分为相容选言推理和不相容选言推理。

1. 相容选言推理有效式

相容选言推理有效式就是前提中有一个相容选言命题，并根据相容选言命题的逻辑特性而由前提必然推出结论的推理形式。

首先，在结构上，相容选言推理的前提中有一个析取命题。

其次，在推理依据上，相容选言推理有效式之所以有效，是因为它依据了相容选言命题的逻辑特性。

相容选言推理有效式是否定肯定式(否肯式)。

其推理形式如下：

竖式　　　　　　　　　　横式

$p \vee q$

$\underline{\neg p}$　　　　　　　　　$(p \vee q) \wedge \neg p \rightarrow q$

$\therefore q$

例如：

(1) 或者我说错，或者你听错。我没有说错，所以你听错。

其推理依据是：相容选言命题为真，肢命题必有一真。

因此，前提既断定"∨"为真，又断定其中一部分肢命题（"p"或"q"）为假，必然可推出另一部分肢命题"p"或"q"真。

相容选言推理有效式只有否定肯定式，而没有肯定否定式。下列推理形式是无效的：

竖式　　　　　　　　　　横式

$p \vee q$

$\underline{p}$　　　　　　　　　　$(p \vee q) \wedge p \rightarrow \neg q$

$\therefore \neg q$

例如:

(2) 胜者或是因其强,或是因其指挥无误。蓝军获胜是因其强,所以不是因其指挥无误。

因为相容的选言命题的肢命题可以同真,肯定其中的一部分肢命题为真,不能必然推出另一部分肢命题为假(或为真)。

相容选言推理有效式的规则是:

否定一部分选言肢,就要肯定另一部分选言肢;

肯定一部分选言肢,不能否定(或肯定)另一部分选言肢。

2. 不相容选言推理有效式

不相容选言推理有效式就是前提中有一个不相容选言命题,并根据不相容选言命题的逻辑特性而由前提必然推出结论的推理。

首先,在结构上,不相容选言推理有效式的前提中有一个不相容选言命题。

其次,在推理依据上,不相容选言推理有效式之所以有效,是因为它依据了不相容选言命题的逻辑特性。

不相容选言推理有效式有两个:

1) 否定肯定式(否肯式)

其推理形式如下:

竖式 横式

$\underline{p \veebar q}$
$\underline{\neg p}$
$\therefore q$

$(p \veebar q) \wedge \neg p \rightarrow q$

例如:

(3) 这个球要么是红色,要么是黑色。它不是红色,所以它是黑色。

其推理依据是:不相容选言命题为真,肢命题必有一真。

因此,前提既断定"$\veebar$"为真,又断定其中一部分肢命题("p"或"q")为假,必然可推出另一部分肢命题"p"或"q"为真。

2) 肯定否定式(肯否式):

其推理形式如下:

竖式 横式

$p \veebar q$
p
$\therefore \neg q$

$(p \veebar q) \wedge p \rightarrow \neg q$

例如：

(4) 这个分币要么是一分，要么是二分。它是一分，所以它不是二分。

其推理依据是：不相容选言命题为真，肢命题只有一真。

因此，前提既断定"⩔"为真，又断定其中一部分肢命题（"p"或"q"）为真，必然可推出另一部分肢命题"p"或"q"假。

不相容选言推理有效式的规则是：

否定一部分选言肢，就要肯定另一部分选言肢；

肯定一部分选言肢，就要否定另一部分选言肢。

在一般情况下，与联言命题相同，选言命题的肢命题的前后次序的变化，也不会改变选言命题的真值。例如，"p⩔q"和"q⩔p"是等值的。同理，"p∨q∨r"和"p∨r∨q"、"q∨r∨p"、"q∨p∨r"、"r∨p∨q"、"r∨q∨p"都是等值的。

因此，我们在进行选言命题推理时，可以把多于两个选言肢的选言命题分成两部分，一部分是肯定部分的选言肢，另一部分是否定部分的选言肢。例如：

$$(p \lor q \lor r \lor s) \land \neg r \to p \lor q \lor s$$
$$(p \lor q \lor r \lor s) \land \neg(r \lor q) \to p \lor s$$
$$(p ⩔ q ⩔ r ⩔ s) \land \neg(q ⩔ s ⩔ r) \to p$$

在不相容选言推理的肯定否定式中，下列两个推理都是有效的：

a) $(p ⩔ q ⩔ r ⩔ s) \land (q ⩔ s) \to \neg p \land \neg s$

根据不相容选言命题的逻辑特性，若一选言肢为真（"q⩔s"为真），则其余的选言肢都为假（"p"假并且"s"假）。

b) $(p ⩔ q ⩔ r ⩔ s) \land (q ⩔ s) \to \neg(p ⩔ s)$

根据不相容选言推理有效式的规则，若一部分选言肢为真（"q⩔s"为真），则另一部分选言肢为假（"p⩔s"为假）。

结论"¬p∧¬s"蕴涵"¬(p⩔s)"。作为结论，前者比后者更准确。

在一般的情况下，我们可以把多于两个选言肢的析取视为两个肢的析取。例如，"p∨q∨r"和"p∨(q∨r)"是等值的。同理，它与"(p∨q)∨r"、"p∨(r∨q)"、"(q∨r)∨p"、"r∨(p∨q)"和"q∨(r∨p)"等也都是等值的。这些等值式就是结合律。

但是，对于严格析取来说，"p⩔q⩔r"与"(p⩔q)⩔r"却是不等值的。

p	q	r	p⩔q⩔r	(p⩔q)⩔r
1	1	1	0	1
1	1	0	0	0
1	0	1	0	0
1	0	0	1	1

(续表)

p	q	r	p $\veebar$ q $\veebar$ r	(p $\veebar$ q) $\veebar$ r
0	1	1	0	0
0	1	0	1	1
0	0	1	1	1
0	0	0	0	0

也就是说,严格析取不能运用结合律。

(四) 假言推理有效式及其规则

根据条件的性质,假言命题可分为:充分条件假言命题、必要条件假言命题和充分必要条件假言命题,假言推理也可分为:充分条件假言推理、必要条件假言推理和充分必要条件假言推理。

1. 充分条件假言推理有效式

充分条件假言推理有效式就是前提中有一个充分条件假言命题,并根据充分条件假言命题的逻辑特性而由前提必然推出结论的推理形式。

首先,在推理结构上,前提中有一个蕴涵命题。

其次,在推理依据上,充分条件假言推理有效式之所以有效,是因为它依据了充分条件假言命题的逻辑特性。

充分条件假言推理有两个有效式,肯定前件式和否定后件式。

1) 肯定前件式(肯前式)

竖式　　　　　　　　　横式

$p \rightarrow q$

p

―――――　　　　　$(p \rightarrow q) \wedge p \rightarrow q$

∴ q

其推理依据是:若前件真,则后件必真。

因此,前提既断定"→"为真,又断定其前件(p)为真,必然可推出后件(q)为真。例如:

(5) 如果张三是故意犯罪,那么他有作案动机。张三是故意犯罪,所以他有作案动机。

2) 否定后件式(否后式)

竖式　　　　　　　　　横式

$p \rightarrow q$

$\neg q$

―――――　　　　　$(p \rightarrow q) \wedge \neg q \rightarrow \neg p$

∴ $\neg p$

其推理依据是:若后件假,则前件必假。

97

因此,前提既断定"→"为真,又断定其后件(q)为假,必然可推出前件(p)为假。例如:

（6）如果张三是凶手,那么张三有作案时间。据查张三没有作案时间,所以,张三不是凶手。

以下两个推理式是无效的,因为它们不符合蕴涵的逻辑特性。

3）否定前件式

    竖式   横式

    p→q

     ¬p   (p→q)∧¬p→¬q

    ∴ ¬q

这个推理式无效,因为前件不存在(p假),后件未必不存在(q或真或假)。

4）肯定后件式

    竖式   横式

    p→q

     q   (p→q)∧q→p

    ∴ p

这个推理式无效,因为后件存在(q真),前件未必存在(p或真或假)。

充分条件假言推理有效式的规则是:

肯定前件就要肯定后件,否定后件就要否定前件;

否定前件不能否定(或肯定)后件,肯定后件不能肯定(或否定)前件。

2. 必要条件假言推理有效式

必要条件假言推理有效式就是前提中有一个必要条件假言命题,并根据必要条件假言命题的逻辑特性而由前提必然推出结论的推理形式。

首先,在推理结构上,前提中有一个逆蕴涵命题。

其次,在推理依据上,必要条件假言推理有效式之所以有效,是因为它依据了必要条件假言命题的逻辑特性。

必要条件假言推理有两个有效式,即否定前件式和肯定后件式。

1）否定前件式(否前式):

    竖式   横式

    p←q

     ¬p   (p←q)∧¬p→¬q

    ∴ ¬q

其推理依据是:若前件假,则后件必假。

因此,前提既断定"←"为真,又断定其前件(p)为假,必然可推出后件(q)为假。例如:

（7）只有违法行为,才是犯罪行为。他的行为不是违法行为,所以他不是犯罪行为。

2）肯定后件式(肯后式)

　　　　竖式　　　　　　　　　　　　横式
　　　　p←q
　　　　 q　　　　　　　　　　(p←q)∧q→p
　　　　─────
　　　　∴ p

其推理依据是:若后件真,则前件必真。

因此,前提既断定"←"为真,又断定其后件(q)为真,必然可推出前件(p)为真。例如:

（8）只有学习好,他才是好学生。他是好学生,所以他学习好。

以下两个推理式是无效的,因为它们不符合逆蕴涵的逻辑特性。

3）肯定前件式

　　　　竖式　　　　　　　　　　　　横式
　　　　p←q
　　　　 p　　　　　　　　　　(p←q)∧p→q
　　　　─────
　　　　∴ q

这个推理式无效,因为前件存在(p真),后件未必存在(q或真或假)。

4）否定后件式

　　　　竖式　　　　　　　　　　　　横式
　　　　p←q
　　　　¬q　　　　　　　　　　(p←q)∧¬q→¬p
　　　　─────
　　　　∴ ¬p

这个推理式无效,因为后件不存在(q假),前件未必不存在(p或真或假)。

必要条件假言推理有效式的规则是:

否定前件就要否定后件,肯定后件就要肯定前件;

肯定前件不能肯定(或否定)后件,否定后件不能否定(或肯定)前件。

3. 充分必要假言推理有效式

充分必要条件假言推理有效式就是前提中有一个充分必要条件假言命题,并根据充分必要条件假言命题的逻辑特性而由前提必然推出结论的推理形式。

首先,在推理结构上,前提中有一个充分必要条件假言命题。

其次,在推理依据上,充分必要条件假言推理有效式之所以有效,是因为它依据了充分必要条件假言命题的逻辑特性。

充要条件假言推理有四个有效式:

1) 肯定前件式(肯前式)

    竖式   横式

    $p \leftrightarrow q$

    $\underline{p}$ $(p \leftrightarrow q) \wedge p \rightarrow q$

    ∴ q

其推理依据是:若前件真,则后件必真。

因此,前提既断定"↔"为真,又断定其前件("p")为真,必然可推出后件("q")为真,即"肯定前件就要肯定后件"。例如:

（9）一个整数是偶数当且仅当它能被 2 整除,一个整数是偶数,所以它能被 2 整除。

2) 否定后件式(否后式)

    竖式   横式

    $p \leftrightarrow q$

    $\underline{\neg q}$ $(p \leftrightarrow q) \wedge \neg q \rightarrow \neg p$

    ∴ $\neg p$

其推理依据是:若后件假,则前件必假。

因此,前提既断定"↔"为真,又断定其后件("q")为假,必然可推出前件("p")为假,即"否定后件就要否定前件"。例如:

（10）一个整数是偶数当且仅当它能被 2 整除,一个整数不能被 2 整除,所以它不是偶数。

3) 否定前件式(否前式)

    竖式   横式

    $p \leftrightarrow q$

    $\underline{\neg p}$ $(p \leftrightarrow q) \wedge \neg p \rightarrow \neg q$

    ∴ $\neg q$

其推理依据是:若前件假,则后件必假。

因此,前提既断定"↔"为真,又断定其前件("p")为假,必然可推出后件("q")为假,即"否定前件就要否定后件"。例如:

(11) 一个整数是偶数当且仅当它能被 2 整除,一个整数不是偶数,所以它不能被 2 整除。

4) 肯定后件式(肯后式)

   竖式   横式

   p↔q

    q   (p↔q)∧q→p

   ────

  ∴ p

其推理依据是:若后件真,则前件必真。

因此,前提既断定"↔"为真,又断定其后件("q")为真,必然可推出前件("p")为真,即"肯定后件就要肯定前件"。例如:

(12) 一个整数是偶数当且仅当它能被 2 整除,一个整数能被 2 整除,所以它是偶数。

充要条件假言推理有效式的规则是:

肯定前件就要肯定后件,否定后件就要否定前件;

否定前件就要否定后件,肯定后件就要肯定前件。

综上,假言推理有效式共有四个推理式:

① 肯定前件式

② 否定后件式

③ 否定前件式

④ 肯定后件式

上述四式,在充分条件假言推理中,①、②式有效,③、④式无效;在必要条件假言推理中,③、④式有效,①、②式无效。充分条件假言推理的有效式是必要条件假言推理的无效式,充分条件假言推理的无效式是必要条件假言推理的有效式。

尽管充分条件假言推理与必要条件假言推理的有效式、无效式相反相对,但从逻辑特性上分析,它们是一致的。

   竖式   横式

   p→q

    p   (p→q)∧p→q

   ────

  ∴ q

   q←p

    p   (q←p)∧p→q

   ────

  ∴ q

上述两个推理式，一个是充分条件假言推理肯前式，另一个是必要条件假言推理肯后式。其实，两个推理的前提是等价的，即"p→q"等值于"q←p"。所以，把"q←p"置换成"p→q"就可看出它们是一致的。同样，充分条件假言推理否后式与必要条件假言推理否前式也是一致的。

充要条件假言命题是既充分又必要的条件假言命题，所以①、②、③、④式都是充要条件假言推理的有效式。

（五）其他常见的有效推理式

1. 附加律

附加律的形式如下：

竖式　　　　　　　　横式

　　p　　　　　　　　p→p∨q
　──────

∴ p∨q

附加律的有效性很直观，若 p 在前提中为真，那么结论中 q 无论真假，p∨q 必然为真。例如：

（1）今天下雨(p)，所以，或者今天下雨(p)，或者今天不出太阳(q)。

（2）今天下雨(p)，所以，或者今天下雨(p)，或者今天出太阳(q)。

附加律在推理中应用得很广泛，特别是在复杂的综合推理中。

2. 二难推理及其规则

二难推理又叫"假言选言推理"，它是前提中有两个充分条件假言命题和一个相容选言命题，并根据充分条件假言命题和相容选言命题的逻辑特性而由前提必然推出结论的推理。

二难推理中的选言命题是两种可能情况，由这两种情况分别推出的结论都能使对方处于进退维谷、左右为难的境地，因而称为"二难推理"。它是思维和辩论中经常采用的一种有力的工具和武器。

在结构上，二难推理的前提中有两个充分条件假言命题和一个相容选言命题。

在推理依据上，二难推理之所以有效，因为它依据了充分条件假言命题和相容的选言命题的逻辑特性。

二难推理的有效式有四种：

1）简单构成式

简单构成式就是结论为前提中两个假言命题的共同后件的二难推理。例如：

（3）如果某甲是故意犯罪，那么他触犯了法律；如果某甲是过失犯罪，那么他触犯了法律。某甲或者是故意犯罪或者是过失犯罪，所以他触犯了法律。

其推理形式如下：

竖式　　　　　　　　　　　　横式

p→q

r→q

p∨r　　　　　　　　(p→q)∧(r→q)∧(p∨r)→q

─────

∴ q

简单构成式有效的根据或理由是充分条件假言命题和相容选言命题的逻辑特性：前提中选言命题的两个肢 p 和 r 分别是两个假言命题的前件。相容选言命题为真，p 和 r 中至少有一真。无论 p 真或 r 真，通过充分条件假言推理的肯定前件式，后件 q 必然为真。

2）复杂构成式

复杂构成式就是结论为选言命题，而选言肢分别是前提中两个充分条件假言命题的后件的二难推理。例如：

（4）如果你打人的行为触犯了法律，那么你要受到法律的制裁；如果你打人的行为没有触犯法律，那么你要受到社会舆论的谴责。你打人的行为或者触犯了法律，或者没有触犯法律，所以你或者要受到法律的制裁，或者要受到社会舆论的谴责。

其推理形式如下：

竖式　　　　　　　　　　　　横式

p→q

r→s

p∨r　　　　　　　　(p→q)∧(r→s)∧(p∨r)→(q∨s)

─────

∴ q∨s

复杂构成式有效的根据或理由是充分条件假言命题和相容选言命题的逻辑特性：相容选言命题为真，p 和 r 中至少有一真。无论 p 真或 r 真，通过充分条件假言推理的肯定前件式，后件 q 或 s 中必然至少有一真。

3）简单破坏式

简单破坏式就是结论为前提中两个充分条件假言命题的共同前件的否定命题的二难推理。例如：

（5）如果张三是杀人犯，那么他有作案时间；如果张三是杀人犯，那么他有作案动机。张三或者没有作案时间，或者没有作案动机，所以他不是杀人犯。

其推理形式如下：

逻　辑

```
    竖式                    横式
    p→q
    p→r
   ¬q∨¬r        (p→q)∧(p→r)∧(¬q∨¬r)→¬p
  ─────────
  ∴ ¬p
```

简单破坏式有效的根据或理由是充分条件假言命题和相容选言命题的逻辑特性:相容选言命题为真,非 q 和非 r 中至少有一真(或者说 q 和 r 中至少有一假)。无论非 q 真(即 q 假)或非 r 真(既 r 假),通过充分条件假言推理的否定后件式,前件非 p 必然为真(或者说 p 必然为假)。

4) 复杂破坏式

复杂破坏式就是结论为相容选言命题,而选言肢分别是前提中两个充分条件假言命题前件的否定命题的二难推理。例如:

(6) 如果你的矛是最锋利的矛,那么你的矛能够穿你的盾;如果你的盾是最坚固的盾,那么你的矛不能够穿你的盾。或者你的矛不能够穿你的盾,或者你的矛能够穿你的盾,所以或者你的矛不是最锋利的矛,或者你的盾不是最坚固的盾。

其推理形式如下:

```
    竖式                    横式
    p→q
    r→s
   ¬q∨¬s       (p→q)∧(r→s)∧(¬q∨¬s)→(¬p∨¬r)
  ─────────
  ∴ ¬p∨¬r
```

复杂破坏式有效的根据或理由是充分条件假言命题和相容选言命题的逻辑特性:相容选言命题为真,非 q 和非 s 中至少有一真(或者说 q 和 s 中至少有一假)。无论非 q 真(即 q 假)或非 s 真(即 s 假),通过充分条件假言推理的否定后件式,前件非 p 和非 r 中至少有一真(或者说 p 和 r 中至少有一假)。

导致二难推理结论虚假的原因,不外乎前提不真实或者推理形式无效。

从逻辑学的角度,首先要检验推理是否有效。在推理结构上,二难推理的前提中有两个充分条件假言命题和一个相容的选言命题;如果不符合这一点,则不是二难推理。在推理依据上,二难推理之所以有效,是因为它依据了充分条件假言命题和相容选言命题的逻辑特性。如果违反了这一点,则是一个无效的推理。例如:

(7) 如果你是凶手,那么你有作案时间;如果你是凶手,那么你有作案动机。现已查清,你或者有作案时间,或者有作案动机,所以你是凶手。

其推理形式如下:

   竖式   横式
   p→q
   p→r
   q∨r   (p→q)∧(p→r)∧(q∨r)→p
   ─────
  ∴ p

该推理认定"两个蕴涵的后件至少要肯定一个",运用假言推理的肯后式,从而得出"两个蕴涵的共同前件必然肯定"的结论,显然违反了充分条件假言推理的规则:"肯定后件不能肯定(或否定)前件。"所以,这是一个无效的推理。

显然,二难推理之所以有效,是依据相容选言命题"选言肢至少有一真,可以同真"的逻辑特性,以及充分条件假言命题"前件真后件必真,后件假前件必假"(肯前必肯后,否后必否前)的逻辑特性。若违反了,则是无效推理。

其次,推理形式有效的二难推理的结论并非必然为真,因为前提中存在虚假命题。例如:

(8) 如果我好好读书,我就会发大财;如果我做股票生意,我也会发大财。我或者好好读书,或者做股票生意,总之,我会发大财。

(9) 如果天气冷,那么人难受;如果天气热,那么人也难受。天气或者冷或者热,总之,人难受。

上述两个推理形式如下:

   竖式   横式
   p→q
   r→q
   p∨r   (p→q)∧(r→q)∧(p∨r)→q
   ─────
  ∴ q

以上两个推理形式有效,但结论是虚假的,因为前提中存在虚假命题。

例(8)中的两个充分条件假言命题是虚假的:前件不蕴涵后件,即前件真后件不必然真。

例(9)中的相容选言命题是虚假的:两个选言肢可以都假,即违反"选言肢至少有一真"的逻辑特性。

3. 假言易位推理

假言易位推理就是前提和结论都是一个充分条件假言命题,并根据充分条件假言命题的逻辑特性而由前提必然推出结论的推理。下面两个推理是假言命题易位推理：

(10) 如果死者是砒霜中毒而死，那么在他的肠胃里有黄色沉淀物。所以，如果死者肠胃里没有黄色沉淀物，那么他就不是砒霜中毒而死。

(11) 如果要实现四个现代化，那么必须按照经济规律办事。所以，如果不按照经济规律办事，那么就不能实现四个现代化。

竖式　　　　　　　横式
p→q　　　　　　　(p→q)→(¬q→¬p)
─────
∴ ¬q→¬p

假言易位推理有效的根据或理由是充分条件假言命题的逻辑特性：否定后件就要否定前件。

假言易位推理是互推式，即前提与结论是等值命题，如下：

(p→q)↔(¬q→¬p)

4. 假言连锁推理

假言连锁推理就是前提中有若干个充分条件假言命题，结论是一个充分条件假言命题，并根据充分条件假言命题的逻辑特性而由前提必然推出结论的推理，又称"纯假言推理"。下面两个推理就是假言连锁推理：

(12) 如果被告犯罪具有反革命目的，那么被告犯有反革命罪。如果被告犯有反革命罪，那么被告是故意犯罪。所以，如果被告犯罪具有反革命目的，那么被告是故意犯罪。

(13) 如果今天下午下大雨，那么操场就要积水。如果操场积水，那么球赛就要延期。所以，如果今天球赛不延期，那么今天下午没有下大雨。

上述两例的推理形式如下：

竖式　　　　　　　横式
p→q
q→r　　　　　　　(p→q)∧(q→r)→(p→r)
─────
∴ p→r

竖式　　　　　　　横式
p→q
q→r　　　　　　　(p→q)∧(q→r)→(¬r→¬p)
─────
∴ ¬r→¬p

假言连锁推理主要根据蕴涵关系的传递性：若 p 蕴涵 q，并且 q 蕴涵 r，则 p 必蕴涵 r。

5. 反三段论推理

反三段论推理就是前提和结论都是充分条件假言命题,而充分条件假言命题的前件都是联言命题,并根据充分条件假言命题和联言命题的逻辑特性而由前提必然推出结论的推理。

例如:

(14) 如果推理的前提真并且形式有效,那么结论必然为真。所以,如果推理的前提真并且结论假,那么形式无效。

(15) 如果推理的前提真并且形式有效,那么结论必然为真。所以,如果推理的形式有效并且结论假,那么前提有假。

其推理形式如下:

竖式　　　　　　　　　　　横式

$p \wedge q \rightarrow r$　　　　　　　　　$(p \wedge q \rightarrow r) \rightarrow (p \wedge \neg r \rightarrow \neg q)$
―――――――
$\therefore p \wedge \neg r \rightarrow \neg q$

竖式　　　　　　　　　　　横式

$p \wedge q \rightarrow r$　　　　　　　　　$(p \wedge q \rightarrow r) \rightarrow (q \wedge \neg r \rightarrow \neg p)$
―――――――
$\therefore q \wedge \neg r \rightarrow \neg p$

反三段论推理在日常思维中应用得很广泛,当若干个事物情况联合(合取)成为某一事物情况的充分条件时,作为后承的某一事物情况若不存在(为假),则作为充分条件的若干个事物情况不可能都存在(至少有一假)。

例如:

(16) 如果张某有作案时间,而且有作案动机,那么张某是作案嫌疑人。所以,如果排除了张某的作案嫌疑,而且知道他有作案动机,那么他没有作案时间。

反三段论推理还有一种特殊的形式:

竖式　　　　　　　　　　　横式

$p \wedge q \rightarrow r$
$p \wedge \neg r$　　　　　　　　　　$((p \wedge q \rightarrow r) \wedge (p \wedge \neg r)) \rightarrow \neg q$
―――――――
$\therefore \neg q$

竖式　　　　　　　　　　　横式

$p \wedge q \rightarrow r$
$q \wedge \neg r$　　　　　　　　　　$((p \wedge q \rightarrow r) \wedge (q \wedge \neg r)) \rightarrow \neg p$
―――――――
$\therefore \neg p$

例如：

(17) 如果某甲学习努力并且方法正确，那么他可以取得好成绩。某甲学习努力但成绩不好，所以他学习方法不正确。

6. 归谬推理

归谬推理就是前提有两个充分条件假言命题，而充分条件假言命题的两个后件恰是矛盾命题，并根据充分条件假言命题的逻辑特性而由前提必然推出结论的推理。

其推理形式如下：

    竖式   横式
    $p \to q$
    $p \to \neg q$ $(p \to q) \wedge (p \to \neg q) \to \neg p$
    ―――――――
    ∴ $\neg p$

如果一事物情况(p)既蕴涵 q 又蕴涵 $\neg q$，即同时蕴涵两个矛盾的命题($q \wedge \neg q$)，那么这个事物情况(p)必然要被否定。

例如：

(18) 如果证人的证词都是真的，那么被告有作案动机。如果证人的证词属实，那么被告又没有作案动机。所以，证人的证词有假。

归谬推理还有一种特殊的形式：

    竖式   横式
    $p \to (q \wedge \neg q)$ $p \to (q \wedge \neg q) \to \neg p$
    ―――――――
    ∴ $\neg p$

前提中充分条件假言命题的后件是个矛盾式($q \wedge \neg q$)，后件必然为假，因此否定后件必然否定前件。

例如：

(19) 如果我们相信证人的证词，那么被告既有作案动机，又没有作案动机。所以，证人的证词不可信。

归谬推理在论证中被广泛使用。例如，针对"一切判断都是假的"这个命题，用归谬推理反驳如下：如果"一切判断都是假的"这一命题为真，则一切判断都是假的；如果"一切判断都是假的"这一命题为真，则并非一切判断都是假的。所以，"一切判断都是假的"这一命题为假。

7. 条件移出入推理

条件移出入推理分为条件移出推理和条件移入推理，它们为前提和结论都是充分条件假言命题,而其前后件或为联言命题,或为充分条件假言命题,并根据充分条件假言命题和联言命题的逻辑特性而由前提必然推出结论的推理。

1) 条件移出推理

其推理形式如下:

    竖式   横式

   p∧q→r

  ∴ p→(q→r)   (p∧q→r)→(p→(q→r))

例如:

(20) 如果某甲有作案时间,而且又有作案动机,那么某甲是作案嫌疑人。所以,如果某甲有作案时间,那么若他又有作案动机,则某甲是作案嫌疑人。

2) 条件移入推理

其推理形式如下:

    竖式   横式

   p→(q→r)

  ∴ p∧q→r   p→(q→r)→(p∧q→r)

例如:

(21) 如果物体摩擦,那么若物体发热,则证明运动产生热能。所以,如果物体摩擦并且发热,那么证明运动产生热能。

上述两个推理形式又可表达为条件移出入律:

   (p∧q→r)↔(p→(q→r))

条件移出入律是条件证明的依据。

三、复合命题推理有效性的判定

推理有效性的判定,是逻辑学主要研究的问题。关于复合命题推理有效性的判定,本书主要介绍以下几种方法:

(一) 规则判定

本书介绍的各种复合命题推理有效式和等值式,是复合命题推理的基础。在简单的复合命题推理有效式之后,往往有相关的推理规则,依据这些规则,我们可以判定一些推理的有效性。

例如:

写出下列各题推理的形式,分析是否有效,并简述理由。

(1) 要么走社会主义道路,要么走资本主义道路,我们要走社会主义道路,所以我们不走资本主义道路。

答:设 p 为:我们走社会主义道路,q 为:我们走资本主义道路。
推理形式:$(p \veebar q) \wedge p \rightarrow \neg q$。
推理有效。
因为肯定一部分选言肢,就要否定另一部分选言肢(不相容选言推理有效式规则)。

(2) 只有电线断了,电灯才不亮。现检查电线断了,所以电灯不亮。

答:设 p 为:电线断了,q 为:电灯不亮。
推理形式:$(p \leftarrow q) \wedge p \rightarrow q$。
推理无效。
因为肯定前件不能肯定后件(必要条件假言推理有效式规则)。

(3) 并非只有上大学才能成材,因此等于说,不上大学也能成材。

答:设 p 为:上大学,q 为:能成材。
推理形式:$\neg(p \leftarrow q) \leftrightarrow (\neg p \wedge q)$。
推理有效。
等值置换,因为前提与结论是等值命题。

(二) 真值表判定

运用真值表的方法,可以在有限的步骤内判定出推理的有效性,无论该推理形式多么复杂。

如前所述,任何一个推理形式都可以表达为一个蕴涵式,只要把蕴涵式放入真值表中,计算出它的真值情况,即可以依据下列原则判定其有效性:

若蕴涵式是永真式,则该推理式是有效式;反之,则是无效式。

例如:

(4) 判定"$(p \rightarrow q) \wedge p \rightarrow q$"是否有效。

第一步:把蕴涵式放入真值表;
第二步:计算出蕴涵式的真值;

p	q	$(p \rightarrow q) \wedge p \rightarrow q$
1	1	1 1 1
1	0	0 1 0
0	1	0 1 1
0	0	0 1 0

第三步:判定:该蕴涵式是永真蕴涵式,所以推理是有效的。

(5) 判定"(p→q)∧¬p→¬q"是否有效。

第一步:把蕴涵式放入真值表;
第二步:计算出蕴涵式的真值;

p	q	(p→q)∧¬p→¬q
1	1	0 1 0
1	0	0 1 1
0	1	1 0 0
0	0	1 1 1

第三步:判定:该蕴涵式不是永真蕴涵式,所以推理是无效的。

由此可见,我们可以把有效性的判定转化成真值的演算。但是,这种方法也有缺点,其中最主要的是,随着变项的增加,演算会相当繁琐。为了简化程序,产生了简化的真值表方法。

简化真值表方法又称"归谬赋值法",它遵循归谬原则:

若要判定一个推理的有效性,首先,假设这个推理无效,这就意味着假设"前提蕴涵结论为假",即该推理形式(蕴涵式)不是永真蕴涵式。

其次,以假设该蕴涵式为假作为出发点,依据真值联结词的逻辑特性,对蕴涵式的前后件相应赋值。若能找到前件真、后件假的赋值,则假设成立,该推理无效;若在赋值过程中产生矛盾,则假设不成立,该推理有效。

具体的步骤如下:

(6) 判定"(p→q)∧¬p→¬q"是否有效。

第一步:假设"(p→q)∧¬p→¬q"为假,即该蕴涵式存在为假的赋值:

  (p→q)∧¬p→¬q
      0

第二步:假设蕴涵式为假,则前件(合取)真、后件假:

  (p→q)∧¬p→¬q
    1 0 0

第三步:若后件是复合命题,则依据其为假的逻辑特性,继续对肢命题赋值。依据前件为真的逻辑特性,对前件的联言肢赋值。赋值过程中,相同的变项,赋相同的值。

  (p→q)∧¬p→¬q
   1 1 1 1 0 0 1

第四步:依据复合命题的逻辑特性,对为真的前件(合取)的诸联言肢赋值。

$$(p \to q) \wedge \neg p \to \neg q$$
  0 1 1　1 1 0 0　0 1

判定:赋值不产生矛盾,假设成立,该推理无效。

由上述简化真值表可见,当 p 取值为假、q 取值为真时,蕴涵式为假。对照例(5)真值表中的蕴涵为假的这一行,也是 p 取值为假、q 取值为真。可见,两种真值表的演算结果是一致的,其本质是相同的。不同之处在于,简化真值表只是专注于寻找蕴涵为假的赋值是否存在,而舍去了蕴涵为真的赋值。若推理有效,蕴涵式一定是永真蕴涵式,一定找不到为假的赋值。所以,在为假的赋值过程中一定会产生矛盾。如下例:

(7) 判定"$(p \to q) \wedge p \to q$"是否有效。

$$(p \to q) \wedge p \to q$$
  1 $\underline{1}$ $\underline{0}$　1 1 0 0
　$\underline{0}$

上例中,标有下划线的真假值,表明赋值矛盾:依据前件真、后件假的假设,"$p \to q$"应当赋值为真;而依据"相同的变项,赋相同的值"的原则,p 赋值为真,q 赋值为假,则"$p \to q$"又为假,这就产生了矛盾。产生矛盾说明不存在蕴涵为假的赋值,证明蕴涵式是永真蕴涵式,从而否定假设,证明推理有效。

判定:赋值产生矛盾,假设不成立,该推理有效。

例(7)中的矛盾还可以如下表示:

$$(p \to q) \wedge p \to q$$
  $\underline{0}$ 1 0　1 $\underline{1}$ 0 0

上述两种矛盾,一是真值联结词的赋值产生矛盾,另一是变项赋值产生矛盾。无论哪种矛盾,都证明推理有效。

一般而言,对肢命题的赋值从后件开始,因为后件(结论)比较简单,而且当后件为假时,其变项的真值容易确定。

如果后件是复合命题,并且为假的变项组合不止一种,那么对每一种组合都要进行演算。若演算过程中找到了不矛盾的赋值,余下的组合不必再演算,即可判定推理无效;只有所有组合都产生矛盾,才可判定推理有效。

例如:

(8) 判定"$(p \to q) \wedge (r \to s) \wedge (\neg q \vee s) \to \neg p \vee \neg r$"是否有效。

$$(p \to q) \wedge (r \to s) \wedge (\neg q \wedge \neg s) \to \neg p \wedge \neg r$$
  0 1 0　1 1 1 1　1　1 0 1　0 1　0 1 0 0 0 1
　　　　　　　　　　　　　0　　0 1
　　　　　　　　　　　　　0　　0 0

判定：不产生矛盾，假设不成立，推理无效。

例(8)中的结论"¬p∧¬r"为假共有三种组合，在第一种组合的演算中就找到了不矛盾的赋值，所以余下的组合可以不用继续演算。

(9) 判定"(¬p→q)∧(¬p∨¬q)→¬(p↔q)"是否有效。

   (¬p→q)∧(¬p∨¬q)→¬(p↔q)
    0111 1 011 1<u>0</u> 0 0111<u> </u>
    101<u>1</u> 1 101 10 0 0010<u> </u>

判定：都产生矛盾，假设不成立，推理有效。

例(9)中的结论"¬(p↔q)"为假共有两种组合，都产生了矛盾，所以推理有效。

检验一个互推式"A↔B"是否有效，要作两次简化真值表演算。

若"A→B"和"B→A"都有效，则"A↔B"有效，否则无效。

(三) 形式证明

1. 什么是形式证明

形式证明就是运用真值形式（人工符号）之间的"逻辑变形"和"逻辑演算"表示必然性推理的全过程。在这一过程中，推理本身已没有任何内涵的联系，只表现为一系列符号与符号之间的推演变形。逻辑学之所以要暂时脱离思维的具体内容，而使用纯形式的研究符号，是为了排除各种不必要的干扰，从而能更精确、更严密地研究思维的规律和推理的结构。

人们在运用推理的时候，往往不是单纯地运用某一种推理形式。人们的思维是复杂的，运用的推理形式也是千变万化的，这个推理过程是综合运用各种推理的过程。

例如：

(10) 杀人犯或是甲(p)，或是乙(q)。如果甲是杀人犯，那么作案时间应在午夜12点之后(r)，因为午夜12点之前，人们证明甲还在车间里工作。但是，被害者的邻居证实，被害人屋里的枪声是午夜12点之前传出的。所以，杀人犯是乙。

上述推理形式如下：

   (p∨q)∧(p→r)∧¬r→q

运用真值表的方法，可以判定这个推理有效。但是，真值表方法有一个大缺陷，即它把有效性的判定转化成真值演算，而忽视了对思维过程的展现。在人们的实际思维中，往往习惯于这样证明上述推理的有效：

第一步： (p→r)∧¬r→¬p
第二步： (p∨q)∧¬p→q

把上述推理纳入一个证明序列，这就是形式证明：

113

序列号	真值形式	理由
①	p∨q	前提
②	p→r	前提
③	¬r	前提
④	¬p	②、③否后式
⑤	q	①、④否肯式

  形式证明是一个推导序列，推理的有效性可以在一个推导序列中得到证明。形式证明是一个证明系统，分为公理系统和自然推理系统。公理系统证明的出发点是公理，而自然推理系统的出发点是设定的有效式和等值式（定律）。不过，我们这里介绍的不是严格意义上的形式证明。

  形式证明的结构分为三大块，即序列号、真值形式和理由。

  第一块：序列号由①、②、③、④……构成，表明每一个序列号右面的真值形式在证明过程中出现的前后次序，同时在"理由"这块里可作为其右边的真值形式的代表。

  第二块：在"真值形式"这块里，只能出现真值形式。最初出现的一般是前提，而最后一个是结论。在这里出现的真值形式必须符合一个条件：或者是前提，或者是结论。如果是结论，应当是由其上面序列的某个（或某些）真值形式作为前提，并运用有效推理式或等值置换而得出的结论。这样才能保证，序列中前提以后的每一个真值形式（包括结论）都是由前提必然导出，都是前提蕴涵的结论。

  如上述形式证明中，序列④"¬p"是由序列②"p→r"与序列③"¬r"作为前提，并运用充分条件假言推理的否后式推导出来的结论；序列⑤"q"是由序列①"p∨q"与序列④"¬p"作为前提，并运用相容选言推理否肯式推导出来的结论。由于前提以下的真值形式都是必然性推理的结论，所以最后一个真值形式就是前提的必然导出。由此可证明：该推理的前提必然推出结论，该推理是有效的。

  第三块："理由"这一块是标明真值形式在该推导序列中存在的理由，即其左面的真值形式存在的依据。因此，"理由"中填入的要么是"前提"，要么是"某个等值式"，要么是"某个有效式"。如果是后两者，还要标明依据前提的序列号。

  "理由"这一块里填入的"有效式"和"等值式"就是自然推理系统的推理的出发点。"有效式"和"等值式"是人为选择或设定的，有严格的规定和要求，其选择或设定的不同，决定了该形式系统不同的功能和风格。

  我们这里设定：本章中介绍的"有效式"和"等值式"都可以作为推理出发点、定律或推导的依据。

  例如：（以下介绍的已经是定律，可以在证明中直接引用，这里只是为了说

明证明的方法）

　　（11）证明下列推理有效：
　　　　　　$(p\rightarrow q)\wedge(r\rightarrow s)\wedge(\neg q\vee\neg s)\rightarrow(\neg p\vee\neg r)$

证明：

①	$p\rightarrow q$	前提
②	$r\rightarrow s$	前提
③	$\neg q\vee\neg s$	前提
④	$q\rightarrow\neg s$	③蕴涵定义律
⑤	$\neg s\rightarrow\neg r$	②假言易位
⑥	$p\rightarrow\neg r$	①、④、⑤假言连锁推理
⑦	$\neg p\vee\neg r$	⑥蕴涵定义律

形式证明没有固定的证明模式，同一个证明题可以有不同的证明方法和证明过程。

例如：

　　（12）证明下列推理有效：
　　　　　　$(p\veebar q)\wedge p\rightarrow\neg q$

证明一：

①	$p\veebar q$	前提
②	p	前提
③	$(p\wedge\neg q)\vee(\neg p\wedge q)$	①严格析取定义律
④	$p\vee\neg q$	②附加律
⑤	$\neg(\neg p\wedge q)$	④德摩根律
⑥	$p\wedge\neg q$	③、⑤否肯式
⑦	$\neg q$	⑥分解式

证明二：

①	$p\veebar q$	前提
②	p	前提
③	$(p\vee q)\wedge\neg(p\wedge q)$	①严格析取定义律
④	$\neg(p\wedge q)$	③分解式
⑤	$\neg p\vee\neg q$	④德摩根律
⑥	$\neg q$	②、⑤否肯式

2. 条件证明

条件证明和后面介绍的间接证明可视为一种证明方法，运用它们往往可以使证明更加简洁、便利。

如果一个推理的结论是蕴涵（A→B），或是可以转换成蕴涵的其他真值形式（如析取、逆蕴涵、等值），则可以运用条件证明。

条件证明是条件移出入律的运用，这个规律可化为两个有效式，如下：

$$p→(q→r) ↔ (p∧q→r)$$ 条件移出入律

第一，条件移出推理，形式如下：

  竖式   横式

  $\underline{p∧q→r}$

  ∴ p→(q→r)   (p∧q→r)→(p→(q→r))

第二，条件移入推理，形式如下：

  竖式   横式

  $\underline{p→(q→r)}$

  ∴ p∧q→r   p→(q→r)→(p∧q→r)

我们可以把条件移出入律的前后件看做是两个推理形式（蕴涵式），前件中的"p"看做是前提的集合，"q→r"看做是结论；后件中的"p∧q"是前提，而"r"是结论。这条逻辑规律可以解释为：

如果一个有效推理的结论是蕴涵 p→(q→r)，我们可以把结论中的前件（q）移入前提，与前提集合（p）组成合取（p∧q），这个合取必然推出结论的后件（p∧q→r）。反之，如果我们能够证明一个前提集合 p 加入假设前提 q 后，必然导出 r，那么也就证明前提集合必然导出 q→r。

    p   （前提集合）
    ⌈q   假设前提
    │⋮
    ⌊r
    q→r

若前提集合 p 加上假设前提 q 能推出 r，则前提集合 p 单独必然能推出 q→r。

上面图示中的划线表示，从假设前提起，直到结论后件 r 的导出，线框中的真值形式不是前提集合 p 的必然导出，前提集合 p 必然导出的是"假设 q，那么 r"，即 q→r。

例如：

（13）证明下列推理有效：

    (p∨¬q)∧(¬r→¬p)→(q→r)

证明：

① $p \vee \neg q$ P
② $\neg r \to \neg p$ P
③ q 假设 P
④ p ①、③否肯式
⑤ r ②、④否后式
⑥ $q \to r$ ③—⑤条件证明

上述证明中，理由中的"P"是"前提"的符号表示。当然，如果需要，理由中的逻辑规律名称都可以符号化。

如果结论是可以转换为蕴涵的真值形式，则先转换成蕴涵，运用条件证明推出蕴涵结论后，再转换成原来的真值形式。

例如：

（14）证明下列推理有效：
$(p \to q) \wedge (r \to s) \wedge (p \vee r) \to (q \vee r)$

证明：

① $p \to q$ P
② $r \to s$ P
③ $p \vee r$ P
④ $\neg q$ 假设 P
⑤ $\neg p$ ②假言易位
⑥ r ③、⑤否肯式
⑦ $\neg q \to r$ ④—⑥条件证明
⑧ $q \vee r$ ⑦蕴涵定义律

3. 间接证明

间接证明是根据归谬推理的原则作出：假设一个事物情况（p），既能推导出另一事物（q），又能推导出另一事物的否定（¬q），那么该假设（p）必然要被否定。即：

竖式   横式

$p \to q$
$p \to \neg q$
—————— $(p \to q) \wedge (p \to \neg q) \to \neg p$
$\therefore \neg p$

或者：

117

　　　　　　竖式　　　　　　　　　横式
　　　　p→(q∧￢q)　　　　　p∧(q∧￢q)→￢p
　　　　∴￢p

　　上述可解释为：如果一事物情况(p)既蕴涵 q 又蕴涵￢q，即同时蕴涵两个矛盾的命题(q∧￢q)，那么这个事物情况(p)必然要被否定。

　　因此，要证明一个推理的有效结论为 q，我们可以先假设前提￢q(结论的矛盾命题)，如果能从前提集合和假设前提￢q 中推导出矛盾(r∧￢r)，那么就必然证明假设前提￢q 不存在，即￢(￢q)。￢(￢q)等值于 q，这样我们从否定￢q，间接地证明了推理的结论 p。

```
         p           (前提集合)
    ┌── ￢q          假设前提
    │   ⋮
    │    r
    │   ￢r
    └── r∧￢r
         q
```

　　上面图示中的划线表示，从假设前提￢q 起，直至推出矛盾(r∧￢r)，线框中的真值形式不是前提集合 p 的必然导出，前提集合 p 必然导出的是￢(￢q)，也就是 q。

　　例如：

　　　　(15) 证明下列推理有效：
　　　　　　(p∨q)∧(q→r∧s)∧(r∨p→t)→t

　　证明：

① 　　　　p∨q　　　　　　P
② 　　　　q→r∧s　　　　　P
③ 　　　　r∨p→t　　　　　P
④ 　　　　￢t　　　　　　　假设 P
⑤ 　　　　￢(r∨p)　　　　③、④否后式
⑥ 　　　　￢r∧￢p　　　　⑤德摩根律
⑦ 　　　　￢p　　　　　　　⑥分解式
⑧ 　　　　q　　　　　　　　①、⑦否肯式
⑨ 　　　　r∧s　　　　　　②、⑧肯前式
⑩ 　　　　r　　　　　　　　⑨分解式
⑪ 　　　　￢r　　　　　　　⑥分解式
⑫ 　　　　r∧￢r　　　　　⑩、⑪合成式
⑬ 　　　　t　　　　　　　　④—⑫间接证明

我们可以把间接证明看做是条件证明的特例,即任何一个间接证明都可以转化成条件证明,如下所示:

```
 ┌ p            (前提集合)
 │ ¬q           假设前提
 │ ⋮
 │ r
 │ ¬r
 └ r∧¬r
   q            间接证明
```

把上述间接证明转化成条件证明:

```
 ┌ p            (前提集合)
 │ ¬q           假设前提
 │ ⋮
 │ r
 │ ¬r
 └ r∨q          附加律
   q
   ¬q→q         条件证明
   q∨q
   q            重言律
```

例如:

(16) 证明下列推理有效:
$(q\rightarrow r\vee s)\wedge(r\vee t\rightarrow p)\wedge(t\vee q)\rightarrow p$

①	q→r∨s	P
②	r∨t→p	P
③	t∨q	P
④	¬p	假设 P
⑤	¬(r∨t)	②、④否后式
⑥	¬r∧¬t	⑤德摩根律
⑦	¬t	⑥分解式
⑧	q	③、⑦否后式
⑨	r∨s	①、⑧肯前式
⑩	r	⑨分解式
⑪	r∨p	⑩附加律
⑫	¬r	⑥分解式
⑬	p	⑪、⑫否肯式
⑭	¬p→p	④—⑬条件证明
⑮	p∨p	⑭蕴涵定义
⑯	p	⑮重言律

在上面的例题中,推导出⑩和⑫,即可运用合成式推理,推出矛盾$(r \wedge \neg r)$,然后运用间接证明即可推出结论 p。由此可见,任何一个间接证明都可以转化成一个条件证明。

证明:$p \leftarrow (q \vee r), \neg q \rightarrow s, r \vee t, \neg(u \wedge p) \vdash \neg u \vee (s \wedge t)$

证明方法一:

①	$p \leftarrow (q \vee r)$	P
②	$\neg q \rightarrow s$	P
③	$r \vee t$	P
④	$\neg(u \wedge p)$	P
⑤	$\neg p \rightarrow \neg(q \vee r)$	①等值置换
⑥	$\neg p \rightarrow (\neg q \wedge \neg r)$	⑤德摩根律
⑦	$\neg u \vee \neg p$	④德摩根律
⑧	$u \rightarrow \neg p$	⑦蕴涵定义律
⑨	$u \rightarrow (\neg q \wedge \neg r)$	⑤、⑧假言连锁
⑩	$\neg u \vee (\neg q \wedge \neg r)$	⑨蕴涵定义律
⑪	$(\neg u \vee \neg q) \wedge (\neg u \vee \neg r)$	⑩分配律
⑫	$\neg u \vee \neg q$	⑪分解式
⑬	$u \rightarrow \neg q$	⑫蕴涵定义律
⑭	$\neg u \vee \neg r$	⑪分解式
⑮	$u \rightarrow \neg r$	⑫蕴涵定义律
⑯	$u \rightarrow s$	②、⑬假言连锁
⑰	$\neg r \rightarrow t$	③蕴涵定义律
⑱	$u \rightarrow t$	⑮、⑰假言连锁
⑲	$(u \rightarrow s) \wedge (u \rightarrow t)$	⑰、⑲合成式
⑳	$(\neg u \vee s) \wedge (\neg u \vee t)$	⑳蕴涵定义律
㉑	$\neg u \vee (s \wedge t)$	⑳分配律

证明方法二:结论:$u \rightarrow (s \wedge t)$

①	p←(q∨r)	P
②	¬q→s	P
③	r∨t	P
④	¬(u∧p)	P
⑤	⌈ u	假设 P
⑥	│ ¬u∨¬p	④德摩根律
⑦	│ ¬p	⑤、⑥否肯式
⑧	│ ¬(q∨r)	①、⑥否前式
⑨	│ ¬q∧¬r	⑧德摩根律
⑩	│ ¬q	⑨分解式
⑪	│ s	②、⑨肯前式
⑫	│ ¬r	⑨分解式
⑬	│ t	③、⑫否肯式
⑭	⌊ s∧t	⑪、⑬合成式
⑮	u→(s∧t)	⑤—⑭条件证明
⑯	¬u∨(s∧t)	⑮蕴涵定义律

证明方法三:结论:¬u∨(s∧t)

①	p←(q∨r)	P
②	¬q→s	P
③	r∨t	P
④	¬(u∧p)	P
⑤	⌈ ¬(¬u∨(s∧t))	假设 P
⑥	│ u∧¬(s∧t)	⑤德摩根律
⑦	│ u	⑥分解式
⑧	│ ¬u∨¬p	④德摩根律
⑨	│ ¬p	⑦、⑧否肯式
⑩	│ ¬(q∨r)	①、⑨否前式
⑪	│ ¬q∧¬r	⑩德摩根律
⑫	│ ¬q	⑪分解式
⑬	│ s	②、⑫肯前式
⑭	│ ¬(s∧t)	⑥分解式
⑮	│ ¬s∨¬t	⑭德摩根律
⑯	│ ¬t	⑬、⑮否肯式
⑰	│ ¬r	⑪分解式
⑱	│ t	③、⑰否肯式
⑲	⌊ t∧¬t	⑯、⑱ 合成式
⑳	¬u∨(s∧t)	⑤—⑱ 间接证明

(17) 证明下列推理有效：
$$(p \leftrightarrow q) \leftrightarrow (p \rightarrow q) \wedge (p \leftarrow q)$$

要证明一个互推式"A↔B"是否有效，要作两次证明：既要证明"A→B"有效，又要证明"B→A"有效，那么"A↔B"有效，否则无效。

形式证明的方法，不但能证明推理的有效，而且还可以在已知的前提下推导出相应的结论。

例如：

(18) 一天夜里，某百货商店被窃，经侦查了解到并确认以下情况：
① 盗窃者或者是甲(p)，或者是乙(q)。
② 如果甲是盗窃者，那么作案时间不在零点之前(r)。
③ 零点时该商店的灯灭了(s)，而甲此时尚未回家(t)。
④ 若乙的陈述是真的(u)，则作案时间在零点之前。
⑤ 只有零点时该商店灯未灭，乙的陈述才是撒谎。
问：谁是盗窃者？

上述前提符号化后为：$p \vee q$，$p \rightarrow r$，$u \rightarrow \neg r$，$s \rightarrow u$。

运用形式证明推导如下：

①	$p \vee q$	前提
②	$p \rightarrow r$	前提
③	$s \wedge t$	前提
④	$u \rightarrow \neg r$	前提
⑤	$s \rightarrow u$	前提
⑥	s	③分解式
⑦	u	⑤⑥肯前式
⑧	$\neg r$	④⑦肯前式
⑨	$\neg p$	②⑧否后式
⑩	q	①⑨否肯式

结论：乙是盗窃犯。

总之，形式证明的方法既能证明推理有效，又能从相应的前提中导出结论。当然，上面介绍的形式证明还不是严格意义上的形式证明。

四、复合命题推理中的注意事项

复合命题推理是一个复杂的思维过程，要注意以下两点：

第一，正确理解和分析已知命题。

例如：

(19) 下面是一起杀人案的审讯记录：

侦查员：你刚才说的都是实话吗？

受审者：是的，全是实话。

侦查员：你再重复一遍。

受审者：因为那天只有张三和李四到过死者的房间，杀人的肯定在他们之中。要是张三杀了人，他就会伪造现场。要是当时我在现场，我也会被杀死。除非我在现场，张三不会伪造现场。我知道的就这些，杀人犯是张三。

问：受审者说的是否都是真话？

对受审者的话作出逻辑分析，并转换成命题形式：

"因为那天只有张三(p)和李四(q)到过死者的房间，杀人的肯定在他们之中"转换成"p∨q"，而不是"p ∨̇ q"。

"要是张三杀了人，他就会伪造现场(r)"、"要是当时我在现场，我也会被杀死(t)"转换成"p→r"、"s→t"。"要是……就……"是充分条件假言命题联结词。

"除非我在现场(s)，张三不会伪造现场"转换成"s←r"或"r→s"。"除非……不……"是必要条件假言命题联结词。

因为"我被杀死(t)"不存在，所以"¬t"也应当被视为前提。

根据上述前提作形式证明推导：

①	p∨q	前提
②	p→r	前提
③	s→t	前提
④	r→s	前提
⑤	¬t	前提
⑥	¬s	③、⑤否后式
⑦	¬r	④、⑥否后式
⑧	¬p	②、⑦否后式
⑨	q	①、⑧否肯式

从已知前提中导出合乎逻辑的结论：杀人者不是张三(¬p)和杀人者是李四(q)。这与受审者交代的内容有悖，所以受审者讲的不全是真话。

第二，在进行综合推理的过程中，没有固定的机械的模式可循。一个结论的得出，或者一个有效推理的判定，往往会有多种推导方法和途径。逻辑能力越强，推导的方法越多，途径也越简捷。除了要理解和熟悉基本的推理有效式和等值式之外，还有些经验和技巧可以在反复的练习中加以掌握。

经验之一：在已知条件中，尽可能多地导出结论。结论越多，也就意味着前提越多，这样结论的导出相对要容易些。

经验之二：如果前提纷繁，无从下手，那么可以尝试逆向思维的方法，从既有结论出发,逆向寻找解题的思路。

例如:

(20) 某球队总结了以往比赛的经验如下:(设甲、乙、丙、丁、戊、己上场依次为 p、q、r、s、t、u)

① 乙和丁不可同时上场。¬(q∧s)
② 如果丙上场,那么丁上场。r→s
③ 如果甲上场,那么乙上场。p→q
④ 或者戊和己不同时上场,或者丙上场。¬(t∧u)∨r

问:在需要甲和己同时上场时(p∧u),为了保证场上的最佳阵容,戊该不该上场?

可见,共有五个前提:

①   ¬(q∧s)
②   r→s
③   p→q
④   ¬(t∧u)∨r
⑤   p∧u

问题可以转化为:从上述前提中能推出 t,还是¬t?

逆向思维方法从结论着手:要推出 t 或是¬t,需要寻找包含着 t 的真值形式。前提④中有 t,要从"¬(t∧u)∨r"中推出 t 或是¬t,只有否定 r,推出"¬(t∧u)":

(¬(t∧u)∨r)∧¬r→¬(t∧u)

"¬(t∧u)"真值置换成"¬t∨¬u":

(¬(t∧u))↔(¬t∨¬u)

这样,如果有 u,即可推出¬t。

现在我们知道,要推出¬t(推不出 t),得有¬r 和 u。

接着,在前提中找包含着¬r 和 u 的真值形式。可以发现,从前提⑤中可分解出 u:

p∧u→u

在前提②中可以推出¬r:

(r→s)↔(¬s→¬r)

在前提①中可以推出¬s:

(¬(q∧s))↔(¬q∨¬s)
(¬q∨¬s)∧q→¬s

在前提③中可以推出 q:

(p→q)∧p→q

在前提⑤中可以分解出 p：
  p∧u→p
至此，我们找出了推出结论的步骤。只要把整个逆向思维的过程颠倒过来，就是解题的过程：

①	¬(q∧s)	前提
②	r→s	前提
③	p→q	前提
④	¬(t∧u)∨r	前提
⑤	p∧u	前提
⑥	p	⑤分解式
⑦	u	⑤分解式
⑧	q	③、⑥肯前式
⑨	¬q∨¬s	①德摩根律
⑩	¬s	⑧、⑨否肯式
⑪	¬r	②、⑩否后式
⑫	¬(t∧u)	④、⑪否肯式
⑬	¬t∨¬u	⑫德摩根律
⑭	¬t	⑦、⑬否肯式

结论：戊不该上场。

在推导过程中，有效推理式和等值置换在运用时，有一个重要的区别：

运用有效推理式时，只能把它们运用于整个命题，而不能运用于命题的一部分肢命题。例如，下面的运用是错误的：

①	(t∧u)∨r	前提
②	t	①分解式

联言推理分解式是有效推理式，它只能运用于联言命题。前提"(t∧u)∨r"是相容选言命题，联言命题只是它的肢命题，因此不能运用分解式。

等值置换既可以运用于整个命题，也可以运用于命题的一部分肢命题。例如，下面的运用是正确的：

①	¬(q∧s)	前提
②	¬q∨¬s	①德摩根律

下面的运用也是正确的：

①	¬(q∧s)∨r	前提
②	¬q∨¬s∨r	①德摩根律

总之，要想掌握和提高综合推理的能力，首先必须理解和熟悉基本的推理有效式和等值式，其次还必须在实践中逐步积累推导的经验和技巧。

第三节 命题演算

一、现代逻辑概述

逻辑学是一门既古老又年轻的科学。两千多年前，古希腊学者亚里士多德的《工具论》开创了逻辑学的先河。亚里士多德系统地研究了各种推理，创立了逻辑学。虽然经后人不断的补充和完善，但是这门科学至今还保持着亚里士多德初创时的体系。这就是传统逻辑，或称为"亚氏逻辑"。我国目前广泛教授的形式逻辑、普通逻辑，基本上还沿袭着这个体系。

与传统逻辑相对的是现代逻辑，也称"数理逻辑"或"符号逻辑"，现代逻辑是数学化的逻辑，即用数学的方法去研究推理的科学。

现代逻辑起源于18世纪，其发展历史大致可以分为三个阶段：

第一阶段为初创发展期，时间大致为17世纪70年代至19世纪末，其代表人物是莱布尼茨和布尔等。莱布尼茨首先提出改革逻辑的设想，用"数学化"的方法改造传统逻辑，使传统逻辑获得"新生"。具体步骤是：首先创立一套通用语言，以消除语言的局限性、模糊性和不规则性，然后设计一套推理的普遍规则，去处理通用语言。这个改革设想最终由"数理逻辑之父"布尔实现。"布尔代数"在一定程度上实现了逻辑数学化。

第二阶段为成熟发展期，时间大致为19世纪70年代至20世纪30年代，其代表人物是弗雷格、罗素、布劳维尔、希尔伯特等。弗雷格建构了一个初步自足的逻辑演算系统，这是历史上第一个逻辑演算公理系统。罗素是数理逻辑的集大成者，他总结前人的成果，建立了现代逻辑基础——命题演算和谓词演算。

第三阶段为开创发展期，时间大致为20世纪30年代至今，其代表人物是哥德尔、塔斯基等。1931年，哥德尔提出了不完全性定理，对于逻辑与数学基础研究，甚至对于其后的人工智能、计算机等问题的研究，都具有重要的理论意义。塔斯基对形式系统真理论的研究，开拓了逻辑语义学这一重要领域。除了在基础的逻辑演算方面取得了一系列新成果之外，这一时期还形成了各具特色的四论：证明论、公理集合论、递归论和模型论。

现代逻辑的研究还延伸到哲学、自然科学与人文科学等领域。它是一门边缘科学，它的兴盛发展直接带动数学和计算机学的蓬勃发展。图灵机的产生，就是这种带动的标志。同时，它的兴盛发展也强有力地渗透到哲学、伦理学、法学、心理学、语言学、经济学、史学、文学等科学研究中。美国著名哲学家普特南说：不懂得微积分的人不可能精通物理学，同样如此，不懂得符号逻辑的人不可能理解分析哲学。

现代逻辑已经广泛地与其他科学技术相互渗透，应用到自然科学、社会科学的各个领域,出现了很多边缘性、横断性的分支,形成了一百多个分支逻辑学。

现代逻辑是从传统逻辑发展而来的,它不仅完全形式化,而且功能更强大、系统更完善。塔斯基说:新逻辑在很多方面都超过旧逻辑,这不仅是由于新逻辑基础的结实与所用方法的完善,重要的是新逻辑由此而建立了丰富的概念与定理。"现代逻辑由于使用人工形式语言表达,能克服歧义,把整个演绎系统作为一个形式系统的逻辑演算加以处理。所谓形式系统乃是实现了完全形式化的公理系统,它不但具有一整套的表意符号构成的形式语言,还具有初始公式的公理系统。简而言之,构成形式系统的要素有四点:一、作为出发点的初始符号;二、规定由初始符号如何构成合式公式的形成规则;三、与自然语言中推理规则相应的合式公式之间的变形规则;四、与作为推理的出发点的公理相应的初始公式。"①

命题演算和谓词演算是现代逻辑的基本组成部分,是完全形式化的形式系统。

二、命题演算

现代逻辑与传统逻辑的主要区别之一在于:为了有系统地归纳总结推理的有效式(重言蕴涵式),现代逻辑把逻辑规律(重言式)作为一个整体加以研究,使用完全形式化的人工语言,构建了严格的(类似于数学的)推导演绎系统。这样的系统可分为公理系统和自然推理系统。

一、公理系统

命题逻辑的公理化系统是命题演算,该形式系统一般由四部分组成:②

（一）初始符号

初始符号是一个形式系统的字母库,经语义解释后,表示命题变项、真值联结词和括号。

甲：$p、q、r、s、p_1、q_1、r_1、s_1、p_2 \cdots \cdots$

甲类符号可解释为命题。

乙：$\neg、\vee$。

乙类符号表示真值联结词,可用真值表定义:若 A、B 是命题,则"$\neg$"、"$\vee$"的语义是:

---

① 朱水林:《形式化——现代逻辑的发展》,人民出版社 1987 年版。
② 为了简明扼要地介绍公理系统,我们没有严格地按照系统语言的要求描述,没有严格地区分元语言和对象语言的使用。其中涉及的语义学、语法学和语用学方面的知识,可参阅王宪钧:《数理逻辑引论》,北京大学出版社 1998 年版。

A	B	¬A	¬B	A∨B
真	真	假	假	真
真	假	假	真	真
假	真	真	假	真
假	假	真	真	假

丙：(、)。

丙类符号可表示为左、右括号。括号可对符号序列进行分组,规定运算的次序。

(二) 形成规则

1. 初始符号中的甲类符号是合式公式。
2. 若 A、B 是合式公式,则 ¬A、A∨B 是合式公式。
3. 除上述两类外,没有合式公式。

由初始符号组合而成的符号序列,必须符合形成规则才是合式公式,否则不是合式公式。合式公式经解释后,才是本系统中有意义的符号序列。

为了简化表达方式,减少复杂冗长的公式,可用定义的方法,引入三个符号"→"、"∧"、"↔"。若 A、B 是合式公式,则

A→B	定义为	¬A∨B
A∧B	定义为	¬(¬A∨¬B)
A↔B	定义为	(A→B)∧(B→A)

括号省略规则：

1. 最外层的一对括号可以省略。
2. 下列真值联结词的结合力,从左到右依次而递减：

　　¬、∧、∨、→、↔

(三) 变形规则

甲:代入规则:合式公式 A 中出现的某一甲类符号,可以全部用合式公式 B 代入(替换)。

只有甲类符号可以进行代入,如果某一甲类符号在公式中出现多次,必须全部用同一公式代入(替换)。

乙:分离规则:从公式 A 和 A→B 可得公式 B。

若 A、B 是合式公式,则该规则可解释为充分条件假言推理的肯定前件式。

丙:定义置换规则:被定义项和定义项可以相互替换。

(四) 公理

在一个逻辑系统中,必须要有所断定,必须要有一些真公式(重言式),作为推导演绎的出发点,这就是公理,亦称"初始公式"。不同的公理系统往往采用不同的公理。下面的四条公理是罗素、怀特海在《数学原理》中提出的。

公理 1　$(p \vee p) \to p$

公理 2　$p \to (p \vee q)$

公理 3　$(p \vee q) \to (q \vee p)$

公理 4　$(q \to r) \to ((p \vee q) \to (p \vee r))$

习惯上,上述四条公理依次被称为"重言律"、"析取引入律"、"析取交换律"、"附加律"。它们都是重言蕴涵式,其赋值永真的性质很直观。

公理系统是完全形式化的演绎系统,从系统的公理出发,遵循变形规则与有关的推演规则而推导出的公式是可证公式。可证公式就是该系统里的定理。下面是推导出定理的具体步骤和过程:

定理 1　$(q \to r) \to ((p \to q) \to (p \to r))$

证明:

①	$(q \to r) \to ((p \vee q) \to (p \vee r))$	公理 4
②	$(q \to r) \to ((\neg p \vee q) \to (\neg p \vee r))$	①代入规则　$\neg p/p$
③	$(q \to r) \to ((p \to q) \to (p \to r))$	②定义置换规则

证毕。(其中,"$\neg p/p$"的含义是:"以$\neg p$替换p",下同)

$(q \to r) \to ((p \to q) \to (p \to r))$ 已被证明是系统中的逻辑规律,是已证定理。在以后的证明中,已证定理可以直接引用,不必再加证明。如下列证明:

定理 2　$p \to p$

证明:

①	$p \to (p \vee q)$	公理 2
②	$p \to (p \vee p)$	①代入规则　p/q
③	$(p \vee p) \to p$	公理 1
④	$(q \to r) \to ((p \to q) \to (p \to r))$	定理 1
⑤	$((p \vee p) \to p) \to ((p \to p \vee p) \to (p \to p))$	④代入规则 $p \vee p/q, p/r$
⑥	$(p \to p \vee p) \to (p \to p)$	③、⑤分离规则
⑦	$p \to p$	②、⑥分离规则

证毕。

定理 3　$\neg p \vee p$

证明:

①	$p \to p$	定理 2
②	$\neg p \vee p$	①定义置换规则

证毕。

定理 4　$p \vee \neg p$

证明:

①	$(p \vee q) \to (q \vee p)$	公理 3

② （¬p∨p）→（p∨¬p)　　　　　①代入规则¬p/p, p/q
③ 　¬p∨p　　　　　　　　　　定理3
④ 　p∨¬p　　　　　　　　　　②、③分离规则
证毕。
　　一个公理系统的可证公式(定理)有许许多多,其意义和作用并不相同。下面是该系统里较为重要的定理,读者可以自证：

定理5 　p→¬(¬p)
定理6 　(p→q)→(¬q→¬p)
定理7 　¬(p→q)→(¬p∨¬q)
定理8 　¬(p∨q)→(¬p∧¬q)
定理9 　p∧q→q∧p
定理10　p∧q→p

在构造一个公理系统时,应当尽可能使该系统具有完全性、不矛盾性和独立性。
　　一个具有完全性的公理系统,能够推演出所有在该系统中的永真命题(重言式)。
　　一个具有不矛盾性的公理系统,不会推演出逻辑矛盾,即不能既推演出A,又推演出¬A。
　　一个具有独立性的公理系统,其任一公理不能从其他公理推演出来。
　　上述公理系统是完全的、不矛盾的和独立的。(证明略)

二、自然推理系统

　　自然推理系统又称"自然推理"或"自然演绎法",它与公理系统具有同等的演绎功能。它们之间最大的区别是：自然推理不预设公理,而预设推理定理。以定理取代公理不是理论问题,而是一个实用问题,因为可以用一条或数条定理替代任一公理。

（一）命题形式

在自然推理系统中,命题形式的生成规则如下：
1. 命题变项是命题形式,可用p、q、r、s、t……表示。
2. 如果A、B是命题形式,则¬A、A∧B、A∨B、A→B、A↔B是命题形式。
3. 除1、2所规定的之外,没有命题形式。
　　命题形式的真值要么真,要么假。¬、∧、∨、→、↔是真值联结词,其语义与公理系统的相同。
　　括号的使用、真值联结词的结合力的强弱与公理系统相同。
　　由此可见,在命题表达式的形成规则和语意解释方面,自然推理与公理系统大致相同。

（二）推理规则

常见的自然推理的推理规则是：

1. 前提引入规则：在推导证明的任何一步上，都可以引入前提或推理定理。

2. 结论引入规则：在推导证明的任何一步上所得结论，都可以作为后续推导证明的前提。

3. 条件证明规则：如果从前提集合 A 和非前提命题 B 出发，能够推导出命题 C，则可以从 A 推导出 B→C。

条件证明规则实质上是条件移出入律的具体运用。

4. 分离规则：若有命题 A→B 和 A，则可推得命题 B；若 A→B 和 A 真，则可推得 B 真。

5. 等值置换规则：在推导证明的任何一步上，命题形式或其一部分都可以用与之等值的命题形式置换。

（三）推理定理

公理系统是从公理出发，遵循变形规则与有关的推演规则而推导出可证公式（定理）。自然推理系统的出发点有两部分：

第一，给定的前提。

第二，系统给出的推理定理。

推理定理的作用相当于公理系统中的公理，其有效性很直观，前面已经证明。推理定理有两类：

第一类，重言蕴涵式：（可用推理表达式表示，"⊢"表示"必然推出"）

① $p \to q, p \vdash q$　　　　　　　　肯前式

② $p \to q, \neg q \vdash \neg p$　　　　　　否后式

③ $p \to q, q \to r \vdash p \to r$　　　假言连锁

④ $p \lor q, \neg p \vdash q$　　　　　　否肯式

⑤ $p \land q \vdash p$　　　　　　　　　分解式

⑥ $p, q \vdash p \land q$　　　　　　　　合成式

⑦ $p \vdash p \lor q$　　　　　　　　　附加律

⑧ $p \to q, r \to s, p \lor r \vdash q \lor s$　　二难推理

第二类，重言等值式：

⑨ $p \leftrightarrow \neg(\neg p)$　　　　　　　　双重否定律

⑩ $\neg(p \land q) \leftrightarrow \neg p \lor \neg q$　　　　德摩根律

　$\neg(p \lor q) \leftrightarrow \neg p \land \neg q$　　　　德摩根律

⑪ $p \land q \leftrightarrow q \land p$　　　　　　交换律

　$p \lor q \leftrightarrow q \lor p$　　　　　　交换律

⑫ $p \lor (q \lor r) \leftrightarrow (p \lor q) \lor r$　　结合律

$p \wedge (q \wedge r) \leftrightarrow (p \wedge q) \wedge r$ 　　　　结合律

⑬ $p \vee (q \wedge r) \leftrightarrow (p \vee q) \wedge (p \vee r)$ 　　　分配律

$p \wedge (q \vee r) \leftrightarrow (p \wedge q) \vee (p \wedge r)$ 　　　分配律

⑭ $p \rightarrow q \leftrightarrow \neg q \rightarrow \neg p$ 　　　　　　　假言易位

⑮ $p \rightarrow q \leftrightarrow \neg p \vee q$ 　　　　　　　　蕴涵定义

⑯ $p \leftrightarrow q \leftrightarrow (p \rightarrow q) \wedge (q \rightarrow p)$ 　　　　等值定义

$p \leftrightarrow q \leftrightarrow (p \wedge q) \vee (\neg p \wedge \neg q)$ 　　　等值定义

⑰ $p \wedge q \rightarrow r \leftrightarrow p \rightarrow (q \rightarrow r)$ 　　　　移出入律

⑱ $p \leftrightarrow p \vee p$ 　　　　　　　　　　　重言律

$p \leftrightarrow p \wedge p$ 　　　　　　　　　　　重言律

⑨—⑱条推理定理的每一等值式都可分解成两个重言蕴涵式。例如,双重否定律可分解为:"$p \vdash \neg(\neg p)$"和"$\neg(\neg p) \vdash p$"。

上述①—⑱条重言式在任一推理证明中,可以作为公共前提随时引入推理证明的过程,其形式可以省略不写,直接由其前件推导出后件。例如:

证明:$p \vee q, p \rightarrow r \vdash \neg q \rightarrow r$ 是有效推理。

① 　　$p \vee q$ 　　　　　　前提

② 　　$p \rightarrow r$ 　　　　　　前提

③ 　　$q \vee p$ 　　　　　　① 交换律

④ 　　$\neg q \rightarrow p$ 　　　　　③ 蕴涵定义

⑤ 　　$\neg q \rightarrow r$ 　　　　　②、④假言连锁

其中:

③ 推导出"$q \vee p$",是引入交换律"$p \vee q \leftrightarrow q \vee p$"作为前提。

④ 推导出"$\neg q \rightarrow p$",是引入蕴涵定义"$p \rightarrow q \leftrightarrow \neg p \vee q$"作为前提。

⑤ 推导出"$\neg q \rightarrow r$",是引入假言连锁"$p \rightarrow q, q \rightarrow r \vdash p \rightarrow r$"作为前提。

这些引入的定理形式都可省略不写。

(四) 自然推理的应用

自然推理系统是一个形式证明系统,它的推导证明过程是一个命题形式的序列,推理规则保证了序列中的命题形式要么是给定的前提,要么是由前提或推理定理推导出的结论。序列中的每一个结论都为它前面序列的前提所蕴涵,从而保证了前提蕴涵结论。

如果由前提 A_1、A_2、……$A_n (n \geq 1)$ 推出结论 B 是有效的,则或者命题 A_1、A_2、……A_n 的合取为假,或者命题 A_1、A_2、……A_n 的合取为真,并且命题 B 也为真。即 $A_1 \wedge A_2 \wedge …… \wedge A_n \rightarrow B (n \geq 1)$ 是重言式。(证明略)

运用自然推理系统证明自然语言表达的推理的有效性,首先要用系统中的命题形式表示自然语言中的命题或推理,然后遵循系统给定的推理规则,从已知

前提出发进行推演。推演的过程是一个形式证明的过程,形式证明序列中的每一个结论都为前提蕴涵,这样的证明是有效证明,有效证明推得的结论是有效结论。当然,证明的有效和结论的有效,与前提或结论的真假无关,只与形式证明系统的构造方式有关。

下面是运用自然推理系统判定推理有效的实例。

证明:p∨(q→s),¬r→(s→t),p→r,¬r ⊢ q→t 是有效推理。

证明:

① p∨(q→s)　　　　　　前提
② ¬r→(s→t)　　　　　　前提
③ p→r　　　　　　　　前提
④ ¬r　　　　　　　　　前提
⑤ ¬p　　　　　　　　　③、④否后式
⑥ q→s　　　　　　　　①、⑤否肯式
⑦ s→t　　　　　　　　②、④肯前式
⑧ q→t　　　　　　　　⑥、⑦假言连锁

证毕。

自然推理系统具有判定和推导双重功能,它可以从一组前提中导出相应的结论。例如:

某工厂发生一起盗窃案,刑侦队把收集的材料整理如下:

1. 如果盗窃案发生在午夜1时之前(p),那么可以排除甲作案的可能(q)。
2. 如果盗窃案发生在午夜1时之后,那么若乙不是作案者(¬r),则甲也不是作案者。
3. 如果丁不是作案者(¬s)或者乙是作案者,则甲也是作案者。
4. 案发期间,丁不在现场。

把上述材料转换成命题形式,推导如下:

① p→¬q　　　　　　　前提
② ¬p→(¬r→¬q)　　　　前提
③ ¬s∨r→q　　　　　　前提
④ ¬s　　　　　　　　　前提
⑤ ¬s∨r　　　　　　　④附加律
⑥ q　　　　　　　　　③、⑤肯前式
⑦ ¬p　　　　　　　　①、⑥否后式
⑧ ¬r→¬q　　　　　　②、⑦肯前式
⑨ r　　　　　　　　　⑥、⑧否后式

证毕。

133

该序列证明,甲和乙是盗窃者。

(五) 条件证明

条件证明的规则是:如果从前提集合 A 和非前提命题 B 出发,能够推导出命题 C,则可以从 A 推导出 B→C。

如果一个推理的结论是条件命题(蕴涵命题),运用条件证明规则,能使推演更加简洁便利。

运用条件证明规则的具体步骤是:把结论(B→C)中的前件 B 作为附加前提,若前提集合 A 与 B 能够推出 C,则证明 A 能够单独推出 A→B。

条件证明规则实质上是条件移出入律的具体应用。即:

$$A \wedge B \to C \leftrightarrow A \to (B \to C)$$

意思是说,A 与 B 蕴涵 C,当且仅当 A 蕴涵 B→C。

下面是运用条件证明规则的实例。

证明:p→(q→r), ¬s∨p, q ⊢ s→r 是有效推理。

证明:

①	p→(q→r)	前提
②	¬s∨p	前提
③	q	前提
④	s	附加前提
⑤	p	②、④否肯式
⑥	q→r	①、⑤肯前式
⑦	r	③、⑥肯前式
⑧	s→r	④—⑦条件证明

从④到⑦有划线标明,划线范围内的命题不是前提的有效结论,而是前提与附加前提的有效结论。划线外的命题⑧才是前提的有效结论。或者说,划线内命题的推出依赖于附加前提,划线外命题的推出不依赖于附加前提,仅仅依赖于前提①—③。因此,附加前提已被排除在证明之外,或者说已被消去。

在同一个证明中,可以多次运用条件证明规则。当然,最后每一个附加前提都要消去。

证明:¬r→(p→¬q) ⊢ p→(¬r→¬q) 是有效推理。

证明:

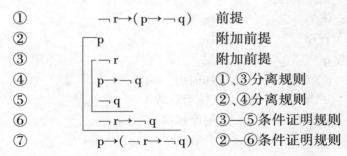

①	¬r→(p→¬q)	前提
②	⌐ p	附加前提
③	¬r	附加前提
④	p→¬q	①、③分离规则
⑤	¬q	②、④分离规则
⑥	¬r→¬q	③—⑤条件证明规则
⑦	p→(¬r→¬q)	②—⑥条件证明规则

证毕。

相对而言,推理的前提越多,结论的导出越容易。条件证明还可以扩大其运用范围:凡结论是可以置换成蕴涵的命题,都可以运用条件证明。

(六) 间接证明

间接证明的规则是:如果从前提集合 A 和非前提命题 ¬B 出发,能够推导出矛盾命题,则可以从 A 推导出 B。

运用间接证明规则的具体步骤是:把结论 B 的矛盾命题 ¬B 作为附加前提,若前提集合 A 与 ¬B 能够推出矛盾命题,则证明 A 能够单独推出 B。

间接证明规则实质上是归谬原则的具体应用。

下面是运用间接证明规则的实例。

证明:q→r∧s,r∨t→p,t∨q ⊢ p 是有效推理。

证明:

①	q→r∧s	前提
②	r∨t→p	前提
③	t∨q	前提
④	¬p	附加前提
⑤	¬(r∨t)	②、④否后式
⑥	¬r∧¬t	⑤德摩根律
⑦	¬t	⑥分解式
⑧	q	③、⑦否肯式
⑨	r∧s	①、⑧肯前式
⑩	r	⑨分解式
⑪	¬r	⑥分解式
⑫	r∧¬r	⑩、⑪合成式
⑬	p	④—⑧间接证明

其实,我们可以把间接证明视为条件证明的一种特例。若把上述证明稍加变动,即可推出"¬p→p"。如此推导就是条件证明,而"¬p→p"就是结论"p"。如下:

①	q→r∧s	前提
②	r∨t→p	前提
③	t∨q	前提
④	⎡ ¬p	附加前提
⑤	⎢ ¬(r∨t)	②、④否后式
⑥	⎢ ¬r∧¬t	⑤德摩根律
⑦	⎢ ¬t	⑥分解式
⑧	⎢ q	③、⑦否肯式
⑨	⎢ r∧s	①、⑧肯前式
⑩	⎢ r	⑨分解式
⑪	⎢ ¬r	⑥分解式
⑫	⎢ r∨p	⑩附加律
⑬	⎣ p	⑪、⑫否肯式
⑭	¬p→p	④—⑬条件证明
⑮	p∨p	⑭蕴涵定义律
⑯	p	⑮重言律

上述证明中,到序列⑪,已推出两个矛盾命题(r 和¬r)。运用合成式,推出"r∧¬r",即可完成间接证明。若不用合成式,而运用附加律,(r 或¬r)附加上 p(附加命题¬p 的矛盾命题,也就是结论),然后运用否肯式,必然可推出 p。这样的推导就是条件证明。

由此可见,如果一组前提在逻辑上导出矛盾,那么这组前提就是不一致的(即该组前提不同时为真)。因此,如果前提的合取是永真式,那么该推理不会导出矛盾的结论,这是结论必然为真的必要条件之一。如果前提的合取是适真式,那么该前提是不一致的,往往会导出矛盾的结论。

思考题

1. 什么是命题和命题形式?命题形式由哪些成分构成?
2. 命题的逻辑特性是什么?
3. 复合命题的形式由哪些成分构成?有哪些种类?其逻辑特性是什么?
4. 什么是联言命题?其逻辑特性是什么?
5. 什么是相容选言命题?其逻辑特性是什么?
6. 什么是不相容选言命题?其逻辑特性是什么?
7. 什么是充分条件假言命题?其逻辑特性是什么?
8. 什么是必要条件假言命题?其逻辑特性是什么?
9. 什么是充分必要条件假言命题?其逻辑特性是什么?

10. 什么是负命题？其逻辑特性是什么？
11. 真值表有哪些作用？真值表如何制作？
12. 什么是真值形式？真值形式有哪些种类？
13. 什么是永真式？复合命题中有哪些常见的永真式？
14. 什么是矛盾命题？什么是等值命题？试举例说明。
15. 什么是推理？什么是推理形式？它由哪些成分构成？
16. 必然性推理与或然性推理的区别在哪里？
17. 什么是有效式？前提真实性、形式有效性与结论真实性的关系怎样？
18. 为什么"前提蕴涵结论"的推理是必然性推理？
19. 有效推理式和永真蕴涵式有什么共性？如何把推理转换成蕴涵式？
20. 负命题推理有哪些有效式？其推理规则是什么？
21. 联言推理有哪些有效式？其推理规则是什么？
22. 相容选言推理有哪些有效式？其推理规则是什么？
23. 什么是附加律？试举例说明它的有效性。
24. 不相容选言推理有哪些有效式？其推理规则是什么？
25. 充分条件假言推理有哪些有效式？其推理规则是什么？
26. 必要条件假言推理有哪些有效式？其推理规则是什么？
27. 充分必要条件假言推理有哪些有效式？其推理规则是什么？
28. 什么是附加律和假言连锁推理？写出其形式。
29. 什么是二难推理？它有哪些有效式？
30. 什么是反三段论推理？什么是条件移出入推理？什么是归谬推理？写出其形式。
31. 什么是归谬赋值法？它如何判定一个推理的有效性？
32. 什么是形式证明？它如何证明一个推理的有效？
33. 什么是条件证明？它如何证明一个推理的有效？
34. 什么是间接证明？它如何证明一个推理的有效？
35. 什么是推理的综合应用？要注意些什么问题？

第六章 简单命题及其推理

简单命题是不包含其他命题的命题,它是由概念构成的。简单命题推理是根据简单命题的逻辑特性而由前提必然推出结论的推理。简单命题有直言命题和关系命题之分,而直言命题的逻辑特性是根据概念间的外延关系确定的。因此,为了讨论直言命题及其推理,首先要掌握概念和概念间的关系。

第一节 概念和概念间关系

一、概念与语词

概念是反映思维对象特有属性的思维形态。

客观世界中的万事万物,如自然界的动物、植物等,人类社会的商品、艺术、法律等,思维领域的感觉、知觉、推理等,都是可以为人们所认识的,都是思维的对象。

任何事物都具有自身的性质,如法院的性质是国家的审判机关,商品的性质是具有交换性等。每一事物除了有其自身的性质之外,还与其他事物发生一定关系,如法院与检察院是相互监督的,"相互监督"就是两者在工作上的一种关系。事物的性质和事物间的关系,逻辑上统称为"事物的属性"。事物与属性是不可分的,事物都是有属性的事物,属性都是事物的属性。

在事物的属性中,有些是特有属性,有些是偶有属性。所谓特有属性,就是决定某一事之所以为该事物而区别于他事物的属性。所谓偶有属性,就是对该事物不具有决定意义的属性。例如,盗窃罪的特有属性是以非法占有为目的,秘密地窃取数额较大的公私财物。这一属性决定了什么样的行为才构成盗窃罪,又以此区别于其他的侵犯财产罪。至于盗窃发生于何时何地等,则是盗窃罪的偶有属性。概念所反映的是事物的特有属性。

概念与语词具有密切的联系。概念只有借助语词才能产生、存在和表达,不依赖语词的赤裸裸的概念是没有的。语词是表示客观事物的一种指号,表现为特定的声音、笔画或手势等。这些约定俗成的指号之所以能交流思想,是因为在人们的头脑中有相应的概念。因此,语词是概念的语言形式,概念是语词的思想内容。概念与语词又是有区别的,两者并不一一对应。这种区别表现在:

第一,任何概念都要用语词表达,但并非任何语词都表达概念。例如,汉语中的实词一般都表达概念,而虚词一般不表达概念。

第二,不同的语词可以表达同一概念。语词的产生是约定俗成的,因而带有民族性和地方性;而概念是思维对象特有属性的反映,具有全人类性。这就导致了不同民族、不同地方的人对同一概念的语词表达各不相同。例如,"小鸡"这一概念,广东话是"鸡崽",四川话是"鸡娃",而英语用"chicken"表达。

第三,同一个语词可以表达不同的概念。在不同的语境("语言环境"的简称,这里指语言表达的上下文)中,同一个语词所表达的概念可以是不同的。例如,"案子"这个词,可以表示一种狭长的桌子,在司法工作者的口语中又可以表示为案件。在这种情况下,需要结合语境确定某一语词究竟表达的是什么概念。

概念和语词有联系又有区别,把握它们之间的关系,对于明确概念和表达概念都是必要的。

二、概念的逻辑特征

逻辑学并不研究各门科学中的具体概念,它研究的是各种概念所共同具有的一般特征。概念的内涵和外延就是概念的两个显著的逻辑特征。

概念的内涵,就是指概念对思维对象特有属性的反映。例如,"法律"这个概念的内涵是:由国家的权力机关制定,并借助于国家的强制力保证实施的人们的行为规范。

概念的外延,就是指具有概念所反映的特有属性的对象。例如,"法律"这个概念的外延就是民法、刑诉法、婚姻法等等。

概念的内涵和外延都是人们对思维对象的特有属性及其对象范围的一种反映,因而具有主观性。我们不能把它们与思维对象本身所具有的特有属性及其范围等同起来。

概念在反映思维对象特有属性的同时,也就反映了具有这些特有属性的对象范围。因此,内涵和外延是任何一个概念都具有的逻辑特征。

三、概念的种类

根据概念在内涵和外延方面的某些共同特性,我们可以把概念分为若干种类。

1. 普遍概念、单独概念和空概念

根据概念的外延所反映的对象数量的不同,可以把概念分为普遍概念、单独概念和空概念。

普遍概念是反映一类对象的概念。一个类是若干对象依据一定属性组成的,组成这个类的每一个对象称为这个类的"分子"。属于某类的分子必然具有该类的属性。普遍概念的外延是由两个或两个以上分子构成的。例如,"诉讼当事人"的外延反映了"原告、被告、共同诉讼人和诉讼第三人"这一类对象,所以它是普遍概念。此外,还有如"国家"、"法律"等都是普遍概念。

普遍概念的外延反映的是两个或两个以上对象,因此在普遍概念前面可以加"所有"、"有的"等表示数量的语词。

单独概念是反映某个特定对象的概念,它的外延只有一个分子。例如,"北京"、"鲁迅"、"1976年10月6日"等都是单独概念。单独概念的外延反映的是独一无二的对象,因此在单独概念前面不能加数量词。单独概念比较多的是用一些专有名词表达,如前举各例。此外,也有用形容词、副词或指示代词修饰的词组表达单独概念的。例如,"世界上最高的山峰"、"我国最长的运河"、"这起刑事案件"等表达的都是单独概念。

空概念是反映空类的概念。空类是指没有任何分子的类。这种概念所反映的对象在客观世界中是不存在的。例如,"鬼"、"神"等就是空概念。空概念在人们的主观上是存在的,所以它也有内涵和外延。

2. 集合概念和非集合概念

根据概念所反映的对象是事物的集合体还是非集合体,可以把概念分为集合概念和非集合概念。

集合概念就是以事物的集合体作为反映对象的概念。集合体是由若干个体构成的,但是构成集合体的个体未必具有集合体的特有属性。这就如同部分组成了整体,部分未必具有整体的属性。集合体和个体之间的关系与类和分子之间的关系是不同的。类与分子之间的关系是:分子组成了类,分子必然具有类的属性。例如,在"中国人是勤劳勇敢的"这一命题中,"中国人"就是集合概念。

非集合概念就是不以事物的集合体作为反映对象的概念。例如,"树是植物"中的"树"就是非集合概念。

集合概念与非集合概念是比较容易混淆的,而辨析某一概念是集合概念还是非集合概念,将有助于我们在思维活动中避免逻辑错误。

某一个语词表达的是集合概念还是非集合概念,应当结合该语词所处的语境加以区别。例如,"人民"这一语词表达的究竟是集合概念还是非集合概念,必须把"人民"放到一定的语境中才能辨析清楚。"人民"在"只有人民,才是创造历史的真正动力"这一语句中,表达的是集合概念。因为它是指称由人构成的群体即集合体,而任一个别的人未必是"创造历史的真正动力"。又如,"在我们国家里,人民享有广泛的民主和自由"这一语句中的"人民"表达的则是非集合概念。因为这里指称的"人民"中的任何一个人都享有广泛的民主和自由。

3. 正概念和负概念

根据概念所反映的对象是否具有某种属性,概念可分为正概念和负概念。

反映对象具有某种属性的概念是正概念。例如,"正当防卫"、"行为能力"、

"公开审理"等都是正概念。

反映对象不具有某种属性的概念是负概念。例如,"不公开审理"、"无行为能力"、"非正当防卫"等都是负概念。表达负概念的语词通常带有"不"、"无"、"非"等否定词,但带有这类否定词的语词不一定都表达负概念。

"图书馆工作人员"是正概念,它的内涵和外延对于我们来说是清楚的,那么"非图书馆工作人员"的外延是什么,比如是否包括书架、图书等对象? 要正确回答这个问题,就要了解"论域"。由于负概念总是在一定的语言环境下对正概念的否定,因而它要在一定范围内否定正概念,这个范围就叫做"论域"。论域就是正负概念反映的所有对象所组成的类。就"非图书馆工作人员"来说,它是对"图书馆工作人员"的否定,这个否定所针对的对象范围是人,它的外延就不可能包括书架、图书等对象,而是指那些不具有"图书馆工作人员"属性的人。确定论域是明确负概念外延的必要条件。

四、概念间的关系

逻辑学是从外延方面研究概念间的关系的。概念外延间的关系主要有如下五种:

1. 全同关系

如果所有 a 是 b(a、b 分别代表两个不同的概念),并且所有 b 是 a,那么 a 与 b 具有全同关系。全同关系可用右图表示。

例如,"北京"与"中华人民共和国首都"就是具有全同关系的两个概念。两者的内涵不同,前者是城市的名称,后者指的是我国的政治中心。但是,两者的外延所反映的是同一对象。

"医生"与"大夫"不是全同关系的概念,因为它们的内涵和外延都相同,实际上是同一概念,只是语词形式不同。

2. 真包含于关系

如果所有 a 是 b,并且有 b 不是 a,那么 a 真包含于 b。真包含于关系可用左图表示。

例如,"犯罪"与"违法"这两个概念,"犯罪"这一概念的外延全部包含在"违法"这一概念的外延之中,而有的"违法"不是"犯罪"。因此,"犯罪"与"违法"就是具有真包含于关系的两个概念,或者说"犯罪"真包含于"违法"。

3. 真包含关系

如果所有 b 是 a,并且有 a 不是 b,那么 a 真包含 b。真包含关系可用下页左图表示。

例如,"法律"与"刑法"这两个概念,"刑法"这一概念的全部外延包含在

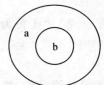

"法律"这一概念的外延之中,而有的"法律"不是"刑法"。因此,"法律"与"刑法"就是具有真包含关系的两个概念,或者说"法律"真包含"刑法"。

在传统逻辑中,通常把真包含于关系和真包含关系统称为"属种关系",其中外延大的、包含另一概念的概念叫做"属概念",外延小的、被包含的概念叫做"种概念"。属种关系是相对的,如"大学生"相对"学生"来说是种概念,而相对"政法学院大学生"来说却是属概念。

4. 交叉关系

如果有 a 是 b,有 a 不是 b,并且有 b 不是 a,那么 a 与 b 具有交叉关系。交叉关系可用右图表示。

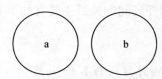

例如,"青年"与"学生"就是具有交叉关系的两个概念,因为有的青年是学生,有的青年不是学生,并且有的学生不是青年。

5. 全异关系

如果所有 a 不是 b,那么 a 与 b 具有全异关系。全异关系可用左图表示。

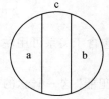

例如,"合法行为"与"违法行为"就是全异关系的两个概念,所有合法行为都不是违法行为。

全异关系的 a、b 两概念相对它们共同的属概念 c 而言,还有矛盾关系和反对关系之分。

如果 a 与 b 具有全异关系,并且 a 与 b 的外延之和等于 c,那么 a 与 b 具有矛盾关系。矛盾关系可用右图表示。

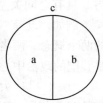

例如,"故意犯罪"与"过失犯罪"相对于"犯罪"来说就是矛盾关系的概念。"故意犯罪"与"过失犯罪"全异,并且它们的外延之和等于属概念"犯罪"的外延。

如果 a 与 b 具有全异关系,并且 a 与 b 的外延之和小于 c,那么 a 与 b 具有反对关系。反对关系可用左图表示。

例如,"刑法"与"民法"就是反对关系的概念。"刑法"与"民法"全异,并且它们的外延之和小于属概念"法律"的外延。

对上述各种关系,我们还可以根据两概念的外延有无重合这一标准,把它们分为相容关系和不相容关系,全同关系、真包含于关系、真包含关系和交叉关系都是相容关系,全异(包括矛盾关系和反对关系)关系是不相容关系。

对以上各种概念外延间的关系,我们都分别给出图形解释,这种用圆圈图表示两个概念外延间的关系的方法是由瑞士数学家欧拉(Leonhard Euler,1707—1783)首先使用的,因此称之为"欧拉图解"。

五、概念的限制法和概括法

属概念与其种概念在内涵和外延上具有反变关系:外延大则内涵少,外延小则内涵多。例如,"法"和"刑法"是具有属种关系的两个概念。其中,"法"相对于"刑法"来说,就是外延大而内涵少;"刑法"相对于"法"来说,就是外延小而内涵多。反变关系是对概念进行限制和概括的逻辑根据。

1. 概念的限制法

根据反变关系,可以通过增加某一概念的内涵而缩小其外延,从而使一个外延较大的概念过渡到外延较小的概念,这就是概念的限制法。例如,我们通过对"学生"增加"三好"这一内涵,就由"学生"过渡到"三好学生",这就是对"学生"这一概念的限制。

限制可连续进行。例如,先将"科学"限制为"社会科学",再将"社会科学"限制为"法学",这就是连续限制。但是,限制不能超出极限,限制到单独概念就不能再限制了,因为单独概念是外延最小的种概念。

2. 概念的概括法

根据反变关系,可以通过减少某一概念的内涵而扩大其外延,从而使一个外延较小的概念过渡到外延较大的概念,这就是概念的概括法。例如,我们通过对"先进工人"减少"先进"这一内涵,就由"先进工人"过渡到"工人",这就是对"先进工人"这一概念的概括。

概括也可连续进行。例如,先将"华东政法大学"概括为"政法大学",再将"政法大学"概括为"高等学校",这就是连续概括。但是,概括不能超出极限,概括到范畴就不能再概括了,因为范畴是外延最大的属概念。

应当注意的是,由于反变关系是就具有属种关系的概念而言的,因此被限制的概念与限制后的概念之间应具有属种关系。同样,被概括的概念与概括后的概念之间也应具有属种关系,否则就是错误的限制或概括。

第二节 直言命题

一、直言命题的构成和种类

直言命题就是陈述事物(思维对象)具有或不具有某种性质的命题。例如:

(1) 犯罪是危害社会的。
(2) 所有人都不是上帝创造的。
(3) 有人是信教的。
(4) 有些被告不是罪犯。

这四个命题都是直言命题,它们分别陈述了事物具有或不具有某种性质。如例(1)陈述了"犯罪"具有"危害社会"的性质,例(2)陈述了"人"都不具有"上帝创造"的性质。

这四个直言命题尽管在内容上有所不同,但是在形式结构上有相同之处,即它们都是由主项、谓项、联项和量项四个部分组成的。

所谓主项,就是在直言命题中表示事物(思维对象)的概念。如例(2)中的"人"和例(4)中的"被告"等。

所谓谓项,就是在直言命题中表示某种性质的概念。如例(1)中的"危害社会"和例(3)中的"信教"等。

所谓联项,就是表示主项与谓项之间联系的概念,即"是"与"不是","是"表示肯定,"不是"表示否定。

所谓量项,就是表示主项数量状况的概念。如例(2)、(4)中的"所有"、"有些"等,"所有"表示全称量项,"有些"表示特称量项。

任何直言命题在形式结构上都由上述四部分组成,其中主项和谓项是逻辑变项,通常用"S"表示主项,用"P"表示谓项;联项和量项是逻辑常项,联项表示直言命题的质,量项表示直言命题的量。

根据逻辑常项的不同,直言命题可以分为不同的种类。

第一,按质划分,直言命题可以分为肯定命题和否定命题。

肯定命题就是陈述事物具有某种性质的命题。如例(1)、(3)都是肯定命题。肯定命题的联项一般用"是"表示,在日常表达中有时可以省略。如例(3)可以表述为"有人信教"。

否定命题就是陈述事物不具有某种性质的命题。如例(2)和例(4)都是否定命题。

第二,按量划分,直言命题可以分为全称命题、特称命题和单称命题。

全称命题就是陈述主项的全部都具有或不具有某种性质的命题。如例(1)、(2)都是全称命题。全称命题的量项一般用"所有"、"任何"、"一切"、"凡"等语词表示。全称的量项在日常表达中有时被省略,如例(1)就是省略了量项全称命题。

特称命题就是陈述主项至少有一个具有或不具有某种性质的命题。如例(3)、(4)都是特称命题。

特称量项"有些"与日常语言中的"有些"有所不同。在日常语言中,当我们说"有些是"的时候,往往还意味着"有些不是";当我们说"有些不是"的时候,往往还意味着"有些是"。作为特称量项的"有些",当我们说"有些是"的时候,仅表示至少有一是,并不同时意味着"有些不是",也不排斥一类对象的全体都是;当我们说"有些不是"的时候,仅表示至少有一不是,并不同时意味着"有些是",也不排斥一类对象的全体都不是。

在直言命题中,如主项为单独概念,则称其为"单称命题"。单称命题就是陈述某个特定事物具有或不具有某种性质的命题。

单称肯定命题就是陈述某个特定事物具有某种性质的命题。例如:

(5) 鲁迅是文学家。

单称否定命题就是陈述某个特定事物不具有某种性质的命题。例如:

(6) 包拯不是贪官。

由于单称命题的主项是单独概念,因而单称命题与全称命题一样,都陈述了主项的全部都具有或不具有某种性质。因此,本书仅在命题间的真假关系讨论时,将单称命题单列。一般情况下,单称命题都作全称命题处理。

将上述两个分类标准结合起来,直言命题可以分为如下四类:

全称肯定命题,简称 A,其形式可表示为:SAP。

全称否定命题,简称 E,其形式可表示为:SEP。

特称肯定命题,简称 I,其形式可表示为:SIP。

特称否定命题,简称 O,其形式可表示为:SOP。

单称肯定命题的形式可表示为:SaP。

单称否定命题的形式可表示为:SeP。

二、直言命题主项、谓项的周延性

在直言命题中,如果断定了主项或谓项的全部外延,就称该主项或谓项是周延的;如果没有断定主项或谓项的全部外延,就称该主项或谓项是不周延的。

根据上述定义,我们具体分析一下 A、E、I、O 中主项谓项的周延性。

全称命题的量项断定了主项的全部外延。例如,SAP 断定了 S 类的所有分子(即全部外延)具有某种性质,SEP 断定了 S 类的所有分子都不具有某种性质。因此,主项 S 在 SAP 和 SEP 中都是周延的。

特称命题的量项没有断定主项的全部外延。例如,SIP 只断定了 S 类中有分子(但没有断定所有分子)具有某种性质,SOP 也只是断定了 S 类中有分子(但没有断定所有分子)不具有某种性质。因此,主项 S 在 SIP 和 SOP 中都是不周延的。

否定命题的联项断定了谓项的全部外延。例如,SEP 断定谓项 P 的全部外延为主项 S 全部外延所排斥,SOP 断定了谓项 P 的全部外延为 S 类中有的分子所排斥。因此,谓项 P 在 SEP 和 SOP 中都是周延的。

肯定命题的联项没有断定谓项的全部外延。例如,SAP 虽然表述了 S 类的所有分子都是 P 类分子,但是没有断定 P 类所有分子都是 S 类分子;SIP 只表述了 S 类中有分子是 P 类分子,没有断定 P 类的所有分子是 S 类分子。因此,谓项 P 在 SAP 和 SIP 中都是不周延的。

综合以上分析,可以得出结论:

1. 全称命题的主项周延。
2. 特称命题的主项不周延。
3. 肯定命题的谓项不周延。
4. 否定命题的谓项周延。

A、E、I、O 的主项或谓项的周延情况可见下表:

直言命题形式	主项	谓项
SAP	周延	不周延
SEP	周延	周延
SIP	不周延	不周延
SOP	不周延	周延

应该注意的是,周延性是形式意义上的概念,周延和不周延不是就两个具体概念的外延关系而确定的,而是根据量项和联项所作出的断定性质而确定的。

三、直言命题的真假性质

直言命题都是对主项表示的一类事物具有或不具有谓项所表示的性质的陈述,而性质总是某一类事物的性质。因此,我们可以把谓项也看做是一类事物。这样,直言命题实际上反映的是主项和谓项分别表示的两类事物之间的关系。任意两类事物(主项 S 和谓项 P)的外延之间不外乎如下图形所表示的五种关系中之一种:

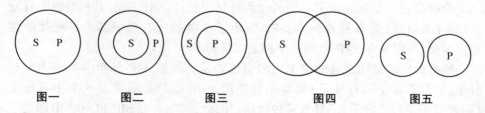

图一　　　　图二　　　　图三　　　　图四　　　　图五

据此,我们可以分析 A、E、I、O 直言命题形式的真假性质,即当主项 S 与谓项 P 具有什么外延关系时,某一命题形式的真假性质。

就 SAP 而言,它反映的是 S 类的所有分子都是 P 类分子。所以,SAP 真,当且仅当 S 与 P 是图一或图二所表示的关系;SAP 假,当且仅当 S 与 P 是图三或图四或图五所表示的关系。

就 SEP 而言,它反映的是 S 类的所有分子都不是 P 类分子。所以,SEP 真,当且仅当 S 与 P 是图五所表示的关系;SEP 假,当且仅当 S 与 P 是图一或图二或图三或图四所表示的关系。

就 SIP 而言,它反映的是 S 类中有分子是 P 类分子,但是对于 S 类中究竟有多少分子是 P 类分子并没有确定的表述。所以,SIP 真,当且仅当 S 与 P 是图一或图二或图三或图四所表示的关系;SIP 假,当且仅当 S 与 P 是图五所表示的关系。

就 SOP 而言,它反映的是 S 类中有分子不是 P 类分子,但是对于 S 类中究竟有多少分子不是 P 类分子并没有确定的表述。所以,SOP 真,当且仅当 S 与 P 是图三或图四或图五所表示的关系;SOP 假,当且仅当 S 与 P 是图一或图二表示的关系。

综合以上分析,关于四种直言命题形式的真假性质可列表如下:

命题形式类别 \ 真假情况 S与P的关系	S P（图一）	Ⓢ P（图二）	Ⓢ Ⓟ（图三）	S⊗P（图四）	S P（图五）
SAP	真	真	假	假	假
SEP	假	假	假	假	真
SIP	真	真	真	真	假
SOP	假	假	真	真	真

四、直言命题间的真假关系

根据 A、E、I、O 的真假性质(详见上表),可以确定同一素材(主项和谓项相同)的 A、E、I、O 之间的真假关系。

第一,A 与 E 之间的真假关系。

A 真,E 必假。因为当 A 真时,S 与 P 之间一定具有图一或图二的关系;而无论是图一还是图二的关系,E 总是假的。

A 假,E 真假不定,即可真可假。因为当 A 假时,S 与 P 之间可以是图三或图四或图五的关系,当 S 与 P 是图五的关系时,E 是真的;而当 S 与 P 是图三或图四的关系时,E 却是假的。

同样,E 真,A 假;E 假,A 真假不定。

总之,A 与 E 之间的真假关系是:不可同真,可以同假。这就是说,一个真,另一个必假;一个假,另一个真假不定。逻辑上称这种关系为"反对关系"。

第二,I 与 O 之间的真假关系。

I 假,O 必真。因为当 I 假时,S 与 P 之间一定具有图五的关系;而当 S 与 P 之间具有图五的关系时,O 总是真的。

I真，O真假不定。因为当I真时，S与P之间一定具有图一或图二或图三或图四的关系，当S与P之间具有图三或图四的关系时，O是真的；而当S与P之间具有图一或图二的关系时，O是假的。

同样，O假，I必真；O真，I真假不定。

总之，I与O之间的真假关系是：不可同假，可以同真。这就是说，一个假，另一个必真；一个真，另一个真假不定。逻辑上称这种关系为"下反对关系"。

第三，A与O、E与I之间的真假关系。

以A与O之间的真假关系来说，A真，O必假。因为当A真时，S与P之间一定具有图一或图二的关系；而不论是图一还是图二的关系，O总是假的。A假，O必真。因为当A假时，S与P之间一定具有图三或图四或图五的关系；而不论是图三、图四还是图五的关系，O总是真的。

同样，O真，A必假；O假，A必真。

E与I之间的真假关系同A与O之间的真假关系一样。即E真，I必假，E假，I必真；I真，E必假；I假，E必真。

总之，A与O、E与I的真假关系都是矛盾关系，即不可同真，不可同假。一个真，另一个必假；一个假，另一个必真。

第四，A与I、E与O之间的真假关系。

这两对命题的共同特点都是质相同而其中一为全称、另一为特称，它们之间的真假关系称为"差等关系"。

先看A与I之间的真假关系：

全称真，特称必真。因为当A真时，S与P之间一定具有图一或图二的关系；而不论是图一还是图二的关系，I总是真的。

全称假，特称真假不定。因为当A假时，S与P之间一定具有图三或图四或图五的关系，当S与P之间具有图三或图四的关系时，I是真的；而当S与P之间具有图五的关系时，I却是假的。

特称假，全称必假。因为当I假时，S与P之间一定具有图五的关系；而当S与P具有图五的关系时，A是假的。

特称真，全称真假不定。因为当I真时，S与P之间一定具有图一或图二或图三或图四的关系，当S与P之间具有图一或图二的关系时，A是真的；而当S与P之间具有图三或图四的关系时，A却是假的。

E与O之间的真假关系，与A与I之间的真假关系一样：全称真，特称必真；全称假，特称真假不定；特称假，全称必假；特称真，全称真假不定。

传统逻辑把上述A、E、I、O之间的真假关系称为"对当关系"。对当关系可用下面的图形表示，这就是逻辑方阵。

就命题间真假关系而言，单称肯定命题与单称否定命题间的关系是矛盾关

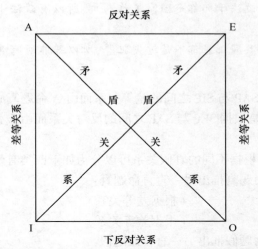

系,同质的全称命题与单称命题是差等关系,同质的特称命题与单称命题也是差等关系,不同质的全称命题与单称命题是反对关系,不同质的特称命题与单称命题是下反对关系。因此,上述对当关系的逻辑方阵图可以扩展为如下图形:

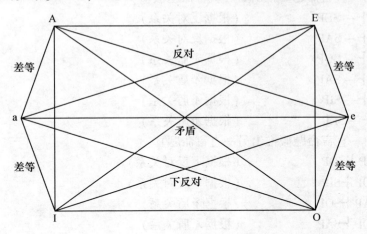

第三节 直言直接推理

直言直接推理就是根据直言命题的逻辑特性而由前提必然推出结论的推理。本节所讨论的直言直接推理是前提只有一个命题的直言命题推理。

一、对当关系推理

对当关系推理就是根据直言命题间的对当关系而由前提必然推出结论的推理。例如:

(1) 所有政法干部都是国家工作人员,所以有政法干部是国家工作人员。

(2) 所有共同犯罪都不是过失犯罪,所以并非所有共同犯罪都是过失犯罪。

例(1)是根据 SAP 与 SIP 之间的差等关系而由 A 命题真必然推出 I 命题真的结论的。例(2)是根据 SEP 与 SAP 之间的反对关系而由 E 命题真必然推出 A 命题假的结论的。

对当关系推理根据不同的真假关系可以分为如下四类有效式:

1. 由一直言命题真推出另一直言命题真:

SAP ⊢ SIP　　　　　　（根据差等关系）
SEP ⊢ SOP　　　　　　（根据差等关系）

2. 由一直言命题假推出另一直言命题假:

¬ SIP ⊢ ¬ SAP　　　　　（根据差等关系）
¬ SOP ⊢ ¬ SEP　　　　　（根据差等关系）

3. 由一直言命题真推出另一直言命题假:

SAP ⊢ ¬ SEP　　　　　（根据反对关系）
SEP ⊢ ¬ SAP　　　　　（根据反对关系）
SAP ⊢ ¬ SOP　　　　　（根据矛盾关系）
SOP ⊢ ¬ SAP　　　　　（根据矛盾关系）
SEP ⊢ ¬ SIP　　　　　（根据矛盾关系）
SIP ⊢ ¬ SEP　　　　　（根据矛盾关系）

4. 由一直言命题假推出另一直言命题真:

¬ SIP ⊢ SOP　　　　　（根据下反对关系）
¬ SOP ⊢ SIP　　　　　（根据下反对关系）
¬ SAP ⊢ SOP　　　　　（根据矛盾关系）
¬ SOP ⊢ SAP　　　　　（根据矛盾关系）
¬ SEP ⊢ SIP　　　　　（根据矛盾关系）
¬ SIP ⊢ SEP　　　　　（根据矛盾关系）

有关单称命题的直言直接推理形式不再一一列出。

二、命题变形的直接推理

命题变形的直接推理就是通过改变前提命题的形式,或者交换前提命题主谓项的位置,从而由前提推出结论的推理。例如:

(3) 任何困难都是可以克服的,所以任何困难都不是不可克服的。

(4) 所有金子都是闪光的,所以有些闪光的是金子。

例(3)改变了前提命题的质,例(4)交换了前提命题主、谓项的位置。

命题变形的方法主要有以下两种:

第一,换质法。

换质法就是改变前提命题的质,即由肯定变为否定,由否定变为肯定。运用这种方法进行推理必须遵守下列规则:

1. 换质不换位。
2. 结论与前提不同质。
3. 结论的谓项是前提谓项的矛盾概念。

换质法推理的有效式有:

$$SAP \vdash SE\bar{P}$$
$$SEP \vdash SA\bar{P}$$
$$SIP \vdash SO\bar{P}$$
$$SOP \vdash SI\bar{P}$$

第二,换位法。

换位法就是交换前提命题主、谓项的位置。运用这种方法进行推理必须遵守下列规则:

1. 换位不换质。
2. 结论的主项和谓项分别是前提的谓项和主项。
3. 前提中不周延的概念到结论中不得周延。

换位法推理的有效式有:

$$SAP \vdash PIS$$
$$SEP \vdash PES$$
$$SIP \vdash PIS$$

换质法与换位法的综合运用:

如果将换质法与换位法结合起来交替运用,在步骤上可以先换质后换位(换质位法),也可以先换位后换质(换位质法)。

换质位法推理的有效式有:

$$SAP \vdash SE\bar{P} \vdash PE\bar{S} \vdash PA\bar{S} \vdash \bar{S}IP \vdash \bar{S}OP$$
$$SEP \vdash SA\bar{P} \vdash \bar{P}IS \vdash \bar{P}O\bar{S}$$
$$SOP \vdash SI\bar{P} \vdash \bar{P}IS \vdash \bar{P}O\bar{S}$$

换位质法推理的有效式有:

$$SAP \vdash PIS \vdash PO\bar{S}$$
$$SEP \vdash PES \vdash PA\bar{S} \vdash \bar{S}IP \vdash \bar{S}OP$$

$\overline{SIP} \vdash PIS \vdash \overline{POS}$

第四节 三 段 论

一、三段论及其结构

三段论就是由一个共同概念将两个直言命题连接起来作前提,推出一个新的直言命题作结论的推理。例如:

(1) 法是统治阶级意志的表现,
　　刑法是法,
　　所以刑法是统治阶级意志的表现。

例(1)就是一个三段论,它由三个直言命题组成,"所以"之前的两个直言命题是前提,"所以"之后的直言命题是结论。"法"是两个前提中的共同概念。任何一个正确的三段论,都由三个直言命题组成,并就其主项和谓项而言,只能有三个不同的概念。如果一个三段论有四个不同的概念,就是错误的三段论。例如:

(2) 法不是一天能读完的,
　　《中华人民共和国森林法》是法,
　　所以《中华人民共和国森林法》不是一天能读完的。

例(2)是一个错误的三段论,因为第一个前提中的"法"(集合概念)和第二个前提中的"法"(非集合概念)不是同一个概念,这样两个前提中就有四个不同的概念。这种错误逻辑上称为"四概念"的错误。

作为三段论的两个前提命题和三个不同的概念都有不同的名称:
在结论中作主项的概念称"小项",一般用"S"表示;
在结论中作谓项的概念称"大项",一般用"P"表示;
在结论中不出现而在两个前提中出现两次的概念称"中项",一般用"M"表示;
包含小项的前提称"小前提";
包含大项的前提称"大前提"。
在例(1)中,中项是"法",小项是"刑法",大项是"统治阶级意志的表现",推理形式是:

$$\frac{\begin{array}{ccc} M & A & P \\ S & A & M \end{array}}{\begin{array}{ccc} S & A & P \end{array}}$$

二、三段论的格与式

三段论的格,就是由于中项在两个前提中所处的不同位置而构成的不同三段论形式。

在一个三段论中,中项可以在大前提中处于主项位置,在小前提中处于谓项的位置;或者同时处于谓项位置;或者同时处于主项位置;或者在大前提中处于谓项位置,在小前提中处于主项位置。中项在大小前提中所处的上述不同位置可用下列图式表示:

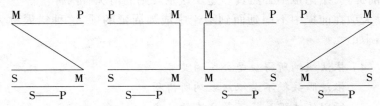

传统逻辑依次称上述四种形式为"第一格"、"第二格"、"第三格"和"第四格"。应当注意,三段论的格一旦确定,不仅确定了中项在大小前提中的位置,而且使大项和小项在前提中的位置也随之确定下来。

三段论的式,就是 A、E、I、O 在大小前提和结论中的不同组合所构成的不同三段论形式。例如,若大前提、小前提和结论都是 A 命题,则这个三段论就是 AAA 式。由于三段论中的大小前提和结论均可分别取 A、E、I、O 中的任一种命题形式,因此三段论可以有 64 个不同的式。

如果将三段论的格与式综合考虑,三段论则有 256 个不同的可能式。

三、三段论的规则

在三段论的所有可能式中,绝大多数是无效的。关于如何判定三段论形式的有效与否,逻辑学给出了以下一组规则:

1. 三段论的一般规则

规则1 中项至少要周延一次

三段论的结论反映了小项与大项之间的某一种确定的关系,而这种关系是通过中项的媒介作用确立的。如果中项在两个前提中一次也不周延,那么可能出现:大项与中项的某一部分发生关系,而小项与中项的另一部分发生关系。这样,小项与大项之间的关系就不能确定,即不能从前提必然推出结论。违反这条规则所犯的错误,称为"中项不周延"。例如:

(3) 凡实体法是法,

　　 凡程序法是法,

所以程序法是实体法。

例(3)之所以不正确,是因为中项"法"在大小前提中一次也不周延,即犯了"中项不周延"的错误。

规则2 前提中不周延的项,到结论中不得周延

三段论推理是必然性推理,这就要求某一概念在结论中所表述的对象范围不能超出它在前提中所表述的范围。如果某一概念在前提中不周延而到结论中周延,那么它在结论中所表述的对象范围就超出了在前提中所表述的范围。这样,即使前提真,结论也不必然真。违反这条规则的情况有两种:

一是大项在前提中不周延而到结论中成为周延的项,这种错误称为"大项扩大"。例如:

(4) 依法缴纳所得税是公民的义务,
　　依法服兵役不是依法缴纳所得税,
　　所以依法服兵役不是公民的义务。

例(4)的错误在于大项"公民的义务"在前提中不周延而到结论中却周延了。

二是小项在前提中不周延而到结论中成为周延项,这种错误叫做"小项扩大"。例如:

(5) 刑法学是有阶级性的,
　　刑法学是科学,
　　所以科学是有阶级性的。

例(5)的错误在于小项"科学"在前提中不周延而到结论中却周延了。

规则3 如果两个前提都为肯定,则结论必为肯定;如果结论是肯定的,则两前提均为肯定

如果两前提都是肯定的命题,则在前提中中项与大项、小项之间的关系都是相容的。这样,在结论中小项与大项间的关系就不可能是相排斥的,即结论为肯定。同理可得:如果结论是肯定的,则两前提均为肯定。

规则4 两个否定前提推不出结论

如果两个前提都是否定命题,那么大项的全部或部分外延与中项外延相排斥,小项的全部或部分外延与中项外延相排斥,这样就不能通过中项在小项和大项之间建立确定的关系。例如,以"小偷小摸行为不是高尚的行为"和"赵海的行为不是小偷小摸的行为"为三段论推理的大小前提,由于前提都是否定命题,就不能确定赵海的行为是否高尚。

规则5 如果前提有一否定,则结论必为否定;如果结论否定,则两前提之

一必有一否定

若前提有一否定,根据规则 3、4,则另一个前提必为肯定。由于前提中的否定命题所反映的是中项与大项或小项相排斥的关系,另一肯定命题反映的是中项与大项或中项相容的关系,因而小项与大项之间的关系只能是排斥的,即结论只能是否定的。如果结论否定,根据规则 3、4,则两前提不可能同为肯定或否定。例如:

（6）凡合格的审判员都不是脱离群众的,
孙华是合格的审判员,
所以孙华不是脱离群众的。

又如:

（7）凡合格的审判员都是廉洁的,
李仁不廉洁,
所以李仁不是合格的审判员。

一个三段论当且仅当遵守了上述每一条规则,才是形式有效的三段论。若违反了其中任何一条规则,就是形式无效的三段论。有了上述一组规则,我们就可以判定任一三段论的形式有效与否。

由上述五条规则还可以推导出规则 6、7,它们相对于规则 1—5 来说是导出规则。

规则 6　两个特称前提推不出结论

大、小前提均为特称的组合情况不外乎这样四种:II,OO,IO,OI。

如果是 II,由于违反第一条规则,即"中项不周延"而不能得结论。

如果是 OO,由于是两个否定前提,根据规则 4 不能得结论。

如果是 IO 或 OI,由于两个前提中只有一个周延项,根据规则 1,这个周延项必须给中项,否则会犯"中项不周延"的错误。这样,大项在前提中就不周延,又由于前提有一否定,则结论必为否定,因而结论中的大项是周延的。这就导致前提不周延的大项到结论中成为周延项,即"大项扩大"。因此,这两种组合是不能得结论的。

综上可得:两个特称前提推不出结论。

规则 7　前提有一个特称命题,如果得结论,则必为特称

大、小前提中有一特称命题的组合情况不外乎这样八种:AI 或 IA,AO 或 OA,EI 或 IE,EO 或 OE。

若是 EO 或 OE,则由于是两个否定前提,根据规则 4,不能得结论。

若是 IE,由于大前提为特称肯定,大项在前提中不周延,又由于小前提否定,根据规则 5,结论必否定;而结论否定,大项在结论中周延,根据规则 2,就不

能得结论。

若是 AI 或 IA,由于两个前提中只有一个项周延,根据规则 1,这个周延的项只能给中项,而小项在前提中不周延。这样,再根据规则 2,小项在结论中不得周延,所以得结论只能为特称。

若是 AO、OA 或 EI,由于前提中有一否定,根据规则 5,结论必为否定。如果得全称结论,则大、小项在结论中均周延。又根据规则 1,中项在两前提中至少周延一次,这就要求大项、小项和中项在前提中都周延。而这三种组合的前提中周延位置只有两个,无法满足大项、小项和中项在前提中都周延,因此不能得全称结论而只能得特称结论。

综上可得:前提有一个特称命题,如果得结论,则必为特称。

2. 三段论格的规则

根据三段论的一般规则并结合四个不同的格,可导出每个格的特殊规则。

第一格的特殊规则:小前提必须肯定,大前提必须全称。

先证明小前提必须肯定:若小前提否定,根据一般规则 4,大前提必须肯定;根据一般规则 5,结论为否定,大项在结论中周延;根据一般规则 2,大项在前提中必须周延;而大项在第一格的大前提中处在谓项的位置,要使其周延,则大前提必须为否定命题。这样,若小前提否定,则大前提既要肯定又要否定。因此,小前提不能否定,只能肯定。

再证明大前提必须全称:由于中项在小前提中是谓项,且小前提必须肯定已经得到证明,这样中项在小前提中不周延;根据一般规则 1,中项在大前提中必须周延,而中项在大前提中处在主项的位置,要使其周延,大前提必须全称。

运用一般原理解决特殊情况的思考,大多用第一格的三段论。例如:

(8) 凡犯罪行为都是依法应受刑罚处罚的,
　　贪污罪是犯罪行为,
　　所以贪污罪是依法应受刑罚处罚的。

这个三段论是把"凡犯罪行为都是依法应受刑罚处罚的"这一一般原理应用于犯罪行为的特殊场合之一"贪污罪",从而推出"贪污罪是依法应受刑罚处罚的"这个结论。第一格是三段论中应用得最广泛、最自然的形式,并由于它可得出 A、E、I、O 中任一命题为结论,所以被称为"完善格"和"典型格"。

第二格的特殊规则:前提中必须有一否定,大前提必须全称。

先证明前提中必须有一否定:若两前提均为肯定,由于中项在第二格都处在谓项的位置,则中项在前提中得不到周延,因而前提中必须有一否定。

再证明大前提必须全称:既然前提必须有一否定,根据一般规则 5,结论必否定,而大项在结论中是周延的;为了不犯"大项扩大"的错误,大项在前提中必须周延,而第二格大项在大前提中处在主项位置,要使其周延,大前提必须全称。

由于第二格的两前提必有一否定,因而结论都是否定的,所以由第二格得出的结论可以揭示不同事物之间的区别。例如:

(9) 故意杀人罪都是非法故意剥夺他人生命的行为,
  某甲的行为不是非法故意剥夺他人生命的行为,
  所以某甲的行为不是故意杀人罪。

这个三段论的结论通过否定命题揭示出"某甲的行为"与"故意杀人罪"之间的区别。

第三格的特殊规则:小前提必须肯定,结论必须特称。

先证明小前提必须肯定:若小前提否定,根据一般规则4,大前提必须肯定;若小前提否定,根据一般规则5,结论为否定,大项在结论中周延;根据一般规则2,大项在前提中必须周延;而大项在第一格的大前提中处在谓项的位置,要使其周延,则大前提必须为否定命题。这样,若小前提否定,则大前提既要肯定又要否定。因此,小前提不能否定,只能肯定。

再证明结论必须特称:由于小前提必须肯定已经证明,所以小项在第三格的小前提中不周延;根据一般规则2,为了不犯"小项扩大"的错误,结论必须为特称。

由于第三格的结论都是特殊命题,所以当以某一例外情况反驳全称命题时常常运用第三格。例如:

(10) 过失犯罪没有犯罪动机,
  过失犯罪是犯罪,
  所以有些犯罪没有犯罪动机。

例(10)所获得的结论可以反驳这样一个全称肯定的命题:所有犯罪都有犯罪动机。

第四格的特殊规则:如果前提中有一个否定,则大前提必须是全称;如果大前提肯定,则小前提必须全称;如果小前提肯定,则结论只能特称。

对于这三条特殊规则,可按照第四格的特点,根据三段论一般规则加以证明。

根据上述规则对三段论的所有可能式作筛选,首先列出三段论大小前提的所有可能的组合形式:AA、AE、AI、AO、EA、EE、EI、EO、IA、IE、II、IO、OA、OE、OI、OO。接着,根据三段论规则删掉那些不能得结论的前提组合,即按照规则6,删掉 II、IO、OI 和 OO 的组合;再按照规则4,删掉 EE、EO 和 OE 的组合;然后按照规则5 和2,删掉 IE 的组合。这样,剩下能得结论的组合就是:AA、AE、AI、AO、EA、EI、IA、OA。最后,再根据三段论推理规则3、5、7,便可确定下列11 式是有效的:AAA、AAI、AEE、AEO、EAE、EAO、AII、IAI、EIO、AOO、OAO。

再将上述11 个有效式结合各格的规则进行筛选,可得出下列24 个有效式:

第一格	第二格	第三格	第四格
AAA	AEE	AAI	AAI
EAE	EAE	EAO	EAO
AII	AOO	AII	AEE
EIO	EIO	EIO	EIO
（AAI）	（AEO）	IAI	IAI
（EAO）	（EAO）	OAO	（AEO）

表中加括号的为弱式，弱式是指根据已有的前提本可以得出全称命题的结论，而只得了特称命题的结论，在证明力方面相对较弱。

四、三段论的省略式

三段论的省略式又称"省略三段论"。三段论由大前提、小前提和结论组成，就形式结构而言，这三部分缺一不可，但在语言表达上常常可以省略其中的某一部分。这就是说，省略三段论是指三段论省略大前提、小前提或结论的语言表达形式。

例如："你是领导干部，所以你应带头守法。"这是一个省略大前提的三段论。若把被省略部分补上，这一完整的三段论就是：

凡领导干部都应带头守法，
你是领导干部，
所以你应带头守法。

又如："凡肯定命题的谓项都是不周延的，所以这一命题的谓项是不周延的。"这是一个省略小前提的三段论。若把被省略部分补上，这一完整的三段论就是：

凡肯定命题的谓项都是不周延的，
这一命题的谓项是肯定命题的谓项，
所以这一命题的谓项是不周延的。

再如："凡犯罪都是危害社会的，渎职罪是犯罪。"这是一个省略结论的三段论。若把被省略部分补上，这一完整的三段论就是：

凡犯罪都是危害社会的，
渎职罪是犯罪，
所以渎职罪是危害社会的。

省略三段论的好处在于表达上的简单明了，因此应用极广。但是，由于省略，也容易掩盖错误。为了检查一个省略三段论是否正确，就先得把被省略的部

分补出来,然后用规则检验。其步骤如下:

第一步,要确定省略的是前提还是结论。

一般地说,如果两个直言命题中存在三个不同概念,那就有可能是一个省略三段论。如果这两个直言命题是具有推出关系的因果复句,那就可以确定它是省略前提的三段论;如果这两个直言命题是一个具有并列关系的复句,那就可以确定它是省略结论的三段论。

对于省略前提的三段论,可以根据"所以句"的主项概念(即小项)是否在"因为句"中出现判明它省略了哪一个前提。如果"所以句"的主项概念(即小项)在"因为句"中出现,那就可以判明它省略了大前提;如果没有出现,那就可以判明它省略了小前提。

第二步,恢复省略部分,并检查推理是否正确。

如果省略的是大前提,可以把前提句中的中项(即结论句中不出现的那个概念)和结论句中的谓项(即大项)联结成一个直言命题(即大前提)。

如果省略的是小前提,可以把结论句中的主项(即小项)和前提句中的中项联结成一个直言命题(即小前提)。

如果省略的是结论,可以把两个直言命题中的共同概念作为中项,而把其他两个概念(即小项和大项)联结成一个直言命题(即结论)。

在恢复过程中,应充分考虑到三段论的各项规则。

在恢复省略部分后,如果发现结论虚假,则可确定该三段论形式无效或前提虚假。

第五节　关系命题与关系推理

一、关系命题和关系的性质

1. 什么是关系命题

关系命题也是简单命题,它是陈述事物之间具有或不具有某种关系的命题。例如:

(1) 甲厂赞助乙学校。
(2) 人民法院工作与人民检察院工作是密切联系的。

例(1)、(2)都是关系命题。例(1)陈述了"甲厂"与"乙学校"之间具有"赞助"关系。例(2)陈述了"人民法院工作"与"人民检察院工作"之间具有"密切联系"的关系。

关系可以存在于两个(或两类)事物之间,也可以存在于两个(或两类)以上的事物之间。例如:"有期徒刑是介于拘役和无期徒刑之间的一种刑罚。"其中,

"……介于……和……之间"就是三类事物(有期徒刑、拘役和无期徒刑)之间的一种关系。存在于两个或两类事物之间的关系,逻辑上称为"两项关系";存在于三个或三类事物之间的关系,逻辑上称为"三项关系";其余以此类推。本书只介绍陈述两项关系的关系命题。

任何关系命题都由三个部分组成:

第一是关系。例(1)、(2)中的"赞助"和"密切联系"就是关系。

第二是关系项,它是关系的承担者。例(1)中的"甲厂"和"乙学校"、例(2)中的"人民法院工作"和"人民检察院工作"都是关系项。

第三是量项,即表示关系项数量状况的量词。例如:

(3) 有的选举人赞成所有的候选人。

在例(3)中,"有的"和"所有的"就是量项。

如果用"R"表示"关系",用"a"和"b"分别表示"关系项",并限定"a"、"b"表示的关系项都是单独概念,那么具有两项关系的关系命题的逻辑结构是:

aRb

或者:R(ab)

关系命题与直言命题的区别在于:关系命题陈述的是事物之间的关系,而直言命题陈述的是事物具有或不具有某种性质。

关系命题与联言命题在语言表达上很相似,但两者也是有区别的。例如:

(4) 小张和小吴都是山东人。

(5) 小张和小吴是同乡。

例(4)、(5)两个命题在语言表达方面非常类似。例(4)是由两个命题组成的,它可分解为:"小张是山东人"和"小吴是山东人"。由于这两个命题的谓项是相同的,因此在表达时省略了一个谓项。例(5)却不能分解为"小张是同乡"和"小吴是同乡"这样两个命题,因为"同乡"是一种关系。同乡关系至少存在于两人之间,仅就"小张"一人来说,是谈不上什么"同乡"的。

2. 关系的性质

(1) 关系的对称性、反对称性、非对称性

在特定的对象域,关系 R 是否对称是指当 aRb 真时,bRa 是否真的问题。这有三种情况:

① 当 aRb 真时,bRa 恒真,则关系 R 具有对称性。例如,"同乡"就是对称性关系。因为若甲与乙同乡,则乙与甲一定是同乡。还有如两个概念之间的"交叉关系"、两个命题之间的"矛盾关系"、"邻居"、"同事"等都是对称性的关系。

② 当 aRb 真时,bRa 恒假,则关系 R 具有反对称性。例如,"大于"就是反对称性关系。因为若 5 大于 3,则 3 必不大于 5。还有如两个概念之间的"真包含

关系"、"重于"、"早于"等也都是反对称性的关系。

③ 当 aRb 真时，bRa 未必真（即有时真有时假），则关系 R 具有非对称性。例如，"信任"就是非对称性关系。因为若甲信任乙，则乙也许信任甲，也许不信任甲。还有如命题间的"蕴涵关系"、"帮助"、"喜欢"等也都是非对称关系。

（2）关系的传递性、反传递性、非传递性

在特定的对象域，关系 R 是否传递是指当 aRb 真并且 bRc 真时，aRc 是否恒真的问题。这也有三种情况：

① 当 aRb 真并且 bRc 真时，aRc 恒真，则关系 R 具有传递性。例如，"大于"就是传递关系。因为，若 5 大于 3 并且 3 大于 2，则 5 必大于 2。还有如概念间的"真包含关系"、"小于"、"轻于"等都是传递关系。

② 当 aRb 真并且 bRc 真时，aRc 恒假，则关系 R 具有反传递性。例如，父子关系就是反传递性关系，如果甲和乙是父子关系，并且乙和丙是父子关系，则甲和丙一定不是父子关系。还有如"母女"、"年长一岁"等都是反传递性关系。

③ 当 aRb 真并且 bRc 真时，aRc 未必真（即有时真有时假），则关系 R 具有非传递性。例如，"认识"就是非传递性关系。因为若甲认识乙并且乙认识丙，则甲也许认识丙，也许不认识丙。还有如"支援"、"帮助"、"战胜"等也都是非传递性关系。

二、纯粹关系推理

关系推理有纯粹关系推理和混合关系推理之分。纯粹关系推理是前提和结论都是关系命题，并根据关系的性质而由前提必然推出结论的推理。例如：

（6）甲案先于乙案发生，
　　所以乙案晚于甲案发生。

（7）老李是大李的父亲，
　　大李是小李的父亲，
　　所以老李不是小李的父亲。

纯粹关系推理根据前提中关系命题的数量，可以分直接关系推理和间接关系推理。

所谓直接关系推理，就是以一个关系命题为前提，并根据关系的对称性或反对称性，必然推出另一个关系命题为结论的推理。例如：

（8）A 与 B 交叉，
　　所以 B 与 A 交叉。

例（8）就是一个直接关系推理，它是根据"交叉"这一关系的对称性而推演的，因此逻辑上称为"对称关系推理"，其形式结构为：

$$\frac{aRb}{bRa}$$

或者：aRb ⊢ bRa

又如：

(9) A 大于 B，
　　所以 B 不大于 A。

例(9)也是一个直接关系推理，它是根据"大于"这一关系的反对称性而推演的，因此逻辑上称为"反对称性关系推理"，其形式结构为：

$$\frac{aRb}{\overline{bRa}}$$

或者：aRb ⊢ $\overline{bRa}$

运用直接关系推理时，应注意不要把非对称性关系当做关系推理依据。因为若根据非对称性关系进行推演，其结论未必可靠，这就违反了必然性推理的逻辑特性。例如："甲认识乙，所以乙认识甲。"这一推理的结论就不具有必然性，因为"认识"是非对称性关系。

所谓间接关系推理，就是以多个关系命题为前提，并依据关系的传递性或反传递性，必然推出另一个关系命题为结论的推理。例如：

(10) A 真包含于 B，
　　　B 真包含于 C，
　　　所以 A 真包含于 C。

例(10)就是一个间接关系推理，它是根据"真包含于"这一关系的传递性而推演的，因此逻辑上称为"传递关系推理"，其形式结构为：

$$\frac{\begin{array}{c}aRb\\bRc\end{array}}{aRc}$$

或者：aRb，bRc ⊢ aRc

又如：

(11) 甲比乙大两岁，
　　　乙比丙大两岁，
　　　所以并非甲比丙大两岁。

例(11)也是一个间接关系推理，它是根据"……比……大两岁"这一关系的反传递性而推演的，因此逻辑上称为"反传递性关系推理"，其形式结构为：

aRb

bRc

aRc

或者:aRb,bRc ⊢aRc

运用间接推理时,应注意不要把非传递关系当做关系推理的依据。因为若根据非传递关系进行推演,其结论未必可靠。例如:"甲队战胜乙队,乙队战胜丙队,所以甲队战胜丙队。"这一推理就不能成立,因为"战胜"是非传递性关系。

三、混合关系推理

混合关系推理是以一个关系命题和一个直言命题为前提,并根据前提命题逻辑特性而必然推出另一关系命题为结论的推理。例如:

(12) 所有的正数大于所有的负数,
　　　0.1 是正数,
　　　所以 0.1 大于所有的负数。

(13) 有的选民赞成有的候选人,
　　　所有的候选人是青年,
　　　所以有的选民赞成有的青年。

混合关系推理的特点在于:它是以两个前提中的一个共同概念为媒介,用直言命题的主项(或谓项)去替换关系命题中的一个关系项,从而形成新的关系命题为结论。混合关系推理的规则是:

第一,媒介概念至少要在前提中周延一次。前提中关系命题的任一关系若与直言命题的主项(或谓项)为同一概念,该概念就是媒介概念,但它必须周延一次才能发挥媒介作用。

第二,前提不周延的项到结论中不得周延。

第三,直言前提必须肯定。

第四,结论中的关系必须与前提中的关系保持同一。

符合上述四条规则的混合关系推理都是正确的推理。例(12)、(13)都是符合上述四条规定的,所以都是正确的。违反上述规则中的任何一条,都是不正确的混合关系推理。例如:

(17) 有的选民赞成所有的候选人,
　　　赵六是选民,
　　　所以赵六赞成所有的候选人。

这一推理不正确,因为它违反了推理规则1,即"选民"这一媒介概念在两个前提中一次也没有周延。

第六节 谓词演算

谓词演算与命题演算合称为"两个演算",是现代逻辑的基础。

命题演算的基本单位是命题,谓词演算的基本单位是概念(词项)和命题。命题演算可视为谓词演算的子系统,因此命题演算中的公理、已证定理也都可视为谓词演算中推演证明的出发点,命题演算中的推理规则同样可视为谓词演算中的部分推理规则。

一、简单命题的表达式

传统逻辑把简单命题分为直言命题(性质命题)和关系命题,现代逻辑把它们纳入同一系统中加以研究。

(一)个体词 谓词 原子式

传统逻辑里的单称直言命题的主项(表示特指的个体)与关系命题中的关系项,在谓词演算中统称为"个体词";直言命题的谓项与关系命题中的关系项,在谓词演算中统称为"谓词"。

① <u>赵某</u>(是罪犯)。
② <u>杭州</u>不(是直辖市)。
③ <u>A 命题</u>(等值于)<u>B 命题</u>。
④ <u>张三</u>、<u>李四</u>、<u>王五</u>不(是同案犯)。

上述四例中,有下划线的都是个体词。

当人们思考或者讨论问题时,都有一个明确的范围,这就是论域。论域中的元素,即思考或者讨论问题时所涉及的对象叫做"个体"。一般而言,个体不能是空类对象。

个体词是表示思维对象个体的词项,我们用小写字母"a"、"b"、"c"等表示确定的、特指的个体,称为"个体常项";用小写字母"x"、"y"、"z"表示不确定的个体,称为"个体变项"。上述四例中,有下划线的是个体常项。

上述四例中,括号里的是谓词。

谓词是表示个体性质或若干个体之间关系的词项,我们用大写字母"F"、"G"、"H"、"P"等表示谓词。确定的谓词称为"谓词常项",不确定的谓词称为"谓词变项"。上述四例中,括号内的是谓词常项。例①—④的命题形式可以表达为:

① F(a) 　　　　读作:a(赵某)是 F(罪犯)。
② ¬G(a) 　　　 读作:a(杭州)不是 G(直辖市)。

③ H(a、b)　　　　　读作:a(A命题)和b(B命题)有关系H(等值于)。
④ ¬P(a、b、c)　　　读作:a(张三)、b(李四)、c(王五)之间没有关系P(同案犯)。

例①、②中的个体词只有一个,所以其中的谓词F和G是一项谓词,一项谓词往往表示事物的性质;例③中的个体词有两个,所以其中的谓词H是二项谓词;例④中的个体词有三个,所以其中的谓词P是三项谓词。二项或二项以上的谓词往往表示若干个体之间的关系。表示n个个体之间关系的谓词,叫做"n项谓词"($n \geq 1$),亦称"n元谓词"。

由谓词和个体词构成的公式叫"原子式"。例①—④是原子式。

(二) 量词及其辖域　约束公式　一阶逻辑

在谓词演算中的量词有两类:全称量词和存在量词。

全称量词表示为:$\forall_x$,读作"对任一x而言"。

存在量词表示为:$\exists_x$,读作"至少有一个x",或"至少存在一个x"。

量词右下标的x是个体变项,表示不确定的个体。

被量词限制、约束的范围是量词的辖域。量词的辖域包括:量词右下标的个体变项(x、y、z等)、量词后最短的公式。如量词后有括号,则整个括号内是量词的辖域。例如:

⑤　$\forall_x (H_{(x)} \rightarrow \exists_y (G_{(y)} \wedge R(y,x)))$
　　　　　　　　|———$\exists_y$辖域———|
　　　|——————$\forall_x$辖域——————|

⑥　$\forall_x P_{(x,y,z)} \wedge S_{(x,y,z)}$
　　　|——$\forall_x$辖域——|

个体变项以两种方式(约束变项或自由变项)出现在公式里。

个体变项是约束变项,当且仅当它出现在量词的辖域里,并且量词里有与它相同的个体变项。例⑤中的个体变项x、y在量词辖域里,并且量词里有x、y,所以它们是约束变项。

一个个体变项是自由变项,当且仅当它或者不在量词的辖域里,或者量词里没有与它相同的个体变项。例⑥中的个体变项x在公式"$\forall_x P_{(x,y,z)}$"里是约束变项,在公式"$S_{(x,y,z)}$"里则是自由变项。其中的个体变项$y、z$始终是自由变项。

有量词约束限制的原子式,就是约束公式。例⑤、⑥是约束公式。约束公式中的变项经解释(变项替换具体内容)后,就有了固定的真值。

在谓词逻辑中，把量词仅用于个体变项的，是一阶逻辑，亦称"狭谓词逻辑"或"一阶谓词逻辑"。把量词也用于命题变项和谓词变项的，就是广义谓词逻辑。本书主要讨论一阶逻辑（狭谓词演算）。

（三）A、E、I、O 的表达式

把量词与原子式结合，传统逻辑中的四种直言命题表示如下：

SAP 表示为：$\forall_x(S_{(x)} \to P_{(x)})$，读作"对任一 x 而言，如果 x 是 S，则 x 是 P"。

例如："所有的昆虫都有三对脚"，读作"对任一 x 而言，如果 x 是昆虫，则 x 是有三对脚"。

SEP 表示为：$\forall_x(S_{(x)} \to \neg P_{(x)})$，读作"对任一 x 而言，如果 x 是 S，则 x 不是 P"。

例如："所有的上层建筑都不是经济基础"，读作"对任一 x 而言，如果 x 是上层建筑，则 x 不是经济基础"。

SIP 表示为：$\exists_x(S_{(x)} \wedge P_{(x)})$，读作"至少有一个 x，x 是 S，并且 x 是 P"。

例如："有的金属是固体"，读作"至少有一个 x，x 是金属，并且 x 是固体"。

SOP 表示为：$\exists_x(S_{(x)} \wedge \neg P_{(x)})$，读作"至少有一个 x，x 是 S，并且 x 不是 P"。

例如："有的违法行为不是犯罪"，读作"至少有一个 x，x 是违法行为，并且 x 不是犯罪"。

在谓词演算中，A、E、I、O 四种直言命题的主项和谓项都视为谓词，谓词分别加上个体变项而构成两个原子式。全称命题用"→"（蕴涵）联结两个原子式，而特称命题用"∧"（合取）联结两个原子式。当然，也有例外，例如：

⑦ 任何事物都是变化发展的。（SAP）

若表达为：$\forall_x(S_{(x)} \to P_{(x)})$，则读作"对任一 x 而言，如果 x 是事物，则 x 是变化发展的"。

因为 x 是个体变项，其本身是指任一事物（个体），所以正确的表达是：

表达式：$\forall_x P_{(x)}$　　　（P 表示谓词"是变化发展的"）

读作："对任一 x 而言，x 是变化发展的。"

使用这些符号，不但可以表述传统逻辑中的一般命题和推理，还可以表述传统逻辑中难以表述的命题和推理。

例如，传统逻辑中的"SAP⊢PIS"可以表达为：

$$\forall_x(S_{(x)} \to P_{(x)}) \vdash \exists_x(P_{(x)} \wedge S_{(x)})$$

传统逻辑中的三段论第一格 EAE 式可以表达为：

$$\forall_x(M_{(x)} \to \neg P_{(x)}) \wedge \forall_x(S_{(x)} \to M_{(x)}) \vdash$$
$$\forall_x(S_{(x)} \to \neg P_{(x)})$$

⑧ 所有的选民都支持有些候选人。

我们用"H"、"G"、"R(x,y)"分别表示"选民"、"候选人"、"x支持y"。
例⑧可表达为：$\forall_x(H_{(x)} \to \exists_y(G_{(y)} \wedge R(x,y)))$

⑨ 有些候选人得到所有的选民支持,所以所有的选民都支持有些候选人。

我们用"H"、"G"、"R(y, x)"分别表示"选民"、"候选人"、"y得到x支持"。
例⑨可表达为：$\exists_y(G_{(y)} \wedge \forall_x(H_{(x)} \to R(y, x))) \vdash$
$\forall x(H_{(x)} \to \exists_y(G_{(y)} \wedge R(y, x)))$

（四）普遍有效性

在命题逻辑中,一推理形式是有效的,当且仅当前提真,则结论必然真。有效的推理形式必然是重言蕴涵式,可以用真值表方法,在有穷的步骤内,证明其永真的性质。

在谓词逻辑中,也有一些蕴涵式,其永真的性质很直观。例如：（下列三例中,x不是空类）

⑩ $\forall_x(S_{(x)} \to P_{(x)}) \to \exists_x(S_{(x)} \wedge P_{(x)})$
⑪ $\exists_x(S_{(x)} \wedge \neg P_{(x)}) \to \exists_x(S_{(x)}) \wedge \exists_x(\neg P_{(x)})$
⑫ $\forall_{y,z} S_{(x)} \to S_{(y)}$

上述三例中,不论其中变项取什么值,它们永真蕴涵的性质不变。在一阶逻辑中,这种公式叫"普遍有效式"。

在一阶逻辑中,一个推理蕴涵式是普遍有效式,当且仅当对公式中的命题变项、个体变项和谓词变项作任意解释（实例替换）,该公式永真。但是,普遍有效式不能用真值表的方法判定其有效性。

普遍有效式是一阶逻辑中的有效推理式,是谓词公理系统中的公理或可证定理。

二、公理系统

一阶逻辑的公理系统很多,其差异主要在于公理的选择不同。下面是《数理逻辑基础》（希尔伯特著）中的公理系统。

（一）初始符号

1. 个体变项：x,y,z……
2. 命题变项：p,q,r……
3. 谓词变项：F( ),G( ),H( )……

4. 逻辑联结词：¬、∧、∨、→、↔
5. 量词：全称符号∀$_x$，存在符号∃$_x$
6. 断定符号：⊢
7. 括号：(,)
8. 逗号：,
9. 其他语法符号

(1) 任一命题变项：π
(2) 任一个体变项：Δ
(3) 任一谓词变项：Γ
(4) 任一符号序列：X、Y、Z
(5) 任一合式公式：A、B、C、D

(二) 合式公式的形成规则

1. 命题变项是合式公式。
2. 原子式(含有个体词和谓词的表达式)是合式公式。
3. 若 A 是合式公式，则¬A 是合式公式。
4. 若 A、B 是合式公式，且无一个体变项 Δ，Δ 在 A、B 中的一个公式里是约束的，而在另一个公式里是自由的，则 A∧B、A∨B、A→B、A↔B 是合式公式。
5. 若 A 是合式公式，且个体变项 Δ 在 A 中是自由的，则∀$_Δ$A 和∃$_Δ$A 是合式公式。
6. 除上述各条外，没有合式公式。

(三) 变形规则

1. 命题变项代入规则：公式中命题变项 π 可以由公式 A 代入。

但必须满足：

① 处处代入，即命题变项 π 出现的地方都代入公式 A。
② 代入后仍为合式公式。

2. 个体变项代入规则：公式中的自由个体变项 Δ1 可以由个体变项 Δ2 代入。

但必须满足：

① 代入后，个体变项 Δ2 仍是自由的。
② 处处代入，即个体变项 Δ1 出现的地方都代入个体变项 Δ2。

3. 谓词变项代入规则：公式中的谓词变项 Γ 可以由公式 A 代入。

但必须满足：

① 若谓词变项 Γ 是 n 项的，则公式 A 中必须有 n 个变项。
② 代入后，公式 A 中的其他自由变项不可变为约束变项。
③ 代入后，公式 A 中的约束变项不可变为自由变项。

4. 分离规则:从公式 A 和 A→B 可得公式 B。
5. 全称量词引入规则:A→Γ_Δ ⊢ A→$\forall_\Delta \Gamma_\Delta$

但必须满足:个体变项 Δ 在 A 中不出现。

6. 存在量词引入规则:Γ_Δ→A ⊢ $\exists_\Delta \Gamma_\Delta$→A

但必须满足:个体变项 Δ 在 A 中不出现。

7. 定义置换规则:被定义项和定义项的真值相同,可以相互替换。
8. 约束变项易字规则:公式中的约束个体变项 Δ1 可以由个体变项 Δ2 替换。

但必须满足:

① 在约束 Δ1 的量项辖域内,处处以 Δ2 替换 Δ1。
② 若 Δ1 出现在数个量项辖域,替换可以只在一个辖域内进行。
③ 替换后 Δ2 在该公式内不可变为自由变项。
④ 替换后仍为合式公式。

(四) 括号省略规则

与命题演算相同,兹不赘述。

(五) 定义与公理

定义

①	A→B	定义为	¬A∨B
②	A∧B	定义为	¬(¬A∨¬B)
③	A↔B	定义为	(A→B)∧(B→A)
④	$\exists_\Delta(\Gamma_\Delta)$	定义为	$\neg\forall_\Delta(\neg\Gamma_\Delta)$

公理

公理 1	(p∨p)→p
公理 2	p→(p∨q)
公理 3	(p∨q)→(q∨p)
公理 4	(q→r)→((p∨q)→(p∨r))
公理 5	$\forall_x F_{(x)} \to F_{(y)}$ ①
公理 6	$F_{(y)} \to \exists_x F_{(x)}$ ②

(六) 定理的推演证明

公理是公理系统推演和证明的出发点,谓词公理系统推演和证明定理的过程与命题公理系统相同。下面是推导出定理的具体步骤和过程。

---

① 公理 5 中的 $F_{(y)}$ 是 $F_{(x)}$ 的替换实例。公理 5 表示:如果一切事物$_{(x)}$都具有性质 F,那么某事物$_{(y)}$也具有性质 F。

② 公理 6 中的 $F_{(x)}$ 是 $F_{(y)}$ 的替换实例。公理 6 表示:如果一事物$_{(y)}$具有性质 F,那么存在某事物$_{(x)}$也具有性质 F。

定理1　　　$\forall_x(F_{(x)} \vee \neg F_{(x)})$

证明：

①	$(q \to r) \to ((p \vee q) \to (p \vee r))$	公理4
②	$(q \to r) \to ((\neg p \vee q) \to (\neg p \vee r))$	①代入规则 $\neg p/p$
③	$(q \to r) \to ((p \to q) \to (p \to r))$	②定义置换规则
④	$p \to (p \vee q)$	公理2
⑤	$p \to (p \vee p)$	④代入规则 p/q
⑥	$(p \vee p) \to p$	公理1
⑦	$(p \vee p \to p) \to ((p \to p \vee p) \to (p \to p))$	③代入规则 $p \vee p/q, p/r$
⑧	$(p \to p \vee p) \to (p \to p)$	⑥、⑦分离规则
⑨	$p \to p$	⑤、⑧分离规则
⑩	$\neg p \vee p$	⑨定义置换规则
⑪	$(p \vee q) \to (q \vee p)$	公理3
⑫	$(\neg p \vee p) \to (p \vee \neg p)$	⑪代入规则 $\neg p/p, p/q$
⑬	$p \vee \neg p$	⑩、⑫分离规则
⑭	$F_{(x)} \vee \neg F_{(x)}$	⑬代入规则 $\to F_x/p$
⑮	$((p \vee q) \to (q \vee p)) \to (((p \to (p \vee q)) \to (p \to (q \vee p)))$	③代入规则 $p \vee q/q, q \vee p/r$
⑯	$((p \to (p \vee q)) \to ((p \to (q \vee p))$	⑪、⑮分离规则
⑰	$p \to (q \vee p)$	④、⑯分离规则
⑱	$p \to (\neg q \vee p)$	⑰代入规则 $\neg q/q$
⑲	$p \to (q \to p)$	⑱定义置换规则
⑳	$(F_{(x)} \vee \neg F_{(x)}) \to ((\neg p \vee p) \to (F_{(x)} \vee \neg F_{(x)}))$	⑲代入规则 $F_{(x)} \vee \neg F_{(x)}/p, \neg p \vee p/q$
㉑	$(\neg p \vee p) \to (F_{(x)} \vee \neg F_{(x)})$	⑭、⑳分离规则
㉒	$(\neg p \vee p) \to \forall_x(F_{(x)} \vee \neg F_{(x)})$	㉑全称量词引入规则
㉓	$\forall_x(F_{(x)} \vee \neg F_{(x)})$	⑩、㉒分离规则

证毕。

上述证明的过程,多数步骤是在证明⑩($\neg p \vee p$)和⑯($p \to (\neg q \to p)$)。其实,它们是命题演算中的已证定理。如前所述,命题逻辑系统是谓词逻辑系统的子系统,所以命题逻辑系统中的已证定理就是谓词逻辑系统中的已证定理,可以不加证明地引入谓词演算中。如此约定,上述证明的过程就简单多了。

定理1　　　$\forall_x(F_{(x)} \vee \neg F_{(x)})$

证明：

①	$\neg p \vee p$	定理

② $F_{(x)} \vee \neg F(x)$ ⑩代入规则$\neg F_x/p$

③ $p \to (q \to p)$ 定理

④ $(F_{(x)} \vee \neg F_{(x)}) \to ((\neg p \vee p)$ ⑯代入规则 $F_{(x)} \vee$
        $\to (F_{(x)} \vee \neg F_{(x)}))$ $\neg F_{(x)}/p, \neg p \vee p/q$

⑤ $(\neg p \vee p) \to (F_{(x)} \vee \neg F_{(x)})$ ⑪、⑰分离规则

⑥ $(\neg p \vee p) \to \forall_x (F_{(x)} \vee \neg F_{(x)})$ ⑱全称量词引入规则

⑦ $\forall_x (F_{(x)} \vee \neg F_{(x)})$ ⑩、⑲分离规则

证毕。

公式后标明"定理"的,表示该公式是系统中的已证定理。

定理 2 $\forall_x F_{(x)} \to \exists_x F_{(x)}$

证明：

① $\forall_x F_{(x)} \to F_{(y)}$ 公理 5

② $F_{(y)} \to \exists_x F_{(x)}$ 公理 6

③ $(q \to r) \to ((p \to q) \to (p \to r))$ 定理

④ $(F_{(y)} \to \exists_x F_{(x)}) \to ((\forall_x F_{(x)} \to F_{(y)}) \to$ ③代入规则 $\forall_x F_{(x)}/p$,
        $(\forall_x F_{(x)} \to \exists_x F_{(x)}))$ $F_{(y)}/q, \exists_x F_{(x)}/r$

⑤ $(\forall_x F_{(x)} \to F_{(y)}) \to (\forall_x F_{(x)} \to \exists_x F_{(x)})$ ②、④分离规则

⑥ $\forall_x F_{(x)} \to \exists_x F_{(x)}$ ①、⑤分离规则

证毕。

下列定理,读者自证。

定理 3 $\forall_x (F_{(x)} \wedge G_{(x)}) \to \forall_x F_{(x)} \wedge \forall_x G_{(x)}$

定理 4 $\forall_x F_{(x)} \wedge \forall_x G_{(x)} \to \forall_x (F_{(x)} \wedge G_{(x)})$

定理 5 $\forall_x (F_{(x)} \to G_{(x)}) \to (\forall_x F_{(x)} \to \forall_x G_{(x)})$

定理 6 $\forall_x F_{(x)} \vee \forall_x G_{(x)} \to \forall_x (F_{(x)} \vee G_{(x)})$

定理 7 $\exists_x F_{(x)} \leftrightarrow \neg \forall_x \neg F_{(x)}$

定理 8 $\neg \exists_x F_{(x)} \leftrightarrow \forall_x \neg F_{(x)}$

定理 9 $\exists_x \neg F_{(x)} \leftrightarrow \neg \forall_x F_{(x)}$

定理 10 $\neg \exists_x \neg F_{(x)} \leftrightarrow \forall_x F_{(x)}$

与命题逻辑公理系统一样,在构造一阶逻辑公理系统时,应当使该系统具有完全性、不矛盾性和独立性,其意义和要求与命题公理系统相同。

三、自然推理

一阶逻辑的自然推理系统与公理系统具有同等的演绎功能,它们之间最大的区别仍然是:自然推理不预设公理,而预设推理定理。以定理取代公理显然更接近人们的实际思维,使推演证明更加简洁明了。

（一）合式公式　变形规则

自然推理中合式公式的形成规则、变形规则以及括号省略规则与公理系统相同。

（二）推理定理

命题逻辑自然推理中的定理是该系统中的定理。

（三）推理规则

1. 全称量词消去规则：(1) $\forall_x F_{(x)} \vdash F_{(y)}$　（y 是个体变项）

　　　　（特殊形式）　(2) $\forall_x F_{(x)} \vdash F_{(a)}$　（a 是个体常项）

但必须满足：个体变项 y 不在 $F_{(x)}$ 中约束出现。

2. 全称量词引入规则：$F_{(y)} \vdash \forall_x F_{(x)}$

但必须满足：如果 $A_1 \cdots A_n \vdash B_{(x)}$ 或 $B_{(a)}$，而 x 或 a 不在 $A_1 \cdots A_n$ 中出现，则 $A_1 \cdots A_n \vdash \forall_x B_{(x)}$。

3. 存在量词消去规则：$\exists_x F_{(x)} \vdash F_{(a)}$

但必须满足：如果 $A_{(a)}$（或 $A_{(x)}$），$B_1 \cdots B_n \vdash C$，而 a（或 x）不在 C 中出现，则 $\exists_x A_{(x)}, B_1 \cdots B_n \vdash C$。

4. 存在量词引入规则：(1) $F_{(y)} \vdash \exists_x F_{(x)}$

　　　　　　　　　　(2) $F_{(a)} \vdash \exists_x F_{(x)}$

但必须满足：个体变项 x 不在 $F_{(y)}$ 中约束出现。

（四）自然推理的推演证明

自然推理的推演证明步骤一般如下：

(1) 前提符号化。（用本系统的符号）

(2) 消去量词。（使用本系统的推理规则）

(3) 推出不带量词的结论。

(4) 引入量词。（使用本系统的推理规则）

以三段论第一格 AAA 式为例。

证明：MAP∧SAM ⊢ SAP

证明：

①	$\forall_x(M_{(x)} \to P_{(x)})$	前提
②	$\forall_x(S_{(x)} \to M_{(x)})$	前提
③	$M_{(y)} \to P_{(y)}$	①全称量词消去规则
④	$S_{(y)} \to M_{(y)}$	②全称量词消去规则
⑤	$S_{(y)} \to P_{(y)}$	③、④假言连锁推理
⑥	$\forall_x(S_{(x)} \to P_{(x)})$	⑤全称量词引入规则

证毕。

证明下列推理是普遍有效式：

所有的合式公式不是可满足的($F_{(x)}$)就是矛盾的($G_{(x)}$)。如果一个合式公式是矛盾的,它就不是逻辑有效式($H_{(x)}$)。存在着逻辑有效式,所以存在着可满足的合式公式。

证明:

① $\forall_x (\neg F_{(x)} \to G_{(x)})$ 前提
② $\forall_x (G_{(x)} \to \neg H_{(x)})$ 前提
③ $\exists_x H_{(x)}$ 前提
④ $\neg F_{(y)} \to G_{(y)}$ ①全称量词消去规则
⑤ $G_{(y)} \to \neg H_{(y)}$ ②全称量词消去规则
⑥ $H_{(y)}$ ③存在量词消去规则
⑦ $\neg G_{(y)}$ ⑤、⑥否后式
⑧ $F_{(y)}$ ④、⑦否后式
⑨ $\exists_x F_{(x)}$ 存在量词引入规则

证毕。

思考题

1. 公理系统由哪几部分构成?它与自然推理系统的主要区别是什么?
2. 什么是合式公式?公理与定理有什么区别?
3. 什么是公理系统的完全性、不矛盾性和独立性?
4. 自然推理系统由哪几部分构成?什么是条件证明?什么是间接证明?
5. 公理系统中的公理与自然推理系统中的推理定理有什么区别?
6. 怎样的前提是一致的?怎样的前提是不一致的?
7. 在谓词演算中,什么是一阶谓词、谓词和原子式?
8. 什么是量词、约束公式和辖域?
9. 证明下列定理:

定理 11 $p \to \neg(\neg p)$

定理 12 $\neg(\neg p) \to p$

定理 13 $p \to q \lor p$

定理 14 $\neg p \lor \neg q \to \neg(p \land q)$

定理 15 $\neg p \land \neg q \to \neg(p \lor q)$

定理 16 $p \lor (q \lor r) \to q \lor (p \lor r)$

定理 17 $p \lor (q \lor r) \to (p \lor q) \lor r$

定理 18 $p \land (q \land r) \to q \land (p \land r)$

定理 19 $p \land (q \land r) \to (p \land q) \land r$

定理 20 $p \land q \to q$

10. 证明下列定理：

定理 3　$\forall_x(F_{(x)} \wedge G_{(x)}) \rightarrow \forall_x F_{(x)} \wedge \forall_x G_{(x)}$

定理 4　$\forall_x F_{(x)} \wedge \forall_x G_{(x)} \rightarrow \forall_x(F_{(x)} \wedge G_{(x)})$

定理 5　$\forall_x(F_{(x)} \rightarrow G_{(x)}) \rightarrow (\forall_x F_{(x)} \rightarrow \forall_x G_{(x)})$

定理 6　$\forall_x F_{(x)} \vee \forall_x G_{(x)} \rightarrow \forall_x(F_{(x)} \vee G_{(x)})$

定理 7　$\exists_x F_{(x)} \leftrightarrow \neg \forall_x \neg F_{(x)}$

定理 8　$\neg \exists_x F_{(x)} \leftrightarrow \forall_x \neg F_{(x)}$

定理 9　$\exists_x \neg F_{(x)} \leftrightarrow \neg \forall_x F_{(x)}$

定理 10　$\neg \exists_x \neg F_{(x)} \leftrightarrow \forall_x F_{(x)}$

11. 什么是简单命题？什么是简单命题推理？
12. 什么是概念的内涵和外延？
13. 概念有哪些种类？
14. 什么是概念的限制法？
15. 什么是概念的概括法？
16. 什么是直言命题？直言命题由哪几个部分组成？
17. 直言命题有哪几种？如何理解特称量项的逻辑含义？
18. 试述 A、E、I、O 的主、谓项的周延情况。
19. 简述 A、E、I、O 四种命题之间的对当关系。
20. 什么是对当关系直接推理？
21. 什么是换质法推理？
22. 什么是换位法推理？
23. 什么是三段论？
24. 三段论的推理规则有哪些？
25. 三段论有哪几个格？什么是三段论的式？
26. 什么是三段论的省略式？
27. 什么是关系命题？试述关系的逻辑特性。
28. 什么是关系推理？

第七章 模态推理

模态推理是前提或结论为模态命题,并根据模态命题间或模态命题与非模态命题间的逻辑关系而由前提必然推出结论的推理。要了解和掌握这种必然性推理,则须首先对模态命题及其逻辑特性进行必要的分析。

第一节 模态及模态命题

一、模态之狭义与广义

模态逻辑是研究模态命题及其推理有效性的逻辑学分支。早在两千多年前的古希腊,亚里士多德就在《工具论》中对模态命题及其推理问题作过初步研究。现代逻辑诞生之后,模态逻辑研究获得了飞速发展。在模态逻辑发展过程中,人们对于什么是"模态",通常有狭义和广义两种不同解释。狭义的"模态",是指"必然"和"可能"这两类模态词所表示的模态。含有"必然"、"可能"这类模态词的命题,称为"狭义模态命题"。

例如:

(1) 能被2整除的数必然是偶数。
(2) 奇数的后继数必然不是奇数。
(3) 银河系外面可能存在生命。
(4) 金字塔可能不是地球人建造的。

上述例句分别含有模态词"必然"和"可能",通常被称为"必然模态命题"和"可能模态命题"。在现代汉语中,还存在一些词如"必定"、"肯定"、"或许"、"也许"等,在构成语句时,它们的意义有时也相当于"必然"或"可能"。在这个意义上使用的一些词,其功能也相当于模态词,因此由这些词构成的语句也可以表达模态命题。必须说明的是,在狭义模态逻辑范围内讨论的"必然"和"可能"之类模态词,和我们平常讲话中使用的"必然"和"可能"并不完全一致。日常语言中的"必然"和"可能",其内涵并没有严格规定,人们在使用时随意性较大。在多数情况下,人们是在经验范围内使用"必然"和"可能"这类词的。模态逻辑意义上的"可能",是指逻辑上不存在矛盾;"必然",是指不仅不存在矛盾,而且表达了一定的逻辑规律。在此特定意义上,说一个命题是可能的,就是断定了这一命题在逻辑上不会是永假的;说一个命题是必然的,则是断定了这一命题在逻辑上是永真的。在这一意义上,人们通常又将狭义模态逻辑称为"真值模态逻辑"①,将狭义模态命题称为"真值模态命题"。

广义模态涵盖的模态词比较丰富,由此构成模态命题所涉及的内容也较宽泛。广义模态除包含上述真值模态的内容外,还研究认识模态、评价模态、规范模态、存在模态、时态模态等内容。因此,广义模态逻辑的外延范围更大,各分支皆有其特定研究对象,并自成系统,所使用的模态词亦各不相同。例如,认识模态的模态词是"可证实的"、"可否证的"、"不可驳倒的";规范模态的模态词是"必须"、"允许"、"禁止"等。狭义模态词与广义模态词之间存在某种对应关系。下表是这种关系的简单对照:

真值模态	认识模态	规范模态	时态模态
必然	可证实	必须	始终
可能	不可驳倒	允许	有时
不可能	可否证	禁止	始终不

应当指出的是,这种对应关系仅表示不同的广义模态词之间的某种相似或类似,它们之间的逻辑关系并不完全相同,它们所具有的逻辑特性也不相同。在现代模态逻辑中,它们各自皆有一套独立的语义解释理论。因此,对广义模态逻辑而言,探明各分支之间的区别是重要的。须注意的是,由于本章不介绍广义模态中的认识、时态、规范等模态,仅对真值模态的基础知识作初步介绍,因此切不可将真值模态的逻辑性质简单类推到其他模态中去,否则就会犯混淆各种模态的逻辑错误。

二、真值模态命题

真值模态逻辑习惯上将不含有模态词"必然"或"可能"的命题都称为"非模态命题",也叫做"实然命题"。前面诸章介绍的简单命题和复合命题就是实然命题。真值模态命题是在实然命题上加上模态词而构成的新命题。例如,实然命题"船是用舵把握方向的"和"张三是主犯"加上了模态词之后,就构成了下面的模态命题:

船必然是用舵把握方向的。
船可能是用舵把握方向的。
张三必然是主犯。
张三可能是主犯。

---

① "真值模态逻辑",是从英文"alethic modal logic"翻译过来的。国内逻辑学界也有人将其译为"真理模态逻辑"或"真势模态逻辑",以示其与"真值联结词"中的"真值"(其英文为"truth value")概念是有显著区别的。

第七章 模态推理

实然命题反映了事物情况的某些属性(性质或关系)。然而,事物情况是复杂的,有些属于必然性,有些则仅仅是可能性。真值模态命题就是反映事物情况的必然性或可能性的命题。

逻辑学通常将命题的形式结构分为常项和变项两部分。模态命题的形式结构也可看做是由常项和变项构成的。若用命题变项"p"代替实然命题"船是用舵把握方向的"或"张三是罪犯",则可分别用"必然 p"和"可能 p"刻画上述四个真值模态命题的形式结构。这样,"必然 p"和"可能 p"就成为真值模态命题的基本形式。对"必然 p"和"可能 p"的形式结构进行逻辑分析,可以直观地看到,真值模态命题的基本形式其实是由两部分构成的,变项"p"代表一个实然命题(简单命题或复合命题),常项"必然"、"可能"代表真值模态词。因此,真值模态命题的基本形式(区别于后文模态命题的复合形式)在直观上是十分简单的,即:

必然 p

可能 p

人们注意到,在用自然语言表达真值模态命题时,模态词在整个命题中所处位置可以不同,大致有如下两种情况:

其一,模态词位于命题中成为谓项一部分。例如:

知假售假者必然有欺诈的故意。

泰坦尼克号沉没可能是轮船设计有缺陷所致。

其二,模态词位于实然命题之前或之后。例如:

必然是中国女排战胜世界明星队。

可能那个慌慌张张的家伙就是逃犯。

科学战胜迷信是必然的。

在月球上建太空宇航基地是可能的。

在逻辑学中,有人把第一种情况称为"事物模态",把第二种情况称为"命题模态"。也有人将模态分为主观模态和客观模态。例如,将"小王今晚可能来参加舞会"看做主观模态,因为它反映的可能性只是断定者主观上的某种推测;而"地球围绕太阳转是必然的"是客观模态,因为它揭示的是客观事物本身的一种必然状态。应注意的是,我们不采用上述划分方法。另外,需要强调的是,本章讨论模态命题,在通常情况下不引入量项。这当然不是说,构成模态命题的实然命题中没有量的区别。例如,"有些 S 是 P 是可能的"和"必然凡 S 都不是 P"等都有量的存在,而在此我们不专门讨论量的问题。

一旦模态命题中涉及量项,即构成模态命题的实然命题是带有量项的直言命题时,我们可运用逻辑方阵图所刻画的直言命题对当关系,加上模态词的逻辑

177

性质,进行初步分析,以解决日常思维中带有量项的模态命题推理有效性问题。

但是,模态命题本身却是较复合命题和简单命题更为复杂的逻辑形式。模态逻辑要在命题逻辑和谓词逻辑得到充分发展之后才能得到快速发展便有力地说明了这一点。一般认为,模态命题的复杂性主要来自于两方面:一是形式结构的复杂,二是语义解释的困难。

就形式结构而言,模态命题的基本形式虽然一般说来比较简单,但通过真值联结词将基本形式联结起来,从而构成的模态命题复合形式就较为复杂。即使是相对简单的模态命题,因其肢命题中的实然命题既可是简单命题,也可是复合命题,其基本形式也趋于复杂化。此外,模态命题中还有包含量项的谓词模态、重叠模态等形式,也都比较复杂。

就语义解释来讲,不论复合命题还是简单命题(直言命题),其语义上的真假解释,一般人凭直观就能理解。模态命题的真假解释就不那么直观,它要借助于现代模态逻辑中的语义理论,如真值模态的"可能世界"理论、规范模态的"理想世界"理论等加以说明。

本章将根据命题中是否包含其他模态命题,将真值模态命题分为两类:基本模态命题和复合模态命题。

基本模态命题是不包含其他模态命题的命题,通常由模态词加上实然命题(简单命题或复合命题)构成,亦称"模态命题的基本形式"。例如:

失火罪必然是过失罪。

张某既犯贪污罪又犯受贿罪是可能的。

复合模态命题是包含其他模态命题的命题,通常由真值联结词加上基本模态命题构成,亦称"模态命题的复合形式"。例如:

如果有生命之物必然有生有死,那么世上不可能存在长生不老之人。

以下将重点分析基本模态命题及其推理,对复合模态命题仅就常见的几个有效推理式作一简单介绍。

三、基本模态命题的种类及形式

真值模态逻辑将由模态词"必然"或"可能"加上实然命题构成的模态命题称为"基本模态命题"。对基本模态命题,可根据命题所反映的事物情况是必然的还是可能的这一标准,将其分为必然命题和可能命题。

1. 必然命题

必然命题就是反映事物情况必然性的命题。根据反映的是事物必然具有还是必然不具有某种情况,必然命题又可分为必然肯定命题和必然否定命题。例如:

宏观调控目标必然会实现。
"非典"患者必然发高烧。
经济规律必然不以人的意志为转移。
时间必然不会倒走。

这四个命题中,前面两个是必然肯定命题,反映了事物的必然趋势,其结构是"必然 p";后面两个命题是必然否定命题,反映了事物必然不存在的情况,其结构是"必然非 p"。

2. 可能命题

可能命题就是反映事物情况可能性的命题。根据反映的是事物可能具有还是可能不具有某种情况,可能命题又可分为可能肯定命题和可能否定命题。例如:

艾滋病是可能被治愈的。
推迟世界大战是可能的。
火星上可能没有生命。
那个在现场留有指纹的人可能没有作案。

这四个命题中,前面两个是可能肯定命题,其结构是"可能 p";后面两个是可能否定命题,其结构是"可能非 p"。

如果我们用人工表意符号"L"代表"必然",用"M"代表"可能",那么四种基本模态命题的形式分别为:

(1) 必然肯定命题:Lp,读作"必然 p"或"p 是必然的"。
(2) 必然否定命题:L¬p,读作"必然非 p"或"非 p 是必然的"。
(3) 可能肯定命题:Mp,读作"可能 p"或"p 是可能的"。
(4) 可能否定命题:M¬p,读作"可能非 p"或"非 p 是可能的"。

尽管上面所举例子没有涉及肢命题(即模态命题中的实然命题)为复合命题的情况,但从逻辑上说,这里的肢命题也可以是复合命题。实际上,"¬p"单纯从形式上讲,就已经是复合命题中的负命题形式了。须注意的是,假如上述形式中的肢命题是复合命题,则并不能改变整个命题仍属上述四种基本模态命题之一的归宿。

四、模态算子与基本模态命题的真假

在对复合命题形式"¬p"、"p∨q"、"p∧q"、"p→q"及"p↔q"等的讨论中,我们曾将"¬"、"∨"、"∧"、"→"、"↔"等符号看成是命题联结词的抽象,并将它们看做上述那些命题形式中的逻辑常项。

在真值模态命题中,"L"和"M"虽也被看做常项,但却不能被视为模态命题的联结词,即不能把模态命题中的模态词和复合命题中的联结词看成是具有相同逻辑功能的东西。在逻辑学中,称"L"和"M"为"模态算子",简称"算子"。联结词与算子有相似之处,如一定的命题需由它们构造而成。但是,重要的是能看出它们之间有区别。

在由命题联结词与肢命题构成的复合命题中,由肢命题的真假总能确定复合命题的真假。比如,当 p 真 q 也真时,命题形式 $(p \wedge q)$ 的逻辑值是真的;当 p 假或 q 假时,$(p \wedge q)$ 则是假的。但是,在由模态算子与实然命题构成的真值模态命题中,却不能由实然命题(这相当于肢命题)的真假确定整个命题的真假。例如,用"p"表示"这场比赛中国女排取得胜利"这个命题,尽管事实上 p 是真的,即中国女排取得了这场比赛的胜利,但是能否因此说"这场比赛中国女排取得胜利是必然的"就真?显然不能。可见,在这里,尽管 p 真,但 Lp 未必真,即 Lp 可能真,也可能假。又如,若有甲乙两人预测次日天气状况,甲断言"明天是晴天",乙推测"明天可能下雨"。假定第二天确实没有下雨,这时能说乙一定错了吗?若用"p"代表"明天下雨",假定天未下雨,则 p 假,但 Mp 也假吗?显然不能如此断定。可见,从 p 假并不能确定"Mp"假,即 Mp 可能真,也可能假。

由此可见,真值模态命题的真假并不是由实然命题的真假确定的,从 p 的真假不能确定必然命题或可能命题的真假。所以,与复合命题中的联结词相比,模态算子具有更为复杂的逻辑特性。因此,断定一个模态命题的真假,显然比实然命题复杂得多。

实际上,对模态命题的真假断定是与人们对模态算子语义上的理解直接相关的。那么,什么是逻辑上的"必然"和"可能"?如何理解前文所说的"'可能',是指逻辑上不存在矛盾;'必然',是指不仅不存在矛盾,而且表达了一定的逻辑规律"这句话呢?这里,我们引进现代逻辑中的"可能世界"语义理论加以简要说明。

"可能世界"又称"逻辑的可能世界"。这种理论的创立者认为:凡不会产生矛盾,并能够为人们所想象的任何情况和场合,都是一个可能世界。所谓的"可能世界"(逻辑的可能世界),应该摆脱现实世界给我们认识或经验所带来的某种限制和框束。

比如,神话、童话、科幻作品中所描述、所展现的一些情况和场合,在现实世界中虽不存在,但并非不可想象。孙悟空能七十二变,一个跟头翻十万八千里。这可以想象,又没有逻辑矛盾,人们能够理解并接受。所以,尽管它是非现实的,但在想象中、在逻辑上又是可能的,它就是一个逻辑的可能世界。

至于我们所经历的现实世界,它应当被理解为可能世界中的一个,或是一部分。因为现实世界中的一切,仍可为人们所想象。在可能世界理论看来,现实世界中存在和发生的事物应不受时间上的限制,可以包括过去、现在和将来存在和

第七章 模态推理

发生的一切。当我们说某个情况 p 在可能世界中是真的时,意思可以是指 p 在任何时间下的存在或发生,因此它并不局限于我们的经验。这样,可想象的、不含逻辑矛盾的"可能世界"包括了两块世界:现实世界和非现实世界。非现实的可能世界并不意味着另外某个星球或某个物理空间的存在,它只是人们所能想象的世界,亦存在于人们的想象中。

借助于这个理论,我们规定:

一个命题 p 是必然的("p 是必然的"或"Lp"真),当且仅当这个命题所反映的事物情况 p 在任何可能世界中都真,即在现实和非现实的可能世界中都真;

一个命题 p 是可能的("p 是可能的"或"Mp"真),当且仅当这个命题所反映的事物情况 p 至少在一个可能世界中真,即或在现实的可能世界或在非现实的可能世界中真。

根据这一规定,通过下表即可定义四种基本模态命题的真:

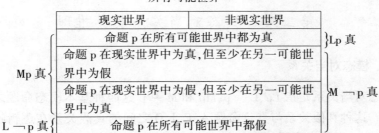

上表通过命题 p 在可能世界中的四种不同情况,定义了四种基本模态命题的真。从直观上,我们也知道怎样用类似方法定义四种基本模态命题的假。比如,"Lp"假,只需命题 p 在一个可能世界中假就行了;而"M ¬p"假,则需命题 p 在所有可能世界中都真。"Mp"假,需命题 p 在所有可能世界中都假;而"L ¬p"假,则需命题 p 至少在一个可能世界中真。例如,"太阳必然从东方升起",从逻辑上看不是一个真命题,因为可以想象太阳从西方升起,这没有什么逻辑矛盾,尽管在实践中我们从没看到太阳从西方升起过。但是,说"太阳必然不从东方升起",也是个假命题,因为在现实世界的无数个早晨,太阳一直是从东方升起的。"太阳不从东方升起"这个命题 p 是不真的,则"太阳必然不从东方升起"当然不能真了。但是,如果同时说"太阳可能从东方升起"和"太阳可能不从东方升起",这从逻辑上讲都是真的。因为前者既可为现实证实又可想象,后者在想象中也可成立,没有产生任何逻辑矛盾,所以都为真。"太阳必然升起或不升起"是个永真命题,因为无论在什么可能世界中,太阳只能是这样。"太阳必然从东方升起并且又不从东方升起"是个永假命题,因为无论在现实世界还是想象的非现实世界,它都是矛盾的,因而受逻辑的排斥。

再举例说明。假设有一个袋中装有红、黄、白三种颜色小球各 10 只(我们将此看做是 30 个可能世界)。当我们从袋中摸出一个球之前,说"这个球可能是白色的",或说"这个球可能不是白色的",不管摸出的球是什么颜色,这两个模态命题都是真的。因为 30 个可能世界中有"白色球"和"非白色球"的可能世界存在。当我们摸出了一个球是白色的或不是白色的时,也不能断定说"这个球必然是白色的",或说"这个球必然不是白色的"。因为袋中 30 个可能世界并非个个都是"白色球"或"非白色球",所以必然性不存在。由此可见,按逻辑的可能世界理论定义模态命题的真假,显然和我们习惯上所理解的"必然"和"可能"的真假有所不同。逻辑上的"必然"和"可能"有严格的语义解释。当断定一个必然肯定命题真时,即断言命题 p 在所有可能世界中都为真;而当断定一个可能肯定命题真时,即断言 p 至少在一个可能世界中为真。因此,在此意义上说,"可能"是指没有逻辑矛盾,而"必然"则是指反映了某种逻辑规律。

第二节 模态对当关系及其推理

一、模态对当关系

模态对当关系是指 Lp、L¬p、Mp 和 M¬p 这四种基本模态命题之间的真假关系。这种真假关系与直言命题 A、E、I、O 之间的真假关系在逻辑特征上是一致的,即二者具有逻辑"同构性"。因此,可用直言命题之间的对当关系类比模态对当关系。具体而言,这些关系是:

1. Lp 与 M¬p、L¬p 与 Mp 之间的矛盾关系

这类似于直言命题 A 与 O、E 与 I 之间的逻辑关系,即必然肯定命题与可能否定命题之间、必然否定命题与可能肯定命题之间具有矛盾关系。因此,一命题真,另一命题必假;一命题假,则另一命题必真。例如,"事物都是运动的是必然的"为真,则"事物都是可能不运动的"为假;"癌症是可能有药治愈的"为真,则"癌症是必然无药治愈的"为假;"人必然不会犯错误"为假,则"人可能会犯错误"为真;"明天可能不下雨"为真,则"明天必然下雨"为假。模态命题之间的矛盾关系,也可用可能世界理论解释。Lp 真,意味着命题 p 在所有可能世界中都真,不存在任何一个可能世界满足非 p 真,因此 M¬p 假;而当 Lp 假,表明并非 p 在任何可能世界中都是真的,则意味着至少在一个可能世界中,非 p 为真,因此 M¬p 真。当 Mp 真时,说明 p 至少在一个可能世界中存在,这时不会出现在所有可能世界中都是非 p 的情况,因而 L¬p 假;而当 L¬p 真时,非 p 在所有

可能世界中都是真的,所以满足 Mp 真的可能世界一个也没有,则 Mp 假。因此,Lp 与 M¬p、L¬p 与 Mp 之间为矛盾关系。即它们之间既不能同真,也不能同假。

2. Lp 与 L¬p 之间的反对关系

必然肯定命题和必然否定命题同为必然命题,但它们关于事物情况必然性的性质方面的断定正好相反,一个断定必然具有,一个断定必然不具有。因此,当其中一命题真时,另一命题必假。如"人必然死亡"是真时,"人必然不死亡"则是假;而"贪污行为必然不是合法行为"为真时,则"贪污行为必然是合法行为"为假。显然,两者之间是不能同真的。因此,可从一命题真断定另一命题必假。但是,反过来却不能由一命题假断定另一命题的真假。如从一副扑克牌中抽出一张草花,若说"必然抽出一张草花",这命题是假的。但是,能断定"必然不抽出一张草花"为真吗?从模态逻辑上说,这也是不能的,因为在一副完整的扑克牌中,草花和非草花的可能世界都是有的。这与直言命题 A、E 间的关系一样,即两者能同假,但不能同真。从可能世界语义理论来说,当 Lp 或 L¬p 之一真时,另一命题必假。当 Lp 或 L¬p 之一假时,我们只知道 p 在所有可能世界和¬p 在所有可能世界中都真的条件不存在。除此以外,p 或¬p 在可能世界中的具体情况怎样,显然无法断定。因此,从 Lp 或 L¬p 之一假,不能确定另一命题是真是假。

3. Lp 与 Mp、L¬p 与 M¬p 之间的差等关系

两个肯定模态命题之间及两个否定模态命题之间的关系是差等关系。Lp 与 Mp、L¬p 与 M¬p 之间的这种关系相当于蕴涵关系。Lp 真或 L¬p 真时,则相应地 Mp 真或 M¬p 真;而 Mp 假或 M¬p 假时,则 Lp 假或 L¬p 假。这就是 Lp→Mp、L¬p→M¬p。从可能世界理论也能说明这一点。当 Lp 真时,p 在所有可能世界中都真,此时 Mp 当然真。当 Mp 假时,表明 p 在一个可能世界中真的情况都不存在(根据矛盾关系,Mp 假时,L¬p 是真的),这又如何满足在所有可能世界中都真的要求?因此,Mp 假时,Lp 必假。对 L¬p 与 M¬p 之间的关系也可作类似分析,兹不赘述。但是,有必要指出,我们不能将四个基本模态命题的前后位置搞颠倒。倘若把蕴涵关系写成"Mp→Lp"或"M¬p→L¬p",那就错了。Mp 真不蕴涵 Lp 真,而 Lp 假也不意味着 Mp 假(M¬p 与 L¬p 之间也一样)。我们可以通过举例说明模态命题间的这种关系。假如"他可能考入政法大学"是真的,不能由此断定"他必然考入政法大学"也是真的;而若"他必然考上名牌大学"是假的,则不能因此断定"他可能考上名牌大学"也是假的。

4. Mp 与 M¬p 之间的下反对关系

两个可能命题之间存在着不能同假但可同真的下反对关系。与 I、O 命题之间关系一样,我们可借助矛盾关系和差等关系进行分析。当 Mp 假时,根据差等

关系,得 Lp 假;根据矛盾关系,又得 M¬p 真。因此,Mp 假时,M¬p 真。当 M¬p 假时,根据矛盾关系,得 Lp 真;根据差等关系,Lp 真蕴涵 Mp 真。因此,M¬p 假时,Mp 真。但是,当 Mp 真或 M¬p 真时,无论根据矛盾关系或差等关系的转换,都不能确定 M¬p 或 Mp 的真假。如同我们对"有些 S 是 P"的分析一样,此时对其他的 S 是 P 或不是 P 不能确定。从可能世界理论分析也是如此。Mp 真时,说明至少在一个可能世界中 p 是存在的,而在其他可能世界中 p 是真是假则很难断定。所以,M¬p 是真假不定的。同理,M¬p 真时,Mp 的真假也是不定的。

以上四种基本模态命题之间的对当关系,若用模态逻辑方阵图表示就比较直观。只要熟记矛盾关系、差等关系、反对关系和下反对关系的逻辑特征,那么方阵图对帮助我们熟练掌握模态对当关系及相关推理有效式将是一个很有用的工具。

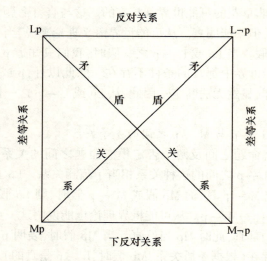

二、根据模态对当关系的模态命题推理

模态命题推理是根据模态命题的逻辑特性而进行推演的必然性推理。根据前提模态命题的数量不同,模态命题推理可划分为直接模态推理和间接模态推理。本章所介绍的只是直接模态推理,它是以一个模态命题为前提推出另一模态命题为结论的推理。至于间接模态推理,是以两个或两个以上模态命题为前提推出另一模态命题为结论的推理,如模态三段论推理等。

根据模态对当关系,可由一个模态命题为前提而必然推出另一模态命题为结论。具体而言,可根据四种不同的模态对当关系,得到下列 16 个有效的模态命题推理有效式:

第一,根据差等关系所形成的有效式:

(1) Lp ⊢ Mp
(2) L￢p ⊢ M￢p
(3) ￢(Mp) ⊢ ￢(Lp)
(4) ￢(M￢p) ⊢ ￢(L￢p)

第二,根据矛盾关系所形成的有效式:

(5) Lp ⊢ ￢(M￢p)
(6) L￢p ⊢ ￢(Mp)
(7) M￢p ⊢ ￢(Lp)
(8) Mp ⊢ ￢(L￢p)
(9) ￢(L￢p) ⊢ Mp
(10) ￢(Lp) ⊢ M￢p
(11) ￢(Mp) ⊢ L￢p
(12) ￢(M￢p) ⊢ Lp

第三,根据反对关系所形成的有效式:

(13) Lp ⊢ ￢(L￢p)
(14) L￢p ⊢ ￢(Lp)

第四,根据下反对关系所形成的有效式:

(15) ￢(M￢p) ⊢ Mp
(16) ￢(Mp) ⊢ M￢p

关于模态对当关系及其推理,应当注意下列问题:

第一,矛盾关系所形成的八个有效式可构成四个等值推理式。

即:

￢(Lp) ⊢⊣ M￢p
￢(L￢p) ⊢⊣ Mp
￢(M￢p) ⊢⊣ Lp
￢(Mp) ⊢⊣ L￢p

第二,基本模态命题与其负命题极易混淆,要注意区别。

例如:

  (1) 某人可能不是杀人犯。
  (2) 某人不可能是杀人犯。

例(1)是可能否定命题,属基本模态命题;例(2)是可能肯定命题的负命题,属复合模态命题。

此外,还有"必然不 p"与"不必然 p",也应注意区分。

第三,对带量项的基本模态命题要能根据对当关系进行等值转换和推理。

例如：

从 L(SEP)真推出 M(SIP)假，其推导过程如下：

∵ L(SEP) ⊢⊣ L¬(SIP)（E 与 I 具有矛盾关系）

　　L¬(SIP) ⊢⊣ ¬M(SIP)（L¬p 与 Mp 具有矛盾关系）

∴ L(SEP) ⊢⊣ ¬M(SIP)

第三节　模态命题与非模态命题的关系及其推理

一、模态命题与非模态命题的关系

一般把不含有模态词的命题称为"非模态命题"，亦称"实然命题"。如果将非模态命题和模态命题的关系纳入我们的讨论范围，那么势必要研究 Lp、p、Mp、L¬p、¬p、M¬p 六种命题形式之间的逻辑关系。其中，Lp、L¬p、Mp 和 M¬p 都是非模态命题 p 加上模态算子构成的命题。结合可能世界理论分析它们之间的逻辑关系不难发现，这六种命题之间同样存在着一定的逻辑制约关系。如当 Lp 真时，说明 p 在现实世界中是真的，则 Lp 真蕴涵 p 真；而 p 真已经满足 Mp 真，因为 p 已在一个可能世界中存在了，所以 p 真又蕴涵 Mp 真。当 Mp 假时，等于说在所有可能世界（包括现实世界）中 p 不为真（即 L¬p 真），因而 Mp 假又蕴涵 p 假。当然，p 一旦假了，Lp 必假（p 在所有可能世界中真的条件已被否定）。L¬p、¬p 和 M¬p 之间也同样存在上述关系。因此，可以说，必然性、现实性、可能性之间存在着一种由强到弱的差等关系，即蕴涵关系。下面用图解法将六种命题之间的逻辑关系直观显示如下：

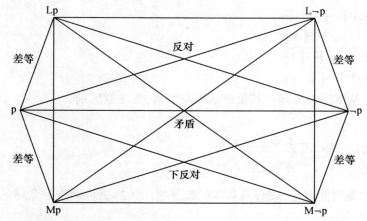

根据图示，我们可得出：

第一，Lp 与 p、p 与 Mp、L¬p 与 ¬p、¬p 与 M¬p 之间是差等关系。

第二，Lp 与 ¬p、L ¬p 与 p 之间是反对关系。

第三，p 与 M ¬p、¬p 与 Mp 之间是下反对关系。

至于 Lp、L ¬p、Mp、M ¬p 之间的关系，前面已有介绍，而 p 与 ¬p 之间的矛盾关系则很明显，无须重复。

二、根据模态与非模态关系进行的推理

根据模态逻辑六角图所揭示的命题之间的关系，可由一个模态命题或非模态命题为前提，必然地推出另一个模态命题或非模态命题为结论。其有效式共有 32 种，其中 16 种有效式在模态对当关系的推理中已作过介绍，在此不再重复。其余的 16 种有效式是：

第一，根据差等关系所形成的推理有效式：

(17) Lp ⊢ p

(18) p ⊢ Mp

(19) L ¬p ⊢ ¬p

(20) ¬p ⊢ M ¬p

(21) ¬(Mp) ⊢ ¬p

(22) ¬p ⊢ ¬(Lp)

(23) ¬(M ¬p) ⊢ ¬(¬p)

(24) ¬(¬p) ⊢ ¬(L ¬p)

第二，根据反对关系所形成的推理有效式：

(25) Lp ⊢ ¬(¬p)

(26) L ¬p ⊢ ¬p

(27) p ⊢ ¬(L ¬p)

(28) ¬p ⊢ ¬(Lp)

第三，根据下反对关系所形成的推理有效式：

(29) ¬p ⊢ M ¬p

(30) ¬(M ¬p) ⊢ p

(31) ¬(¬p) ⊢ Mp

(32) ¬(Mp) ⊢ ¬p

上面 32 个有效式中，没有包括根据矛盾关系及双重否定律所形成的等值推理有效式，如 ¬(M ¬p) ⊢⊣ Lp 等。另外，在 32 个有效式中，(19) 式与 (26) 式、(20) 式与 (29) 式、(21) 式与 (32) 式、(22) 式与 (28) 式是重复的，罗列在此的理由是：它们式子虽相同，但推理依据不同。

第四节 带有模态词的复合命题推理

复合模态命题及其推理问题比较复杂,逻辑学家们为此建立了诸多模态逻辑系统,也提出了不少逻辑模型及相关语义解释。本节从解决日常推理有效性问题的目的出发,对此作点简单介绍。

复合模态命题是包含其他模态命题的命题,通常由真值联结词加上基本模态命题构成。

复合模态命题与以复合命题为肢命题的基本模态命题之间存在根本区别。例如:

(1) 如果演绎推理形式有效,那么其前提必然蕴涵结论。
(2) 今天和明天都下雪是必然的。

上述两例的逻辑形式是根本不同的,即:

(1) $p \rightarrow Lq$
(2) $L(p \wedge q)$

根据定义,例(1)是复合模态命题,例(2)是基本模态命题。

我们不仅要看到复合模态命题与以复合命题为肢命题的基本模态命题之间的区别,更应看到它们之间存在的逻辑联系,正是这种逻辑联系为我们讨论复合模态命题推理提供了可靠的逻辑根据。

下面分别介绍几个根据等值关系和蕴涵关系进行推演的复合模态命题推理有效式。

一、根据等值关系建立的推理有效式

1. $L(p \wedge q) \vdash\dashv Lp \wedge Lq$

$L(p \wedge q)$ 蕴涵着其中每一个肢都是必然的。按可能世界理论来说,$L(p \wedge q)$ 真,则 $(p \wedge q)$ 在任何可能世界中都必须真。因此,p 和 q 在任何可能世界中也必须真。由 p 且 q 在任何可能世界中都真,则可得出 $Lp \wedge Lq$ 的结论。因此,$L(p \wedge q) \vdash Lp \wedge Lq$。反之,$Lp \wedge Lq$ 是说 p 和 q 都是必然的,在所有可能世界中都真,其整体在所有可能世界中当然也都真。因此,$Lp \wedge Lq \vdash L(p \wedge q)$。由此可见,$L(p \wedge q)$ 与 $Lp \wedge Lq$ 之间是等值关系,可互推。例如,"21 世纪的中国必然是个经济大国并且是个政治大国" 等值于 "21 世纪的中国必然是个经济大国并且 21 世纪的中国必然是个政治大国"。

2. $M(p \vee q) \vdash\dashv Mp \vee Mq$

$M(p \vee q)$ 是说 $(p \vee q)$ 至少在一个可能世界中为真。此时,p 或 q 或者 p 与

q 同时在一个可能世界中也是真的。这样，Mp 与 Mq 中应至少有一真。因此，M(p∨q) ⊢ Mp∨Mq。反之，Mp∨Mq 表明至少在一个可能世界中，p 与 q 两者中总有一个真，或者同时为真。这可推得(p∨q)在同一可能世界中是真的，既然有一可能世界满足(p∨q)真，则 M(p∨q)就真。因此，Mp∨Mq ⊢ M(p∨q)。由此可推得：M(p∨q) ⊢⊣ Mp∨Mq。例如，"可能是张某作案或者可能是李某作案"等值于"可能是张某或者李某作案"。

3. L(p→q) ⊢⊣ ¬M(p∧¬q)

L(p→q)是表示在所有可能世界中(p→q)都是真的。根据蕴涵关系的逻辑特性，(p→q)为真，应排除 p 真且 q 假的情况。也就是说，不会在某一可能世界中有 p 真 q 假的情况出现，即¬M(p∧¬q)。这样，L(p→q) ⊢¬M(p∧¬q)。反之，¬M(p∧¬q)，根据矛盾关系推得 L¬(p∧¬q)，即必然不存在 p 真且 q 假的情况。没有 p 真且 q 假，不管其他赋值组合如何，(p→q)都是真的。在所有可能世界中(p→q)都真，则 L(p→q)为真，因此¬M(p∧¬q) ⊢L(p→q)。这表明，L(p→q)与¬M(p∧¬q)两者也是等值的，可互推。例如，"必然地如果摩擦，那么生热"等值于"不可能摩擦而不生热"。

二、根据蕴涵关系建立的推理有效式

1. Lp∨Lq ⊢L(p∨q)

Lp 与 Lq 表明 p 与 q 在所有可能世界中都真。用析取词联系 Lp 与 Lq，表明在所有可能世界中至少 p 与 q 有一是必然的。这样，p∨q 也总是必然的，p∨q 在所有可能世界中都真，则 L(p∨q)。因此，由 Lp∨Lq 能推出 L(p∨q)。但是，不能由此反推，即 L(p∨q)推 Lp∨Lq 不成立。根据析取命题的逻辑特性，p∨q 真时，在 p 真 q 假及 q 真 p 假的情况下也能满足。这说明，p 及 q 并不一定在任何可能世界中都真，Lp 或 Lq 无一成立。所以，L(p∨q)推不出 Lp∨Lq。例如，"张三或者李四犯罪是必然的"推不出"张三犯罪是必然的或者李四犯罪是必然的"，反推则有效。

2. M(p∧q) ⊢ Mp∧Mq

M(p∧q)是说，就整体(p∧q)而言，它至少在一个可能世界中为真。这样，p 且 q 应当在同一可能世界中都真，否则(p∧q)就不真。按此，Mp∧Mq 应该成立，p 且 q 至少在一个可能世界中都真。因此，上面的推理式有效。反推则不行。Mp∧Mq 表明，p 和 q 至少有一个可能世界使它们为真，但不一定在同一个可能世界中为真（p 在此可能世界中真，q 在彼可能世界中真是可以的）。但是，就整体而言，(p∧q)是否真并不清楚，这样 M(p∧q)是推不出来的。所以，Mp∧Mq 推不出 M(p∧q)。例如，"可能甲队并且乙队是奖牌获得队"真，蕴涵"可能甲队是奖牌获得队并且可能乙队也是奖牌获得队"，而后者并不蕴涵前者。

思考题

1. 什么是广义模态逻辑？举例说明它通常包括哪些分支。
2. 什么是真值模态命题？其真假在语义上是如何规定的？
3. 基本真值模态命题分为哪四种？其真假关系如何？掌握这种关系应当注意什么？
4. 模态命题与非模态命题之间存在何种真假关系？
5. 什么是模态推理？通常有哪些推理有效式？
6. 举例说明复合模态推理主要有哪些推理有效式。

第八章 归纳推理

第一节 归纳推理概述

一、什么是归纳推理

归纳推理就是以个别性知识为前提推出一般性知识的结论的推理。
例如：

　　一法医通过解剖几具溺水而亡的尸体，发现甲、乙、丙溺水死亡内脏有硅藻反应，于是得出结论：凡溺水死亡者，其内脏都有硅藻反应。（据研究，这是因为人在入水后呼吸，水进入人的肺脏，水中的浮游生物同水一起经血液循环进入内脏所致。）

这就是一个归纳推理。在这个推理中，法医通过解剖三具溺水而亡的尸体，以其内脏有硅藻反应这种个别知识为前提，而得出了"凡溺水死亡者，其内脏都有硅藻反应"的一般性知识的结论。

归纳推理一般来说有如下特征：

第一，从思维进程方向来讲，归纳推理是从个别性知识前提出发，推出一般性知识为结论。简言之，从个别到一般。

第二，从结论所断定的知识范围来讲，归纳推理结论所断定的知识范围一般超出了前提所断定的知识范围。它的结论是一般性知识，既是对前提中已有知识的概括，又是对前提中已有知识的外推。简言之，结论范围超出前提范围。

第三，从前提与结论联系的性质来讲，由于归纳推理的结论所断定的知识范围超出了前提所断定的知识范围，因此前提并不蕴涵结论，前提与结论的联系不是必然的。在前提真实的情况下，结论可能真也可能假。简言之，结论是或然的。

在逻辑史上，近代英国哲学家弗兰西斯·培根首先系统地阐述并运用了归纳推理。

二、归纳推理与演绎推理的区别和联系

区别有四：

第一，思维进程的方向不同。演绎推理是由一般到个别的推理，归纳推理则是由个别到一般的推理。

第二,结论断定的范围不同。演绎推理的结论所断定的范围没有超出前提所断定的范围,而归纳推理(完全归纳推理除外)的结论所断定的范围则超出了前提所断定的范围。

第三,前提与结论的联系性质不同。演绎推理的前提与结论之间的联系是必然的,只要前提真实,形式有效,其结论就必然真实;而归纳推理(完全归纳推理除外)的前提与结论之间的联系是或然的,即使前提真实,形式有效,其结论也未必真实。

第四,前提的数量不同。演绎推理的前提数量是有一定限制的,而归纳推理的前提数量是不受限制的。

联系有二:

第一,归纳推理和演绎推理都是人们认识事物过程中不可缺少的环节。在人们的思维活动中,总是先认识个别和特殊的事物,然后以此为基础再扩展到对整体和一般事物的认识。归纳推理是从个别到一般的推理,这一特点决定了归纳推理的个别性知识的前提需要演绎推理提供的理论、原理作指导。如果失去了一般性原理的指导,归纳推理就无法对经验材料进行集中和概括。此外,提高归纳推理结论的可靠性,也要运用已有的科学知识对各个事物或现象进行分析研究,这也需要借助于演绎推理。

第二,归纳推理和演绎推理是人们认识事物过程中的相互补充。演绎推理是由一般到个别的推理,是对一般性原理的应用,这是归纳推理对以个别知识为前提认识的补充。同时,演绎推理本身却不能为自己准备好作为出发点的一般性原理,而是通过归纳从经验材料中概括出来的,是由归纳推理提供的。

三、归纳推理的种类

本章按传统逻辑的研究范围将归纳推理分为完全归纳推理和不完全归纳推理,不完全归纳推理又分为简单枚举归纳推理和科学归纳推理。

归纳推理 { 完全归纳推理; 不完全归纳推理 { 简单枚举归纳推理; 科学归纳推理 }}

第二节 完全归纳推理和不完全归纳推理

一、完全归纳推理

(一) 什么是完全归纳推理

完全归纳推理又叫"归纳法",它是根据一类事物中的每一个个别对象都具

有(或不具有)某种属性,从而推出该类事物的全部对象都具有(或不具有)某种属性的归纳推理。例如:

> 一个贩毒团伙共有六名成员,通过考察了解到这个团伙的每一个人都有前科,于是得出结论:这个贩毒团伙的所有人都有前科。

这就是一个完全归纳推理。

若用"S"表示一类事物,用"S_1、S_2……S_N"表示该类事物中的每一个个别对象,用"P"表示某种属性,则完全归纳推理的逻辑形式可以用公式表示为:

S_1 是(或不是)P,
S_2 是(或不是)P,
……
S_N 是(或不是)P,
S_1、S_2……S_N 是 S 类的全部个别对象,
所以所有 S 都是(或不是)P。

完全归纳推理的前提考察的是一类事物的全部个别对象,确知 P 属性为全部对象所有,其结论所断定的范围没有超出前提所断定的范围,其前提与结论之间的联系是必然的,只要前提都真,其结论就必真,即前提蕴涵结论。根据前提与结论的联系具有必然性的性质,有些逻辑学家将完全归纳推理归属于演绎推理一类。

(二) 完全归纳推理的规则

由于完全归纳推理是基于研究某类事物中每一个个别对象的共性,进而对该类事物作出一般性结论的归纳推理,所以它要遵守如下两条规则:

第一,每一个前提都必须是真实可靠的,若前提有一虚假,则不能得到真实可靠的结论。

第二,前提必须是对一类事物中的每一个对象都毫无遗漏地进行考察。

(三) 运用完全归纳推理的局限性

第一,当需要考察一类事物所包含的对象在数量上是无穷的时,这就限制了对完全归纳推理的运用。比如对"所有的事物都是可以认识的"这一结论的考察,其考察对象的数量是无穷的,用完全归纳推理是难以一一考察的。

第二,当需要考察一类事物所包含的对象虽然在数量上是可以穷尽的,但由于数量过大而难以逐一考察时,这也是对完全归纳推理运用的限制。

基于上述局限性,不完全归纳推理便应运而出。

二、不完全归纳推理

(一) 什么是不完全归纳推理

不完全归纳推理就是根据一类事物中的部分对象具有(或不具有)某种属性,从而推出该类事物的全部对象都具有(或不具有)某种属性的归纳推理。例如:

> 人们发现元素的排列、天体的运行、四季的交替、生物的进化、社会的发展都是有规律的,由此概括出一个一般性结论:一切物质的运动形式都是有规律的。

这就是一个不完全归纳推理。前提中考察了:

> 元素的排列
> 天体的运行
> 四季的交替
> 生物的进化
> 社会的发展

这些都是有规律的,且都是物质运动的形态,所以得出"一切物质的运动形式都是有规律的"这样的一般性结论。

不完全归纳推理是通过考察该类事物中的部分对象,而在结论中得出了关于该类事物全部对象的一般性知识。可见,结论所断定的范围超出了前提所断定的范围,其前提与结论之间的联系不是必然的,而是或然的。也就是说,不完全归纳推理是一种或然性推理。

尽管如此,不完全归纳推理反映了人们对事物认识的客观的自然状态,人们总是先认识事物的部分或个别,同时事物也在不断地发展、变化,因此不可能穷尽对一类事物全部对象的逐一考察。不完全归纳推理突破了完全归纳推理的局限,能从为数不多的事例中概括出普遍性的原理和规律,从而为人们提供了新知识,扩大了人们的认识范围。因此,它在科学研究和实际工作中被广泛运用。

(二) 不完全归纳推理的种类

不完全归纳推理又分为简单枚举归纳推理和科学归纳推理。

1. 简单枚举归纳推理

简单枚举归纳推理又称"简单枚举法",它是根据一类事物中的部分对象具有(或不具有)某种属性,并且没有遇到相反事例,从而概括出该类事物的一般性结论的归纳推理。实际上,简单枚举归纳推理就是一个不完全归纳推理的基本形式,并从经验事实的不断重复中得出一个普遍性的推理。

简单枚举归纳推理的基本特征是:枚举部分对象,未遇反例,从而得出对全

部对象的认识。如下几例:

人们早已知道,某些生物的活动是按照时间的变化(昼夜交替或四季变更)进行的,具有时间上的周期性节律。例如,鸡叫三遍天亮,青蛙冬眠春晓,牵牛花破晓开放,大雁春来秋往,等等。人们由此得出结论:凡生物体的活动都具有时间上的周期性节律。

美国加利福尼亚大学医学教授唐纳德·阿特拉斯搜集了一些音乐指挥的寿命材料。他发现,阿尔图罗·托斯卡里尼一直工作到90岁,布鲁诺·瓦尔特工作到85岁,瑞典的欧内斯特·安塞姆工作到86岁,等等。于是,他得出结论:音乐指挥都比较长寿。

我们摩擦冻僵的双手,手便暖和起来;我们敲击冰冷的石块,石块会发出火光;我们用锤子不断地锤击铁块,铁块会热到发红;古人还通过钻木取火。所以,任何两个物体的摩擦都会生热。

这些推理的过程均是运用了简单枚举归纳推理,都是根据一类事物中的部分对象具有(或不具有)某种属性,并且没有遇到相反事例,从而概括出该类事物的一般性结论。

简单枚举归纳推理的逻辑形式可以用公式表示如下:

S_1 是(或不是)P,
S_2 是(或不是)P,
……
S_N 是(或不是)P,
S_1、S_2……S_N 是 S 类的部分对象,并且没有遇到相反事例,
所以所有 S 都是(或不是)P。

简单枚举归纳推理的依据是一类事物中的部分对象某种情况的多次重复出现,并且没有遇到相反事例。这里面有两个问题:

第一,我们考察一类事物中的部分对象所具有的某种属性,并非必然为该类事物的全部对象所具有。例如,"所有哺乳动物都是胎生的"这一一般性认识的结论,是通过考察如人、猴子、猪、牛、马、羊等部分哺乳动物而得出的。但是,这并非为哺乳动物类的全部对象所具有,如哺乳动物鸭嘴兽就不是胎生而是卵生的。

第二,"未遇反例"不等于没有反例,也不等于今后不会出现反例。所以,一旦发现反例,我们运用简单枚举归纳推理所得出的结论,就会被推翻。例如,人们曾根据"燕子、麻雀、鸽子、喜鹊、老鹰、海鸥等鸟都会飞"这一现象多次重复出现而没有遇到反例,得出了"所有鸟都会飞"的一般性结论。但是,人们后来却发现了相反事例:鸟类中的鸵鸟不会飞。于是,原结论就被推翻了。还有的资料

介绍,如"血都是红的"、"天下乌鸦一般黑"等通过简单枚举归纳推理所得出的一般性结论。但是,有人在南极洲发现有一种鱼的血是白色的,后来又发现蝗虫、蜗牛、虾、螃蟹的血都不是红的;有人在日本还发现了白色羽毛的乌鸦。因遇到反例,原先的结论也就不再成立,于是被推翻。

上述实例表明了简单枚举归纳推理结论的或然性。尽管简单枚举归纳推理的结论是或然的,但由于运用它十分简捷方便,只考察部分对象就可以作出一般性结论,而且其适用范围较广,因此它在人们的日常生活、工作以及科学发现和研究中起着重要作用。不过,应提高简单枚举归纳推理前提对于结论的支持程度,避免犯"以偏概全"或"轻率概括"的逻辑错误。

为提高简单枚举归纳推理前提对于结论的支持程度,要注意以下四点:

第一,考察一类事物对象的数量要尽可能多。简单枚举归纳推理的依据之一就是类似事例的多次重复出现,因而其结论的可靠程度与前提中考察的对象数量密切相关。一般说来,考察的对象数量越多,结论的可靠程度就越高。

第二,考察一类事物对象的范围要尽可能广泛。广泛主要是从多角度、辐射的面而言的,范围越广泛,根据就越充分,结论的可靠程度也就越高。

第三,考察一类事物对象是否为事物的本质的东西,越是对象的本质的属性,则结论的可靠程度就越高。

第四,考察一类事物对象要注意发现反例。简单枚举归纳推理的另一个依据就是前提所考察的事例中没有遇到相反事例,即其结论的得出关键在于没有遇到相反事例。或者说,只要发现一个相反事例,结论就不能成立。这样可从反面把握和提高简单枚举归纳推理的可靠程度。

"以偏概全"或"轻率概括"是在运用简单枚举归纳推理时使用不当所犯的逻辑错误。它主要是指,在考察一类事物对象时所枚举的对象少,且考察的又不是本质的东西,便贸然地概括出一般性结论,并将这一结论看成是完全可靠的。它通常是由于观察不全面和不注意上述几点造成的。

2. 科学归纳推理

科学归纳推理又叫"科学归纳法",它是根据一类事物中的部分对象具有某种属性,并且分析了对象和属性之间具有因果联系,从而概括出该类事物的一般性结论的归纳推理。例如:

  金受热体积膨胀,
  银受热体积膨胀,
  铜受热体积膨胀,
  铁受热体积膨胀,
  ……
  金、银、铜、铁……是金属类的部分对象,金属体积的大小取决于其分子之间距离的大小,而受热使金属分子之间的距离相应增大,从而导致金属体积膨胀。

所以,凡金属受热其体积就膨胀。

这就是一个科学归纳推理。其前提中考察了"金属"类中的部分对象金、银、铜、铁等受热时具有"体积膨胀"的属性,并且分析了"金属受热"与"金属体积膨胀"之间的因果联系,于是得出了"凡金属受热其体积就膨胀"这个一般性结论。

科学归纳推理的逻辑形式可以用公式表示为:

S_1 是 P,
S_2 是 P,
……
S_N 是 P,
S_1、S_2……S_N 是 S 类的部分对象,并且 S 与 P 之间有因果关系。
——————————————————————————
所以,所有 S 都是 P。

科学归纳推理不仅考察了一类事物中的部分对象具有某种属性,而且是在科学地分析了对象与属性之间的因果联系的基础上得出的一般性结论,尽管其结论也是或然的,但比较以实践经验为主的简单枚举归纳推理来讲,结论的可靠程度大幅度提高。

尽管科学归纳推理和简单枚举归纳推理的结论是或然的,但它们都是人们在日常生活、工作以及科学发现和研究中使用频率较高的推理形式。我们比较这两种推理形式,认识这两种推理的区别,以便更好地运用这两种推理,是有着重要意义的。它们之间的主要区别如下:

第一,科学归纳推理是根据一类事物中的部分对象具有某种属性,并且研究分析了对象与属性之间的因果联系,因而运用时要求在考察部分事例的基础上,进一步揭示出对象与属性之间的因果联系。简单枚举归纳推理是以一类事物中的部分对象具有某种属性情况的多次重复出现,并且没有遇到相反事例作为推理依据的,因而运用时要求尽量考察更多的事例,并且尽量考察可能出现相反事例的场合。

第二,结论的性质和可靠程度不同。科学归纳推理的结论建立在研究分析了对象与属性之间的因果联系的基础之上,其推理依据更充分,因此其结论的可靠程度较高;而简单枚举归纳推理的结论的可靠程度低,一遇到相反事例,其结论就会被推翻。

第三,前提所考察的对象数量对结论可靠程度的影响不同。科学归纳推理,其前提所考察的对象数量的多少对结论可靠程度不具有决定性的意义,只要真正认识到了对象与属性之间的因果联系,即使前提中考察的对象数量不多,也能得出比较可靠的结论。简单枚举归纳推理,其前提所考察的对象数量的多少对结论可靠程度的影响很大,在未遇到相反事例的情况下,前提中考察的对象数量越多,漏掉相反情况的可能性就越小,其结论的可靠程度就越高。

第三节 探求因果联系的五种逻辑方法

一、什么是因果联系

在自然界和社会中,若某个现象的存在或发生必然引起另一个现象的存在或发生,那么这两个现象之间就具有因果联系。其中,引起另一现象出现的先行现象叫"原因",被某一现象引起的后继现象叫"结果"。例如,月球对地球的吸引力作用是发生海洋潮汐的原因,而海洋潮汐则是月球对地球的吸引力作用的结果。

因果联系本身所具有的特点,是进行探求因果联系的五种逻辑方法的客观基础。这主要是因为:

第一,因果联系的客观性、普遍性。客观世界是一个有着内在联系的、复杂的统一整体,任何事物都存在于普遍联系之中,事物之间都是相互联系、相互制约的。因果联系就是这诸多联系中的一种重要的联系。任何现象都有其产生的原因,任何原因都必然引起一定的结果。因果联系是普遍存在的,它不以人的意志为转移。

第二,因果联系的确定性。原因和结果在时空上总是接近的,并且总是共同变化的。原因的变化将引起结果的变化,结果的改变总是由原因的改变所引起的。因此,从质上讲,在确定的条件下,相同的原因会产生相同的结果。从量上讲,作为原因的现象发生一定程度的变化,作为结果的现象也会随之发生一定程度的变化。

第三,因果联系在时间上有前后相继性。原因和结果在时间上总是先后相继的,原因总在结果之前,结果总在原因之后,即因果联系具有先因后果的时间性。因此,在探求因果联系时,就必须在被研究现象出现之前的先行现象中去寻找其原因,在被研究现象出现之后的后继现象中去寻找其结果。

第四,因果联系具有多样性。因果联系是复杂多样的,有一因一果、多因一果、一因多果和合因一果等。一因一果是指只有某一特定原因才能引起某一结果。多因一果是指不同的原因引起同一结果。一因多果是指同一个原因引起多种不同的结果。合因一果是指几种原因共同作用而引起某一结果。

探求因果联系是一个复杂的认识过程,不仅需要具备一定的科学知识,还要运用一定的逻辑方法。传统逻辑所讲的探求因果联系的五种逻辑方法,是 19 世纪英国的哲学家和逻辑学家约翰·穆勒在总结、补充和完善前人的研究成果的基础上提出来的,逻辑史上称为"穆勒五法"。这些方法是:求同法、求异法、求同求异并用法、共变法和剩余法,又称为"求因果五法"。它们统属于不完全归纳推理中的科学归纳法。

二、穆勒五法

(一) 求同法

求同法又称"契合法",它是根据在被研究现象出现的若干场合中,只有一个先行的相关情况相同,其他情况都不相同,进而确定这个唯一相同的相关情况与被研究现象之间有因果联系。例如:

  起初人们并不知道引起甲状腺肿大的原因是什么,于是就对甲状腺肿大流行的地区进行了调查。经比较分析发现,这些地区的人口、气候、风土民情、饮食习惯等都有程度不同的差别,而在这众多的差别中,有一种情况却是相同的,即这些地区的土壤和水流中都缺碘,因而使居民的饮食中也缺碘。人们由此得出结论:甲状腺肿大是由饮食中缺碘引起的。

这就是运用求同法得出的结论。

联系上例,如果用 a 表示被研究现象,用 A 表示不同场合中唯一相同的情况,用 B、C、D、E、F、G 表示不同场合中各种不同的情况,那么求同法的推理形式可以用公式表示如下:

场合	相关情况	被研究现象
(1)	A、B、C	a
(2)	A、D、E	a
(3)	A、F、G	a
……	……	……

所以,A 与 a 之间有因果联系。

求同法的特点是异中求同。"异"是指各个场合的其他情况都不相同,"同"是指各个场合中都有一个相同的情况。求同法就是从不同场合中排除众多不同的相关情况,寻求唯一相同的相关情况,以此判定这一相同的相关情况与被研究现象之间有因果联系。

通过求同法而得出的结论具有很大的或然性。因为其前提只是已经观察到的被研究现象出现的若干场合,而并非所有场合。同时,我们在考虑相关先行情况时,又可能把无关的先行情况当成有关的,或把真正有关的先行情况忽略掉。所以,我们在运用求同法时要注意以下两点:

第一,要认真分析在被研究各场合中的相同情况是否只有一个,以免遗漏真正的原因。在求同法的各种不同场合中存在的相同情况可能不止一个,已经发现的相同情况很可能与被研究现象毫不相干,而真正的原因——另一相同情况却隐藏在许多不同情况的背后,如果不仔细分析,就很容易在排异时将它错误地排除掉,而误把那个不相干的、表面相同的情况当做真正的原因。

第二,应选择尽可能多的场合进行比较。因为求同法是在不同场合的相关情况中寻找相同情况的方法,所以其结论的可靠程度与所考察的场合的数量有关。一般说来,考察的场合愈多,不相干的共同情况出现的可能性就愈小,也就愈能提高结论的可靠性。

(二) 求异法

求异法又称"差异法",它是根据在被研究现象出现和不出现的两个场合中,只有一个相关情况不同,其他情况都相同,进而确定这个唯一不同的相关情况与被研究现象之间有因果联系。例如:

我国古代有一起因借债不还而用镰刀杀人案件。检验官探明了借债人的住处,便命令该地居民将家中镰刀全部交出,一一摆在地上。当时正值盛夏,只见其中一把镰刀上苍蝇群集,而这把镰刀正是借债人的镰刀,于是将其抓住讯问。但是,他拒不认罪,大喊冤枉。于是,检验官指着镰刀让他自己看,说道:"别人的镰刀上没有苍蝇,而你用的镰刀杀人后,血腥气还在,所以苍蝇聚集在你的镰刀上,这难道还不清楚吗?"杀人者只得叩头认罪,四周观看讯问的人纷纷赞叹。

这里检验官运用的就是求异法。同样是镰刀,其中一把苍蝇群集,其他镰刀无此种现象,唯一不同的情况是此镰刀有血腥气,于是得出结论:镰刀上有血腥气是招引苍蝇的原因。

如果用 a 表示被研究现象,用 B、C、D 表示两个场合中的相同情况,用 A 表示在一个场合(正面场合)中出现而在另一个场合(反面场合)中不出现的唯一不同情况,那么求异法的推理形式可以用公式表示如下:

场合	相关情况	被研究现象
正面场合	A、B、C、D	a
反面场合	B、C、D	无 a

所以,A 与 a 之间有因果联系。

求异法的特点是同中求异。"同"是指两个场合中除有 A 和无 A 外,其他情况都相同;"异"是指在正面场合中有相关情况 A 和被研究现象 a,而在反面场合中则没有相关情况 A 和被研究现象 a。求异法就是从许多相同的情况中找差异,从差异的对比中找原因。求异法要求在正反两个场合中,只能有一个相关情况不同,其他情况必须完全相同,一般总要在人工控制的条件下才能做到。因此,求异法是科学试验中广泛采用的方法。科学试验活动中的对比试验便是运用求异法的逻辑原理安排的。

求异法的特点是同中求异,它不仅考察被研究现象出现的场合,还考察被研究现象不出现的场合,即通过正反两方面场合的对比考察被研究现象。这样,就能比较准确地判定某个情况与被研究现象之间的因果联系。求异法运用起来要比求同法的结论可靠得多。但是,它的结论毕竟也是或然的。运用求异法时,应注意以下几点:

第一,应严格要求正反两个场合中的其他情况均相同而唯有一个情况不同。如果其他情况中还隐藏着另一个不同情况,那么就不能运用求异法判定现象间的因果联系。

第二,应完整地把握情况与现象间的因果联系,不能把部分原因当做全部原因。

(三) 求同求异并用法

求同求异并用法又称"契合差异并用法",它是根据在被研究现象出现的一组场合(即正面场合组)中都有一个相同的相关情况,而在被研究现象不出现的另一组场合(即反面场合组)中都没有这个相关情况,进而确定这个相关情况与被研究现象之间有因果联系。

例如:

达尔文在研究动物形态和生活环境的关系时发现,不同类动物生活在相同的环境中,形态大致相同。鲨鱼属鱼类,鱼龙属爬行类,海豚属哺乳类,因其都生活在相同的环境中,形态很接近。同类动物生活在不同的环境中,其形态却不同。例如,狼、蝙蝠和鲸虽同属哺乳类,但因其生活环境不同,形态也互异。他由此得出结论:生活环境与动物的形态有因果联系。

又如:

人们很早就发现,种植豆类植物(豌豆、蚕豆、黄豆等)时,不仅不需要给土壤施氮肥,而且豆类植物还可以使土壤增加含氮量。相反,若种植非豆类植物(玉米、水稻、小米等),就没有这种现象。后经过研究,人们进一步发现,豆类植物的根部长有根瘤,而其他植物则没有。因此,人们得出如下结论:豆类植物的根瘤能使土壤中含氮量增加。

这就是运用求同求异并用法得出的结论。

我们把 A 组叫做正面场合组,把 B 组叫做反面场合组,用 A 表示相同情况,用 a 表示被研究现象,用 B、C、D、E、F、G 等表示各自不同的情况,那么求同求异并用法的推理形式可以用公式表示为：

$$
\begin{array}{cccc}
 & \text{场合} & \text{相关情况} & \text{被研究现象} \\
\text{正面场合组}\begin{cases}(1)\\(2)\\(3)\\\cdots\cdots\end{cases} & & \begin{array}{l}A、B、C\\A、D、E\\A、F、G\\\cdots\cdots\end{array} & \begin{array}{l}a\\a\\a\\\cdots\cdots\end{array}\\
\text{反面场合组}\begin{cases}(1)\\(2)\\(3)\\\cdots\cdots\end{cases} & & \begin{array}{l}B、H\\D、M\\F、N\\\cdots\cdots\end{array} & \begin{array}{l}\text{无}a\\\text{无}a\\\text{无}a\end{array}
\end{array}
$$

所以，A 与 a 之间有因果联系。

求同求异并用法的特点是两次求同，一次求异。也就是说，运用求同求异并用法时，需要经过三个步骤确定被研究现象的原因：第一步，把被研究现象 a 出现的正面场合组中的各个场合加以比较，发现只有一个情况 A 是相同的，其他情况都不同，据此运用求同法得出结论：凡有情况 A 就有现象 a；第二步，把被研究现象 a 不出现的反面场合组中的各个场合加以比较，发现其他情况都不同，只有一个情况相同，即情况 A 都不出现，据此运用求同法得出结论：凡无情况 A 就无现象 a；第三步，把正、反两个场合组的结果进行分析比较，根据有 A 就有 a，无 A 则无 a，运用求异法即可得出结论：A 与 a 之间有因果联系。

求同求异并用法是吸收了求同法和求异法的特点而形成的一种独立的方法，它不是求同法和求异法的相继运用。求同法和求异法的相继运用是指先用求同法确定因果联系，后用求异法进行检验。它只经过两个步骤，其特点是一次求同，一次求异。它要求相对应的正、反两个场合组的各个场合中，除了有无情况 A 这一差别外，其他情况都完全相同。求同求异并用法则不同，它要两次运用求同法，在正、反两个场合组中分别求同，然后在这两个场合组之间求异。它的正、反两个场合组的各个场合中，除了有无情况 A 这一差别外，其他情况也可以不同。

求同求异并用法兼有求同法和求异法的特点，结论较为可靠，但仍是或然的。所以，在运用中，为了提高其结论的可靠性，应注意以下几点：

第一，要尽量多考察正、反两个场合组中的场合。因为考察的场合越多，比较的范围越广，就越能排除在某个场合中偶然出现的或者与被研究现象不相干的情况，最后所得出的结论也就越可靠。

第二，要尽可能选择与正面场合组场合相似的反面场合组场合进行比较。反面场合组场合可以是无限的，但其中有很多场合对于探求被研究现象的原因并没有意义,只有那些与正面场合组相似的场合才有意义,而且正、反两个场合组场合越接近,就越能体现因果联系的质的确定性,其结论也就越可靠。

(四) 共变法

共变法是根据在被研究现象出现的若干场合中,其他相关情况都相同且保持不变,只有一个相关情况在变化,而且当这一情况发生变化时,被研究现象也随之发生相应的变化,进而确定这唯一变化的相关情况与被研究现象之间有因果联系。例如:

> 为了证实吸烟与肺癌的关系,研究人员进行了大量的调查和研究工作。研究资料显示:每多吸一支烟,肺癌的发病率就上升一倍。如果一个人每天吸两包烟,那么这个人比不吸烟的人得肺癌的几率高达 20 倍。可见,吸烟与肺癌的发生有一定的因果联系。

这就是运用共变法得出的结论。

如果用 B、C、D 表示各场合中均相同且保持不变的其他相关情况,用 A_1、A_2、A_3……表示唯一变化的相关情况 A 的各种变化状态,那么共变法的推理形式可以用公式表示为:

场合	相关情况	被研究现象
(1)	A_1、B、C、D	a_1
(2)	A_2、B、C、D	a_2
(3)	A_3、B、C、D	a_3
……	……	……

所以,A 与 a 之间有因果联系。

共变法的特点是同中求变。即在各个场合中的其他相关情况均保持相同且不变的条件下,从量的变化方面探求情况 A 与现象 a 之间的因果联系。因果联系具有量的确定性,即在特定条件下,原因在量上的扩大或缩小,一定会引起结果在量上的扩大或缩小。原因和结果在量上的这种共变关系,就是共变法探求因果联系的客观依据。

第一,分清共变法与求异法的区别,有助于共变法的运用。在运用共变法时,应注意它与求异法的运用有相似之处:都是只有一个情况 A 不同,其他相关情况都相同,所以在运用中容易发生混淆。实际上,两者是有区别的。共变法的特点则是同中求变,情况 A 的变化是从 A_1 到 A_2 到 A_3……它考察的是数量上的递增或递减的变化关系。求异法的特点是同中求异,情况 A 的变化是从有到无。因此,在探求因果联系时,如果事物中的某些因素无法消除或者暂时不能消除,就要运用共变法;而在考察某种现象的出现和不出现时,就要运用求异法。

共变法则是求异法的进一步展开,它不但要探求出原因,还要找出因果的数量关系,在定性分析的基础上进行定量分析。

第二,运用共变法时,只能有一个情况发生变化而引起被研究现象随之变化,其他情况应保持不变。否则,如果有两个或两个以上的相关情况发生变化,那就无法确定究竟是哪一个情况与被研究现象之间有共变关系,得出的结论就不可靠。

第三,要具体分析共变的方向。原因和结果在量上的共变关系是有规律的,要么同向共变,要么异向共变。所谓同向共变,是指原因和结果在量上的共变关系成正比,即若原因的量一直递增,则结果的量也随之一直递增。所谓异向共变,是指原因和结果在量上的共变关系成反比,即若原因的量一直递增,则结果的量就一直递减。因此,如果在被考察的场合中发现有变化不规律的事例,就不能运用共变法判定因果联系。

第四,共变关系不能超过一定的限度。共变关系是有一定限度的,如果超过了这个限度,原来的共变关系就会消失,甚至会出现一种相反的共变关系。

(五) 剩余法

剩余法是根据已知某一复合情况与某一复合现象之间有因果联系,并且复合情况中的一部分与复合现象中的一部分有因果联系,进而确定复合情况的剩余部分与复合现象的剩余部分之间有因果联系。例如:

在发现海王星之前,天文学家观察到天王星的运行轨道有四个地方发生倾斜。已知天王星轨道发生倾斜是由于受到附近行星的吸引,又知三个地方的倾斜是由于受到三颗已知行星的吸引,而这三颗已知行星的吸引都不能解释第四个地方倾斜的现象,于是便推测天王星在第四个地方发生倾斜的原因是受到另一颗未知行星的吸引。根据天体力学理论,天文学家计算出了未知行星的运行轨道。果然,1846 年,德国天文学家伽勒用望远镜发现了这颗未知行星——海王星。

这一结论就是运用剩余法得出的。如果用 A、B、C、D 表示复合情况,用 a、b、c、d 表示复合现象,用 B、C、D 表示复合情况中的一部分,用 b、c、d 表示复合现象中的一部分,用 A 表示复合情况的剩余部分,用 a 表示复合现象的剩余部分,那么剩余法的推理形式可以用公式表示为:

A、B、C、D 与 a、b、c、d 有因果联系,
B 与 b 有因果联系,
C 与 c 有因果联系,
D 与 d 有因果联系。
所以,A 与 a 之间有因果联系。

剩余法是研究复合情况与复合现象之间因果联系的方法，其特点是从余果求余因。即从复杂的因果联系中排除已知的因果联系，以探求剩余的未知的因果联系。因此，在科学研究和司法工作中，当用已知原因不能完全说明某种复杂现象时，就可以运用剩余法得出结论。

为了提高剩余法结论的可靠性，在运用剩余法时，要注意对复合原因的准确分析及对部分原因和部分结果的准确分析。同时，还要注意复合现象的剩余部分的原因有时不是单一的。这也需要作进一步的研究，一直分析到单一情况为止，以避免把真正的原因遗漏掉。

上述探求因果联系的五种逻辑方法各有自己的特点和作用，人们在思维活动和司法实践中，常常把几种逻辑方法结合在一起，并联系其他推理形式和认识方法加以综合运用。

思考题

1. 归纳推理与演绎推理有何区别和联系？
2. 什么是简单枚举归纳推理？它有何逻辑特征？
3. 探求因果联系有哪几种逻辑方法？各有何逻辑特征？

第九章 类比推理

第一节 类比推理

一、什么是类比推理

类比推理就是根据两个或两类对象在某些属性上相同或相似,从而推出它们在另一属性上也相同或相似的推理。类比推理也称作"类比法"或"类推法"。例如:

甲案发生在某星期五晚上九点左右,犯罪分子在滨海路从后面棒击被害人,然后将其拖至路旁树丛中用电线捆绑双手和双脚,抢劫并强奸。经侦查,确定某社区泵房供水员毕某有重大作案嫌疑。

乙案发生在另一个星期五晚上九点左右,犯罪分子在滨海路从后面棒击被害人,然后将其拖至路旁树丛中用电线捆绑双手和双脚,抢劫并强奸。

根据上述情况推断,两案可能是同一作案人所为。

这个结论就是运用类比推理得出的。

类比推理的逻辑形式可以用公式表示为:

A 对象具有 a、b、c、d 属性,
B 对象具有 a、b、c 属性。
——————————————
所以,B 对象也具有 d 属性。

这一公式中的 A、B 表示相比较的两个或两类对象,这两个或两类对象既可以是两个不同的事物类,也可以是同类或异类的两个不同的事物,还可以是一个事物类与另一个事物类的个体事物。a、b、c 表示 A、B 这两个或两类对象的相同或相似属性,d 表示推出属性。

在类比推理的形式结构中:

第一,A 事物是我们熟悉的事物,B 事物是我们希望说明或深入了解的事物,并且它们在一些属性上具有相似性。

第二,已知 A 事物的前提与结论具有真实的因果联系,因此 B 事物也应有相关的因果联系。

二、类比推理的逻辑特征

类比推理与演绎推理和归纳推理相比,主要有两个特征:

第一,思维进程的方向是由个别到个别。类比推理是通过将两个对象相比而得出结论的,其思维进程的方向是从一个对象的属性到另一个对象的属性,将两者相比,最后得出结论。从这一特点看,它既不同于演绎推理,也不同于归纳推理。演绎推理的思维进程的方向是从一般到个别,归纳推理的思维进程的方向是从个别到一般。

第二,结论是或然的。事物之间及事物与属性之间的联系是普遍存在的,这些联系有些是必然的,有些是偶然的。类比推理仅仅根据两事物的属性相同或相似就推论它们在其他的属性上也相同或相似,并没有具体分析事物之间、事物与属性之间、属性与属性之间联系的性质,不能准确地认识事物,把握属性间的关系,前提不蕴涵结论,因此其结论是或然的。在实践中,有的结论被证明为真,有的被证明为假。例如,地球和火星都是行星,都被大气包围,都有一定的温度,都有水,根据这些推出火星上也有生命的结论。但是,这个结论为后来的科学探索所否定,它是或然的。

三、类比推理的种类

根据类比推理的前提考察的是事物的性质还是事物之间的关系,可将类比推理分为性质类比和关系类比。

1. 性质类比推理

性质类比推理就是根据两个或两类对象在某些性质上相同或相似,而且已知其中的一个或一类对象还具有其他性质,进而推出另一个或另一类对象也具有相同或相似的其他性质。

性质类比推理的逻辑形式可以表示为:

  A 对象具有性质 a、b、c、d,
  B 对象具有性质 a、b、c。
  ———————————————
  所以,B 对象也具有性质 d。

2. 关系类比推理

关系类比推理就是根据两个系统在某些关系上相同或相似,而且已知其中的一个系统还具有其他关系,进而推出另一个系统也具有相同或相似的其他关系。

关系类比推理的逻辑形式可以表示为:

  A 系统具有关系 A1、A2、A3、A4,

B 系统具有关系 A1、A2、A3。

所以,B 系统也具有关系 A4。

在现代自然科学和工程技术中广泛运用一种模拟方法,这种模拟方法就是模拟类比。模拟类比就是根据被研究现象(即原型)设计制造出模型,然后用模型进行实验。

例如,要研究新型飞机、大型船舶、宇宙飞船、通讯卫星等的性能,或者设计大型水利电力工程、防震的高层建筑等,就得先用模型进行模拟实验,以便取得所需要的科学资料。这种由模型到原型的过渡,其逻辑基础就是关系类比推理。当然,在运用模拟类比方法时,模型与原型必须相同或相似,这样才能使所做的模拟实验具有较高的科学价值。

四、类比推理的作用

类比推理是人们生活、学习及人际沟通中最为常用的一种思维方法,它既是一种发现、认识的方法,又是一种说明、说理的方法。人们解释某种事实或原理(B),最简洁的方法就是找出另一种与之相似的事实或原理(A),通过类比推理举一反三,触类旁通。

据说,古希腊有个国王让金匠给自己打制了一顶纯金的皇冠,却又无端怀疑金匠做了手脚,从中克扣了黄金。用秤称了之后,重量与给金匠的黄金并无两样。但是,这个国王还是疑心重重,于是便令当时最著名的科学家阿基米德解决这个问题。阿基米德为此绞尽了脑汁,却总是想不出一个确实可行的验证方法。一天他去洗澡,当他慢慢地将身体沉入水中的时候,浴盆中的水也慢慢地上升。这一现象引起他的注意,启发他理解到水面上升是由于他的身体占据了一定量的水的空间的缘故。他由此又联想到如果找一块与皇冠一样重的金块,通过排水量的对比能够得出什么结论呢?突然闪现的念头使他顿思出解开皇冠之谜的方法。"我发现了! 我发现了!"他连衣服也顾不上穿就跑回家中。于是,著名的浮力定律即"阿基米德定律"产生了:浸在液体中的物体(全部或部分)所受的竖直向上的浮力,其大小等于物体所排开液体所受的重力。在这个定律的发现过程中,阿基米德在"如何称皇冠"与"洗澡"之间发现了想象的对应关系,然后将"洗澡"的事实用于"称皇冠"的问题情景,从而产生了解决问题的途径。这个思路就是类比解答。

被后世建筑工匠、木匠尊称为"祖师"的鲁班,一直苦于用斧子砍树费时费力。一天他又上山砍树,当他往山上爬时被一种叶子为锯齿状的草划破了手。这个情景使他立刻产生联想,在"如何更快捷省力地伐木"与"手被划破"之间发现了相像的对应关系,然后将"手被划破"的事实用于"更快捷省力地伐木"的问题情景,从而制造出了锯子。这个思路也是类比解答。

在这种因类推类的类比思路导引下,我国古代还积淀了许许多多的成语故事。比如,从《尚书》的"玉石俱焚"以及孔子的"苛政猛于虎"中,我们可以从烈火、猛虎与苛政的相似性上,清晰地理解为官不正的可怕。又如,我们可以从"橘逾淮为枳"理解同样的事物或人在不同的环境条件下,可以发生不同的变化;从"楚王好细腰"理解上行下效的道理;从"揠苗助长"理解不按客观规律办事,一味求快,反而会把事情弄糟;从"井底之蛙"理解不能孤陋寡闻,目光短浅,而又自鸣得意;从"刻舟求剑"理解做事情不能墨守成规;从"唇亡齿寒"理解贪图小利,牺牲邻邦,其结果必然是因小失大,自取灭亡;从"滥竽充数"理解没有真才实学就不要不懂装懂;从"买椟还珠"理解不能主次颠倒,也不能只重形式不重内容;从"郑人买履"理解不能迷信教条,不从实际出发;从"守株待兔"理解不能心存侥幸,把偶然当成必然等。当我们如今再使用这些成语时,所理解的已不是成语本身所要讲述的故事和事理,而是成语所寓喻的深刻事理了。

事实表明,虽然类比推理是一种或然性推理,结论不必然为真,但是由于它可以使人的思维由一个对象思考到另一个对象,由此及彼,产生联想,因而在人们认识世界和改造世界的过程中具有重要作用。

1. 在科学发现过程中的作用

类比推理在科学发现中具有重要的作用。例如,荷兰物理学家惠更斯把光和声两类现象作了类比,发现它们具有一系列相同的属性:直线传播、反射、折射和干扰等现象,而声的本质是由物体的振动所产生的一种波动,因此他推断光的本性也是一种波动,从而创立了光的波动说。

奥地利医生奥恩布鲁格在一次为一个胸痛的病人看病时,因未能确诊病因,致使病人没得到有效的治疗,不久便死了。他解剖了死者的尸体,结果发现胸腔内充满积液,医生的职业感使他深深地内疚,于是他苦苦地寻找诊断与治疗的方法。他父亲是一个经营酒业的商人,经常用手敲击酒桶以确定其中存酒的多少。奥恩布鲁格从此受到启发,他想:人的胸部也是一个腔体,能否用叩击听音的方法诊断胸腔内部的疾病?于是,他开始了深入的研究,最终在1761年写成了《用叩诊人体胸廓发现胸腔内部疾病的新方法》,发明了叩诊法。在这个过程中,奥恩布鲁格运用了类比推理。

类比推理也是现代仿生学的理论基础。比如,飞机的飞行就是模仿了鸟类翅膀的上面凸下面平的空气动力学特征,雷达是模仿了蝙蝠的超声波回声定位现象,航空器的结构是模仿了蜂窝的正六面体的结构,等等。

2. 在科学实验中的作用

科学实验是有目的、有计划地人工模拟或控制自然条件,研究事物状态或发展变化的方法。因为这种方法的前提就是模拟或控制自然条件,即创造一个与自然界事物发展过程中的相同的自然环境,所以类比推理在其中具有重要的作用。比如,研究航空器性能的风洞实验,就是模拟了飞行器在飞行中与气流相对运动所出现的各种情况,测出数据,得出结论,作出决策的。此外,在许多领域,比如研究材料在不同压力、不同温度下的抗疲劳程度的实验,研究人在飓风中抗吹倒能力的实验,研究病毒和细菌抗药性的实验等,都可以非常典型地看到类比推理的重要作用。

第二节 运用类比推理应注意的问题

一、与比喻和比较相区别

比喻是用喻体说明本体,即用简单的、生动的、形象的事物说明复杂的、枯燥的、抽象的道理的方法。它的特点是从喻体到本体,目的是本体。比喻不受类的限制,比如说某人笨得像猪一样。类比推理则要在同类或相近类的事物之间进行。

比较是直接将两个事物相比,它也没有类的限制,可以是同类的,也可以是不同类的。其目的是考察二者有哪些相同点、哪些不同点。类比推理则要在同类或相近类的事物之间进行,而且只选择相同或相似的属性相比,并且要在两个对象相比后推出新的结论,并不是简单地仅就二者的相同或不同得出结论。

二、注意提高结论的可靠性

1. 相比属性要多。两种对象间相同的属性越多,它们所属的类别就可能越近,结论的可靠性就越大;两种对象间相同的属性越少,它们所属的类别就可能越远,结论的可靠性就越小。比如,进行高级神经方面的药物实验,一般选择猩猩、猴子或狗,而很少用到猪、鸭、鸡等。

2. 用本质属性相比。本质属性是事物之所以是该事物的本质规定性,也是区别其他事物的根本所在。用本质属性相比可以排除事物的偶然相同或相似性,因而大大提高结论的可靠性。

3. 相比属性与推出属性联系要密切。前提中作为根据的属性与结论中推出的属性的联系越密切,结论就越可靠。如果前提中作为根据的属性与结论中推出的属性的联系是必然的,那么结论就是必然的。它的形式就是:

有 A、B、C 就一定有 D,
对象乙有 A、B、C。
_____
所以,对象乙就一定有 D。

这是一个三段论推理,因此它是必然的。

三、防止机械类比的错误

机械类比是指仅仅根据对象间的某些表面相似而进行的类比推理。犯机械类比的错误一般是只看到了事物表面的、非本质的、偶然出现的属性,而未深究其内在的、本质的、必然的原因就进行类比推理,得出结论。比如,早期的人们看到鸟类扇动翅膀飞行,就做出翅膀模仿其扇动飞行,却每每以失败告终。当时的人们并不知道鸟的翅膀具有空气动力学上的升力结构,而这个属性才是鸟类能飞行的本质属性。再如,地球和火星都是行星,都被大气包围,都有一定的温度,都有水,根据这些属性推出火星上也有生命的结论,这个结论被后来的科学实验所否定。这是因为,人们只看到了地球和火星表面上的相同之处,而在实际上,地球和火星上大气、温度和水的状态对于人类的生存来说有本质的不同。这个推理就犯了机械类比的错误。

那么,应如何防止机械类比?第一,抓住事物内在的、本质的、必然的属性,这样才能进行正确的类比。必须通过事物表面的、非本质的、偶然出现的属性探究事物内在的、本质的、必然的属性,从表面到内部,从现象到本质,从偶然到必然。第二,在事物的一般本质属性中抓住事物的主要本质属性。例如,比较地球和月球,它们都是球形,都有自转、公转,但是地球上有高等生物,月球上就没有高等生物。这就需要探寻月球上是否有和高等生物相关的属性,这就是事物的主要本质属性。经研究发现,月球上昼夜温差很大,白天温度可达135℃,夜间下降到零下160℃,同时,没有水,空气也很稀薄,这些情况都不适于高等生物的生存。比较后,就可防止机械类比而作出月球上有高等生物的结论。

思考题

1. 什么是类比推理?
2. 类比推理有哪些种类?
3. 在类比推理应用中要注意哪些问题?
4. 如何提高类比推理的可靠程度?

第十章　假说与侦查假说

假说又称"假设"。假设在日常语言中通常有两种不同的指称：一种是对未知事实或命题真假的设定即假定，它只要通过进一步的观察或推导便能确定其存在与否或真假如何，而不需要对假定本身作出专门研究；另一种是要经过专门研究才能形成的假设，这种假设是根据已有的事实材料和科学原理而对未知事物或规律作出的推测性说明。本章讨论的假说或假设是指后一种。

第一节　假说概述

一、假说的种类与特征

1. 假说的定义

所谓假说，是人们根据已有事实材料和科学原理对某一未知事物或其规律作出的推测性说明。

人们在认识和改造世界的实践活动中，会碰到各种各样的事物现象。有些事物现象，人们只要运用已有的科学理论便能作出正确解释和说明。但是，对于另外一些事物现象，即使人们运用所有已知的科学原理也无法加以解释和说明。这时，如何正确解释和说明这类事物现象，便成为人们实践中所面临的疑难问题。在这种情况下，自然需要有人能够提出新的理论观点，对此作出试探性的解释和说明。这种试探性的解释和说明便是假说。

例如，1844 年，德国天文学家培塞尔在研究天狼星的天空位置变化时，发现天狼星的位移具有周期性的偏差度，即忽左忽右地来回摆动。为什么会出现这种现象？当时的天文学理论无法对这一现象作出合理的解释和说明。就在这种情况下，培塞尔根据有关天狼星的观测资料和牛顿万有引力定律，对天狼星位置的摆动现象大胆作出推测性论断，认为天狼星旁一定有一颗我们尚未观察到的光度较弱而质量较大的伴星，是它与天狼星一起围绕着共同的引力中心运行。在运行中，这颗伴星的引力使得天狼星的位置忽左忽右，呈现周期性摆动。这就是培塞尔针对天狼星位置摆动现象提出的假说。1862 年，大型天文望远镜制造出来后，天文学家从新的望远镜中观察到，天狼星果然有颗伴星。以后，又通过星光的光谱分析，进一步证实了培塞尔的假说。

2. 假说的种类

假说可根据不同标准进行不同分类。

人类对自然现象和社会现象的探索和研究,无非包括两个方面:一方面,探索和研究已经发生了的事物,从中找出发展规律;另一方面,根据客观事物的发展规律,预测和展望未来。因此,根据人们最初提出假说的不同目的,假说可相应分为两种:

(1) 解释性假说。这种假说是在已掌握的事实材料基础上,对业已存在的事物现象及其规律作出的假定性解释和说明。例如,康德关于太阳系起源于原始星云的假说,哥白尼关于地球和其他行星围绕太阳运行的假说,达尔文关于人类是从类人猿进化而来的假说等等,都是根据已有事实材料,对业已存在的事物现象和规律作出的解释和说明,因而都属于解释性假说。

(2) 预测性假说。这种假说是凭借已有事实材料和事物发展规律,对当时还不存在而在将来才会出现的事物现象作出推测和预言。例如,毛泽东在抗战初期提出的"抗日战争是持久战,最后胜利是中国的"观点,就是预测性假说。因为毛泽东在提出这一假说时,抗日战争刚刚开始,假说所预言的结果尚未发生。再如,有人根据亚太地区经济和全球经济目前的发展态势,提出21世纪世界经济中心将转向亚太地区的假说,这同样也是预测性假说。还有气象人员根据观测资料作出的中、长期天气预报等,也属于预测性假说。

3. 假说的特征

不论是解释性假说还是预测性假说,都具有如下特征:

第一,假说是以客观事实和科学知识为根据的,因而它与种种毫无根据的迷信幻想和无知妄说是根本不同的。科学假说是在真实知识土壤里生长出来的,是人类洞察自然的能力和智慧的集中表现。比如,魏格纳谈及他提出的"大陆漂移说"时,有如下一段自述:

> 任何人观察南大西洋的两对岸,一定会被巴西与非洲间海岸线轮廓的相似性所吸引住。不仅圣罗克角附近巴西海岸的大直角突出和喀麦隆附近非洲海岸线的凹进完全吻合,而且自此以南一带,巴西海岸的每一个突出部分都和非洲海岸的每一个同样形状的海湾相呼应。反之,巴西海岸有一个海湾,非洲方面就有一个相应的突出部分。如果用罗盘仪在地球仪上测量一下,就可以看到双方的大小都是准确地一致的。
>
> 这个现象是关于地壳性质及其内部运动的一个新见解的出发点,这种新见解就叫做大陆漂移说,或简称漂移说;因为,这个学说的最重要部分是设想在地质时代的过程中大陆块有过巨大的水平移动,这个运动即在今日

还可能在继续进行着。①

这段自述表明,"大陆漂移说"的提出是有事实根据和科学根据的。那些与此相反的既无事实根据又无科学根据的臆想,根本不能称为假说。历史上最大的臆想就是假设"神"的存在。由于假设"神"的存在既无事实根据又无科学根据,因而它根本不是假说,而是迷信。

第二,假说具有想象和推测的性质。假说作为对未知现象或规律的一种假定性解释和说明,带有猜想的成分。它还不是确实可靠的认识,因而与那些已为实践证实的科学知识和原理是有区别的。比如,现代科学关于太阳系构造及星际运动规律的理论是已经得到证实的知识,而这种得到证实的科学理论与哥白尼提出的"日心说"是有区别的。哥白尼的"日心说"作为假说,具有推测性。哥白尼只是根据当时不很充分的天文观测资料和尚未得到充分发展的科学知识,对太阳系构造作出的推测。假如站在现代科学理论的高度看哥白尼的"日心说",就会发现其中包含某些不切合实际的内容,如把太阳看成宇宙的中心,并认为地球和其他行星是按正圆形轨道绕太阳运行的等等。正因为假说具有推测性,所以任何假说都要经过实践验证。

第三,假说具有科学预见功能。这是因为,假说是人的认识接近客观真理的方式。恩格斯曾经说过:"只要自然科学在思维着,它的发展形式就是假说。一个新的事实被观察到了,它使得过去用来说明和它同类的事实的方式不中用了。从这一瞬间起,就需要新的说明方式了——它最初仅仅以有限数量的事实和观察为基础。进一步的观察材料会使这些假说纯化,取消一些,修正一些,直到最后纯粹地构成定律。如果要等待构成定律的材料纯粹化起来,那末这就是在此以前要把运用思维的研究停下来,而定律也就永远不会出现。"②这说明,科学发展的形式表现为假说的提出、验证和更新。在实践基础上,通过提出假说、验证假说,以及修改、补充和更新假说,人的认识就会愈来愈正确地反映客观现实,掌握客观真理。就这个意义而言,假说是人的认识接近客观真理的方式,因而具有科学预见的功能。

4. 假说的作用

在人们的认识活动中,假说作为重要的认识形式,无论是在科学研究活动中,还是在日常工作和生活中,都起着非常重要的作用。

假说在科学研究活动中具有特别重要的作用,这种重要作用可用一句话概括:假说是科学发展的形式。

人们认识世界、探索自然和社会的根本目的,是要认识事物本质,掌握客

---

① 〔德〕魏格纳:《海陆的起源》,李旭旦译,北京大学出版社2006年版,第3页。
② 〔德〕恩格斯:《自然辩证法》,人民出版社1971年版,第218页。

观事物发展规律,以指导改造客观世界的社会实践活动。人对事物本质及其规律的认识过程又是一个由表及里、由浅入深的逐步深入的过程。在这一过程中,假说起着非同寻常的作用。当人们在实践中通过观察和实验收集到一定数量的事实材料,而它们又不足以解释需要说明的事物现象时,人们便运用这些材料,借助于逻辑推理,对这些事物现象提出尝试性的解释,这就是假说。随着假说所预见的未知事实在实践中相继获得确证,假说就被证实。这时,它就转化为科学理论。当旧理论在实践中碰到无法解释的新事实时,人们便根据新的事实材料提出具有推测性的新假说以取代原有旧理论。一旦新假说经过实践验证获得证实,它就会成为新的科学理论。在人类认识史上,科学理论就是这样通过"提出假说——验证假说(使假说转化为科学理论)——提出新的假说……"的方式不断向前发展的。由此可见,假说是人类认识过程中极其重要的认识形式,是科学理论发展过程中不可缺少的阶段。正如恩格斯在揭示自然科学理论发展规律时所深刻指出的:只要自然科学在思维着,它的发展形式就是假说。假说是自然科学发展的形式,是科学的理论、原理和定律。例如,哥白尼的日心说、牛顿的力学理论、达尔文的进化论、门捷列夫的元素周期律、孟德尔的遗传学定律、爱因斯坦的相对论等等,最初无一不是以假说的形式提出的。

在社会科学领域,假说也同样是社会科学理论发展的形式。任何理论或学说,在最初都是作为假说提出来,尔后经过实践检验,才上升为科学理论或学说的。如马克思创立的唯物史观,其基本观点最初也是作为假说提出的。马克思在提出唯物史观这一假说后,经过多年潜心研究,并依据大量材料,终于写出《资本论》这部巨著,通过揭示资本主义社会发生、发展和灭亡的规律而证实了唯物史观的正确性。所以,正如列宁所说:"自从《资本论》问世以来,唯物主义历史观已经不是假设而是科学地证明了的原理。"[①]

在人们的日常工作和生活中,也常常要用到假说。为了区别于科学理论的假说,可以把日常运用的假说称为"假设"。例如,公安人员在侦查案件过程中,需要根据现场勘查结果,运用溯原推理及类比推理等提出侦查假设,以便缩小侦查范围,确定侦查目标。医生在给病人诊断时,也要根据病情症状提出诊断假设,并把从假设引出的推断与病人的病情和体征相对照以确诊。总之,由于假说具有预见功能,能帮助人们对未知事实和未来发展方向作出预测,因而即便在日常工作和生活中,假说也具有重要作用。

[①] 《列宁全集》第 1 卷,人民出版社 1984 年版,第 112 页。

二、假说的提出

1. 提出假说的步骤

假说的提出是十分复杂的创造性思维过程,很难找出固定的程序。从假说形成的全过程看,一个假说的提出可大致分成两个步骤,即提出假设和形成推论。

(1) 提出假设

提出假设,就是根据已有事实和科学知识,通过分析和推理,形成假说的基本观点。例如,魏格纳根据非洲西部的海岸线与南美洲东部的海岸线彼此互相吻合等事实,经过分析和推理,提出如下设想:这两块大陆原先是合在一起的,只是由于大陆块有过巨大的水平移动才漂移开来。这就是"大陆漂移说"的基本观点。

在提出假设过程中,或然性推理的作用比较突出。这是因为,研究者提出假设总是以不很充分的事实材料和已有科学知识为依据推测未知事实的,这时就需要运用或然性推理帮助研究者展开思维想象的翅膀,对某种未知现象或规律作出某种猜测。如著名的"哥德巴赫猜想",就是运用枚举归纳推理提出的猜想;而"大陆漂移说",则是魏格纳运用类比推理将漂浮的冰山和漂浮在岩浆上的大陆块类比后得出的结论。在或然性推理中,类比推理和溯原推理在提出假设时的作用最为突出,因为它们都是创造性思维的有机组成部分。尤其是类比推理,最富于创造性,不少重要的科学假说全靠运用类比推理才得以建立起来。

例如,人们很早就开始了对生命遗传机制的探索。薛定谔注意到,生物的种类浩如烟海,每一种生物都是一代一代忠实地复制着自己的模型。他又注意到,人们通过莫尔斯电码能将丰富多彩的语言准确地传达给别人。于是,他把生命的遗传现象与莫尔斯电码的通讯现象进行类比,从生命遗传现象与电码通讯现象在结果层次上的相似出发,推测二者在行为功能的层次上、在结构的层次上也可能相似,从而作出生命密码的大胆假设:"遗传物质可能是由基本粒子连接起来的非周期性的结晶,有如莫尔斯电码的'点'和'横'那样,可以取各种不同的状态,像莫尔斯电码的组合可以记述所有语言那样,状态变化的排列顺序大概是表示生命的密码文。生命的密码被复制,并像拷贝一样无误地传递给子孙。"[①]

同样地,溯原推理作为创造性思维的有机组成部分,也是创立假说的重要逻辑工具。因为假说都是对未知事物现象或规律所作的推测性说明,而要说明未知事物现象,则必须对产生这一现象的原因作出解释,这在实际上就是根据已知

---

① E. Schrödinger, What is Life? Cambridge University Press, New York, 1945. 转引自〔美〕G. S. 斯坦特:《分子遗传学》,中国社会科学院遗传研究所译,科学出版社 1978 年版,第 17 页。

结果事实追溯原因。因此,从根本上说,任何假设的提出都离不开溯原推理的运用。为了更清楚地看出溯原推理在提出假设过程中的作用,我们不妨分析一下培塞尔针对天狼星位置摆动现象提出假设的思维过程:天狼星位置忽左忽右,呈现周期性摆动。如果有一颗巨大的伴星和天狼星一起围绕着共同的引力中心运行,那么天狼星位置就会忽左忽右,呈现周期性摆动。所以,有一颗巨大的伴星和天狼星一起围绕着共同的引力中心运行。这里不难看出,溯原推理的结论正是培塞尔假设的基本观点。

如此提出的假设,其基本观点带有明显的尝试性与暂时性。它所依据的事实材料尚不充分,所运用的或然性推理的结论也并不十分可靠。况且,对同一现象运用溯原推理,往往可从不同角度设想出不同的理论解释,提出多种假设,而它们并不都是正确的,研究者需要经过反复仔细考察,方能对可供选择的假设作出取舍。例如,对脉冲星为什么能极有规则地发出脉冲这一天文现象,天文学家最初曾设想了三种情况:脉动、双星作轨道运动和自转。脉动即设想整个星体时而膨胀,时而收缩,就像人体心脏的跳动那样。因为有的恒星如脉动变星即是由于脉动造成了光度的变化,所以自然会联想到射电脉冲也可能是脉动作用引起的。双星作轨道运动即设想两颗恒星在互相绕转的运行过程中,由于发生了相互遮掩的交食现象而使我们观测到周期性的脉冲。自转即设想该星像灯塔上不停地旋转的探照灯一样,当探照灯上的光束扫描海面时,每扫描一周灯光就照射到海轮上一次,而在船上的人看来,就是灯每隔一定周期亮一下(光脉冲)。天文学家们经过反复考察后确认:如果是脉动,就不可能维持脉冲周期的极端稳定性;如果是双星作轨道运动,也不可能维持脉冲周期的极端稳定性。可是,脉冲星最明显的特征就是脉冲周期的高度稳定。所以,选用"灯塔辐射"机制是最合理的解释。这种对假说的基本观点作出选择的思维过程,可以用如下公式表示:

或 h1,或 h2,或 h3。
如果 h1,那么 e1,但是非 e1。
因此,h1 不能成立。
如果 h2,那么 e2,但是非 e2。
因此,h2 不能成立。
所以,h3。

(2) 形成推论

形成推论,就是从已经确立的基本观点出发,引出一系列有关研究对象的推论。该推论不仅要能解释已有事实,而且要能预言未知事实。

例如,以"大陆漂移说"的基本观点为出发点,能够推出以下各组事实:

——各个大陆块可以像拼版玩具那样拼合起来,大陆块边缘之间的吻合程度是非常高的。这是大陆漂移的几何(形状)拼合证据。

——大西洋两岸以及印度洋两岸彼此相对地区的地层层序(地层构造)是相同的。这是大陆漂移的地质证据。

——大西洋两岸的古生物种(植物化石和动物化石)几乎是完全相同的。还有大量的古生物种属(化石)是各大陆都相同的。这是大陆漂移的古生物证据。

——留在岩层中的痕迹表明,在3.5亿年前到2.5亿年前之间,今天的北极地区曾经一度是气候很热的沙漠,而今天的赤道地区曾经为冰川所覆盖,这些陆块古时所处的气候带与今日所处的气候带恰好相反。这是大陆漂移的古气候证据。

在形成推论时应当注意,解释已知事实与预言未知事实二者对假说本身的支持力度是大不相同的。例如,牛顿当时运用万有引力假说,虽圆满地解释了长期以来被认为最神秘的涨潮退潮现象,但这还不能有力地证实万有引力假说。直到18世纪,法国数学家克雷洛根据万有引力假说计算出哈雷彗星的轨道,并预告它将要出现的可能日期,尔后哈雷彗星果然在预言的期间里出现了,这才有力地证实了万有引力假说。因此,只有依据假设基本观点引出预言性的推论,才对验证假说具有决定性意义。

形成推论必须运用必然性推理。这是因为,假说的基本观点必须严格蕴涵着由它引出的推论,而或然性推理显然不能满足这一要求。形成推论是假说形成的标志,因为提出假设还只是对被研究现象提出初步假定,只有依据多方面的知识和材料,并运用必然性推理进行推论,才能充实假设内容,使之形成一个完整体系。例如,"大陆漂移说"如果没有引出诸如上述种种推论,使之扩充为完整的体系,那么它就不能算是一个完整而严谨的假说。因此,在提出假设后,运用必然性推理形成推论,也是提出假说过程中的重要一步。

2. 提出假说应注意的问题

假说的提出具有高度的创造性和复杂性,没有什么固定的规则或公式可循,但有以下四点是提出假说所应当注意的:

(1) 必须以事实为根据,但不必等事实材料全面系统地积累起来后才提出假说

假说与无事实根据的迷信预测(如占卜术等)最根本的区别在于:假说是依据已有科学知识和事实材料提出来的,即使后来被否定的那些假说,原先也是有一定的事实依据的。这就是说,任何假说的提出都必须以事实为根据。但是,人们也不必等待事实材料全面系统地积累起来之后再提出假说,因为那样做将意味着取消假说,使人们的理论思维过程停顿下来。再说,事实材料的搜集是一个历史过程,常会受到某一时代技术条件及人类实践范围的限制,而人对自然的认

识则是能动反映的过程,人们完全可以凭借有限的事实材料和已有的科学知识,借助逻辑推理提出假说。例如,哈维提出血液循环假说时,医学上尚未运用显微镜。哈维曾猜测四肢的血如何从动脉进入静脉。只是到了后来,马尔比基和列文虎克才先后用显微镜在蛙肺中看到了小动脉中的血流入小静脉。

(2) 必须运用科学知识,但又不必受已有知识束缚

创立假说是人类认识扩大与深化的过程。科学假说不能与科学中已经证实的定律相矛盾;相反,它应当遵循和运用已有的科学原理。但是,人的认识是一个由浅入深不断前进的发展过程,已经取得的认识成果不可能绝对正确,原有的知识和原理也不会完美无缺。当实践中新发现的事实与传统观念发生冲突,旧知识体系的局限性暴露在人们面前时,人们就应勇敢地冲破传统观念的束缚,大胆提出新假说。科学史上不乏这样的例子,如哥白尼提出日心说、达尔文提出进化论、爱因斯坦提出相对论等等,都勇敢地突破了旧有传统观念,使人类知识提高到一个新水平。

(3) 不仅要圆满地解释已有事实,而且还必须包含可在实践中检验的新结论

正是由于发现了原有理论无法解释的新事实,人们才提出了假说,所以只有当假说对各种有关事实都能给予正确解释时,才表明它具有较大的适用性并得到大量事实的支持,它才会是有意义的。不仅如此,一个假说还必须尽可能多地预言未知的新事实,以表明假说不仅有巨大的启发作用,而且是可以广泛地在实践中验证的。例如,门捷列夫 1869 年提出的元素周期律假说,不但对已发现的 63 种元素作了科学解释,还预言了一些当时尚未被人们发现的新元素。后来,这些被预言的新元素相继被发现,而且其化学性质和原子量等与门捷列夫的预言极其吻合,从而证明了元素周期律不仅是科学假说,而且是为实践所广泛证实的化学原理。

(4) 假说的结论必须简明

假说过于复杂往往就不严密,并且也往往会使假说的核心即研究者设想的基本观点淹没在繁杂的甚至无关的材料之中。因此,简洁明了便成为科学假说的又一特征。至于要简明到何种程度,则要依对象性质而定。基本要求是,无论如何要消除无关紧要的、非必要的东西,以精炼内容,突出重点。

三、假说的验证

1. 验证假说的基本步骤

人们提出假说,对旧理论碰到的疑难问题作出解答,对实践中发现的新事实作出解释。但是,这种试探性的解答和解释是否正确,并不依赖于人们的主观信仰或社会公认,也不依赖于它能否作为某种方便的手段或工具,而取决于它是否

符合客观实际。因此,假说提出之后必须经过验证,即通过实践检验判明假说是否具有真理性。

严格说来,假说的验证并不是在假说形成之后才开始的。在形成假说时,就已伴随着局部的验证。例如,在形成假说的初始阶段,研究者在提出几个尝试性假定后,必须进行多方面的考察、分析和论证,方能从中选出比较合理的初步假定,而这一过程本身既是对各种初步假定的选择,又是对它们的初步验证。再如,由初步假定到引出推论时,研究者也必须借助于已知事实检查假说的合理性。但是,上面的验证只是局部的和不全面的。对假说的真理性具有决定意义的验证,是在假说形成之后才开始的。只有在假说形成之后,人们才从整体上对假说的真理性给予全面的、严格的验证。

假说的验证过程可分为以下两个基本步骤:

第一步,从假说的基本观点出发,引出关于事实的结论。这是个逻辑推理过程,需要运用必然性推理。其推理过程可用公式表示为:$(H \wedge W) \rightarrow E$。这里,$H$ 表示假说的基本观点;E 表示关于事实的命题,它可以是需要解释的已知事实,也可以是预见到的未知事实。W 则表示有关的背景知识。因为仅仅依靠假说 H 还不足以引出关于事实的命题 E,除假说外,还必须具有一定的背景知识。例如,仅仅依据"所有金属物体都有热胀冷缩的特性",还不能引出"这个物体有热胀冷缩的特性"的结论。要得到这个结论,除上述前提条件外,还需要一些其他知识如"这个物体是金属物体"作为前提。因此,人们实际上是把假说的基本观点与有关背景知识结合起来作为前提,通过必然性推理引出关于事实的命题。例如,德布罗意提出物质波假说后,便运用狭义相对论公式和量子论当时已建立起来的公式,经过严格推导,给出计算物质波波长的公式,还计算出电子的波长,预言电子通过直径小于其波长的小孔时,也会像其他波一样发生衍射现象,并提出可用电子在晶体上做衍射实验加以验证。

第二步,通过社会实践检查从假说基本观点结合背景知识所引出的结论是否真实。要验证假说的推论,有时仅仅观察就够了。例如,生物学家施旺与施列登分别发现了动物和植物机体都是由细胞组成的。施列登又在植物细胞中发现了细胞核。施旺设想:如果动物与植物在本质上相似,那么动物也应有细胞核。后来,用显微镜反复观察,动物细胞中果然存在细胞核。这一假说的验证就通过观察而得到了证实。有时,则需要设计复杂的实验,并通过运用探求因果联系的方法,才能对假说的推论作出检验。若假说的推论与事实相符,人们一般就认为假说得到了证实;若假说的推论与事实不符,人们一般就认为假说被否证(证伪了)。

例如,1927 年,美国科学家戴维森在精密实验条件下,做了电子束在镍晶体表面反射时产生散射现象的实验,经计算证实了德布罗意公式。同年,英国科学家汤姆逊用高速电子穿透金属箔,直接拍摄到电子衍射图样。这样,德布罗意的物质波假说就被证实了。

2. 验证假说的复杂性

按照上述基本步骤验证假说,不论是证实抑或是证伪一个假说,都是非常复杂。这是因为,人们实际验证假说时,总是通过公式$(H \wedge W) \rightarrow E$检查从假说引出的推论 E 是否存在,进而由此确定假说 H 能否成立。一般地说,E 得到证实,假说 H 就得到了一定程度的确证;而 E 被否证,假说 H 则失去了支持。然而,一定程度的确证不等于证实了假说。同样,失去支持并不等于假说被证伪。因此,验证假说还是一个十分复杂的历史过程。

首先,证实假说的过程是极其复杂的。证实假说所运用的推理形式是:

$$\frac{(H \wedge W) \rightarrow E \quad E}{H \wedge W}$$

显然,该式不是必然性推理的有效式,而是或然性推理中溯原推理的形式,因而其推理结论不具有必然性而仅具有或然性。因此,当实践表明推论 E 真时,还不能由此必然确定假说 H 真,而只能说假说得到某种程度的确证。

因此,为了证实假说,人们往往要从假说中引出一系列关于事实的命题,让实践对众多的事实命题作出检验。一般说来,支持假说的事实越多,假说得到确证的程度也越高。当然,单纯依靠事实的量的增加对于证实假说并不具有决定意义,更重要的是应当考虑用以证实假说的事实的质。这就是说,不同的事实对假说的支持程度不同,因而对最终证实假说所起的作用也就大不相同。如果从假说中引出的是关于已知事实的命题,那么这种事实只能给予假说一般性的支持,对假说作出一般性的验证。如果假说能预见到未知的新事实,这种事实单靠背景知识不能推导出来,而与背景知识相容,那么这种事实就能给假说以较强的支持,对假说作出严格的验证。例如,门捷列夫的元素周期律假说对未知元素的预言即是如此。如果假说作出的预见是背景知识所料想不到的,并且是违反背景知识的,这种预见就是大胆、新颖的预见,它将给假说以最强的支持,对假说作出有决定意义的验证。例如,爱因斯坦的广义相对论,就是根据所预见的水星近日点的进动、光线在引力场中的弯曲和光谱线在引力场中的红移这三大事实被证实而得到确认的。

总之,由于不同的经验事实对假说的支持程度各不相同,并且从根本上说假说被证实的过程不具有逻辑上的必然性,所以证实假说不是一次实践就能完成的,而是一个十分复杂的历史过程。

其次,证伪假说的过程也是极其复杂的。证伪过程所运用的推理形式是:

$$(H \wedge W) \rightarrow E$$
$$\neg E$$
$$\overline{\neg(H \wedge W)}$$

显然，依据该式，如果 E 与客观事实不符，只能推出作为假言前提前件的假说基本观点与背景知识的合取虚假，而不能必然推出假说基本观点虚假，因为此时既可能是假说基本观点虚假，也可能是背景知识虚假。例如，牛顿提出万有引力假说后，曾结合其他知识，计算出月球的运行情况。但是，对月球的观察使他大失所望，观察结果与他的计算不符。牛顿不愿意在事实面前再提出其他理论，就把他理论的原稿搁进了抽屉。大约过了 20 年，法国一个实地考察团对地球的圆周重新作出测量。牛顿看到他以前计算所依据的数字是错误的，而修改后的数字正是为了全面证实他的设想所渴求的。在这次验证之后，他才发表了他的假说。在这个例子中，从假说和背景知识中推出的关于事实的命题与实际观察不符合，发生错误的不是假说，而是背景知识。当然，有时经过仔细检查，发现背景知识是确实可靠的，这时通过上述推理便可确定假说是不正确的，这就是对假说的证伪。但是，个别事实结果并不能完全证伪一个假说。因此，即使遇到这种情况，人们也不是轻易抛弃假说，而通常是结合这一新情况对原假说进行局部修改和补充，使之具有更广的适用性，并从中引出新的结论，重新进行验证。

此外，还可能出现这样的情况：由于观察和实验的技术手段不完善，从中获得的事实材料不够准确，甚至差错很大，这时也不能必然地证伪假说。例如，门捷列夫的元素周期律假说，预言未知元素"类铝"的比重为 5.9—6.0。可是，布瓦菩德朗用光谱分析法发现的新元素——镓的比重，最初的测定为 4.7。根据"类铝"和镓的原子量相同这一情况，门捷列夫断定镓就是他所预言的新元素"类铝"。他认为布瓦菩德朗的测定有问题，并把自己的看法写信告诉了布瓦菩德朗。经过重新测定，果然镓的比重是 5.96。

由此可见，个别实践活动不足以证伪假说的基本观点。证伪一个假说和证实一个假说同样都是一个复杂的历史过程。

第二节 侦查假说

一、侦查假说及其特点

侦查假说亦称"侦查推论"或"侦查假设"，它是指在案件（主要指刑事案件）发生后，侦查人员根据案件中已知的事实材料以及相关的科学知识和办案经验，对案件中需要查明的问题作出的推测性解释。侦查假说是一种工作假说，是假说这种思维方法在侦查活动中的具体应用。侦查假说对于侦查工作起着导向作用,甚至可以说侦破案件的全过程也就是侦查假说的提出、推演、检验、修正和证实的过程。

侦查假说的特点在于,它与科学假说一样是科学性与猜测性的统一。侦查假说的科学性表现为,它不但有事实材料作根据,而且有比较可靠的背景知识的支持。事实材料来源于经验材料,而背景知识往往来自常识。这里所谓的"常识",实际上是人们生活中的各种知识的积累,虽然它不是科学原理,却也在一定程度上反映了事物之间存在的客观联系。它的猜测性表现为,根据已掌握的材料作出推论时,所运用的推理通常仅具有或然性。它的或然性可能源自其前提,也可能源自其所运用的推理形式,因此侦查假说更多地带有思维想象力和创造性的特点。

侦查假说是针对案情提出的,而案情可分为两种:一是案件的个别情节,二是案件的基本情节。因此,侦查假说也相应地分为两种:一是关于案件个别情节的假说。侦查工作要求对每个刑事案件应当查明犯罪性质、犯罪动机、犯罪目的、犯罪时间及地点、作案的工具及手段、实施犯罪行为的人等情况。当以上这些案情不能直接运用已知的事实材料推出时,就需要对其作出假说,推测这些个别情节,形成"关于作案人的假说"、"关于案件性质的假说"、"关于犯罪手段的假说"、"关于作案时间、地点的假说"等等。其中,关于作案人的假说和关于案件性质的假说最为重要,直接关系到能否正确确定案件侦查方向,从而缩小侦查范围,准确及时地破案。二是关于案件基本情节的假说。这种假说是对案件所要查明的基本情节即犯罪性质、目的、动机、作案过程及作案人等案情所作出的一种概括性假说。换言之,关于案件基本情节的假说是将关于案件个别情况的各个假说概括起来而形成的关于该案件整体情况的尽可能完整的假说。提出侦查假说必须尽可能多地占有材料,但是各种材料的收集有一个过程,在这个过程中,办案人员的思维活动不会停住。因此,在实际办案过程中,通常先从个别事实入手,运用逻辑思维,分别提出多个关于案件个别情节的假说,然后在此基础上,再把这些个别情节的假说及已确认的事实材料结合起来,构成一个整体性的假说链条,并用简明的语句加以概括性的表述,从而形成关于案件基本情节的假说。

例如:

一个秋天傍晚,几个刑警冒雨赶到黄石市利源煤矿招待所,他们刚接到住宿该招待所的客人电话报警:"住210室的浙江温州商人江水生4.98万元现金及其他财物被盗。"该招待所由于管理不善,闲杂人员可以自由出入,此前曾多次发生住宿客人被盗案件。在对210室的现场勘查中,刑警们看到,此房间门锁早已损坏,房门一推就开。刑警们还了解到,被盗现场210室内原来曾有两个一模一样的手提航空皮箱:一个装满衣服等一般生活日用品,放在未上锁的写字台内,且柜门半敞,极易被人发现。然而,该皮箱纹丝未动。另一个则装满近 5 万元巨额现金和少量其他财物,用一条密码钢丝锁锁在床铺底下内侧的床架上,非常隐蔽,极难被人发现。然而,此皮箱却被盗贼准确地窃走了。刑警们还找到了被盗贼拉开后丢弃在现场的密码钢丝锁,经查看,外表竟没有一点破坏的痕迹。但是,将该锁重新锁上后,却可以用力拉开。这样一把号称坚固保险的钢丝锁,为何竟经不起用手一拉呢?技术员到商场买来一把同样品名的密码钢丝锁作为样本进行拉拽实验,结果是,两个壮汉手拉脚抵,拼尽全力也无法将样本锁拉开。技术员将现场锁和样本锁同时拆卸分解,将两把锁的内部零件逐一地进行同类项比对。结果,刑警们惊讶地发现:与样本锁相比,现场钢丝锁内少了一个非常关键的零件——卡簧!①

刑警们对该案的个别情节分别作了如下推理:

(1)如果该案是外来人员乘虚而入顺手作案而不是熟悉身边情况的人蓄谋所为,那么犯罪分子就不会只窃取存放隐蔽难以发现的钱箱而对容易发现的另一衣箱却视而不见。这个犯罪分子只窃取存放隐蔽难以发现的钱箱而对容易发现的另一衣箱却视而不见。所以,该案不是外来人员乘虚而入顺手作案而是熟悉身边情况的人蓄谋所为。

(2)如果现场密码钢丝锁是好的,那么人们即使用强力也是拉不开的(如实验中由两个壮汉手拉脚抵,拼尽全力也无法将与现场密码钢丝锁同种类、同型号的样本锁拉开)。现场密码钢丝锁被犯罪分子用强力拉开了。所以,现场密码钢丝锁不是一把好锁。

(3)运用求异法推出现场密码钢丝锁被犯罪分子拉开的原因:

场合	先行情况	被研究现象
A(样本锁)	a b c d e(卡簧完好)	f(用强力拉不开)
B(现场锁)	a b c d —(卡簧被卸)	—(用力轻易拉开)

所以,现场锁卡簧被卸是犯罪分子能轻易拉开密码钢丝锁的原因。

经过上面这几个逻辑推理,侦查人员对该盗窃案的性质和作案人的条件及作案过程就可提出下面的侦查假说:

(1)第一个推理结论可概括为"犯罪分子作案目标极其准确"。稍具逻辑思维能力并有一定生活经验的人都可由此推知"犯罪分子是熟悉现金存放情况的人"。其推理过程为:只有犯罪分子是熟悉现金存放情况的人,其作案目标才

---

① 参见赵志飞:《奇案疑踪与侦查逻辑·36 案》,中国人民公安大学出版社 2003 年版,第 48—55 页。

能极其准确。该案犯罪分子作案目标极其准确。所以,该案犯罪分子是熟悉现金存放情况的人。这是关于作案人条件的侦查假说。

(2) 经第二个推理并经实验得知,"现场钢丝锁是人为破坏的"。据此,又可进一步推知"犯罪分子是具有能在受害人身边破坏钢丝锁条件的人"。其推理过程为:只有犯罪分子是具有能在受害人身边破坏钢丝锁条件的人才能将受害人的钢丝锁的卡簧偷偷卸掉。受害人的钢丝锁的卡簧被人偷偷卸掉。所以,犯罪分子是具有能在受害人身边破坏钢丝锁条件的人。这也是关于作案人条件的侦查假说。

(3) 综合前面两个侦查推论(亦称"个别情节的假说"),可以对该案的基本情节提出如下假说:该案是有预谋的盗窃案,案犯非常熟悉被害人情况且与被害人关系密切。

根据这样的侦查假说,侦查人员进行了一系列推理:本案犯罪分子不是外来流动人员,而是与受害人熟悉的人。作为该案作案人必须具备两个必要条件:一是熟悉被害人现金存放情况,二是能在受害人身边偷偷破坏密码钢丝锁。该案犯罪分子显然早有盗窃预谋,其作案过程是:事先利用与受害人有特别接近的机会,偷偷地将密码钢丝锁上的卡簧卸掉,然后乘室内无人之机,撞门入室,直奔床铺底下,用力拉开密码钢丝锁,盗走装满现金的航空皮箱。

有了上面这样的侦查假说,侦查人员的侦查活动就有了比较明确的侦查方向。由于侦查目标比较明确而侦查范围相对缩小,因此就可以迅速而准确地找到犯罪分子,提高侦查办案效率。

当破案的刑警们经过这样的逻辑推理和案情分析之后,该案侦查范围大大缩小,侦查人员于是立即在失主身边的关系密切者中展开寻查。果然,不到一天工夫,与失主江水生同行多日的小老乡江水炳便束手就擒,被他盗走的航空皮箱和全部赃款亦被追回。经审讯,江水炳交代的作案过程竟与刑警们推演重现的作案过程完全一致。

侦查假说作为侦查推理的主要形式,在侦查工作中起着极其关键的作用。从一定意义上说,某个疑难案件之所以久侦不破,很可能就是因为侦查假说发生了偏差;而另一个案件之所以会及时告破,很可能就是由于侦查人员提出了符合案情实际的侦查假说,确定了正确的侦查方向。

侦查假说作为工作假说,既有赖于实践经验的积累,也需要科学理论的指导。接下来,我们将对建立和验证侦查假说的相关问题加以讨论。

二、侦查假说的建立

为了建立符合案情实际的侦查假说,需要做大量的前期准备工作。比如,要详尽地收集与案情有关的事实材料。确实可靠的事实材料是建立侦查假说的基础。从侦查工作实际出发,收集材料的主要途径有两个:一是现场勘查,即通过对作案现场的仔细勘查,及时发现并提取现场的各种痕迹和物证,如指纹、毛发、脚印、血迹等等;二是调查走访,向被害人、证人及其他有关人员了解案情,收集各方面的证据材料。同时,还要运用科学知识和原理,对收集来的各种事实材料进行科学分析,揭示材料与案情之间的因果联系。例如,运用法医学知识,根据头发的成分推测人的性别、年龄、营养状况、职业等,根据尸斑、尸僵程度或胃内食物残渣推测死亡时间;运用痕迹学知识,根据现场痕迹推测人的身高、体重、年龄、作案工具及作案过程等。

有了确实可靠的事实材料,就可以提出侦查假说。在提出侦查假说时,应当注意以下两点:一是提出的侦查假说必须能解释有关的案情。这是作为假说的解释力要求。也就是说,所提出的侦查假说必须既能解释已发现的案情,不能与已知的案情矛盾,还要能对当时尚未发现的案情作出预测,并可以证实。二是提出的侦查假说必须尽可能全面完整。也就是说,提出侦查假说时,必须尽可能地考虑到案件全部的可能性,关于案件性质、作案人、作案时间及地点、作案工具及作案过程的假说,都要尽量反映案件中的所有可能情况,穷尽一切可能,不放过任何蛛丝马迹。一句话,有多少种可能,就应提出多少个侦查假说。

侦查假说通常表现为一个选言命题,全面完整即要求选言肢穷尽。在实践中,可以通过引入划分应当相应相称的规则,建立表述侦查假说的选言命题。例如,若发现一具女尸,就其死亡性质可分为"正常死亡"与"非正常死亡";若属非正常死亡,就其死亡原因可分为"自杀"、"他杀"与"意外致死";若法医鉴定为他杀,则可将作案动机分为"情杀"、"仇杀"、"财杀"、"奸杀"与"政治谋杀",进而提出"本案或是情杀,或是仇杀,或是财杀,或是奸杀,或是政治谋杀"。这就是一个选言肢相对穷尽的侦查假说。

提出侦查假说虽没有固定模式可循,但在实践中人们常常运用或然性推理如溯原推理、类比推理、归纳推理等建立侦查假说。这是因为,侦查破案的过程,实际上就是由既成的案件事实探求其原因的思维过程。在这一过程中,侦查人员常常借助于溯原推理提出侦查假说,以作为进一步调查研究和分析案情的出发点和方向。因为刑事案件总是发生在侦查之前(当然,在作案时被执法人员及时抓获者除外),犯罪活动通常都是在隐蔽的状态下秘密实施的,并且具有事实上不能重现的特点,所以侦查人员不可能目睹案件的发生过程,只能从犯罪现场的结果出发,通过现场勘查所得的痕迹、物证并进行调查访问,推测追溯作案人。这就需要借助于溯原推理,根据已知的情况和线索,结合侦破经验,从结果推测原因,从现场情况推测作案过程和作案人,从而建立侦查假说,以明确侦查方向,缩小侦查范围。

同时,世界上的案件虽不完全相同,但却不乏相似性。相似是自然界和人类社会普遍存在的现象。科学上的许多发明、创造得益于根据相似性进行的类比推理。在侦查实践中,同样有不少案件的侦破也得益于根据相似性进行的类比推理。在侦查过程中,侦查人员利用案件的性质、结构、作案手段等方面的相似性,可以把不同的案件联系起来,通过类比推理,对案件的性质和作案人提出创造性的侦查假说,从而引导人们成功破案。这方面运用较多的是并案侦查类比,由于相当多的侦查逻辑著作对此皆有详细论述,本章兹不赘述。接下来,我们打算介绍另一种虽然少见但并非不存在的情形,在这种情形下,类比推理对于建立侦查假说起着引领作用,值得关注。

有些刑事案件的作案手法极为罕见,侦查人员由于没有积累起这方面的经验,因而难以成功侦破这类案件。但是,如果侦查人员阅读古今中外的各种侦破经验叙述及侦探小说,从而积累起间接侦查经验,在今后遇到此类罕见案件时,他就能通过类比推理,跨越时空,建立富于想象力的侦查假说,以指导案件(特别是疑难案件)侦破工作。我国古代有一奇怪案件,久侦不破。案情大致如下:尚书张咏镇守西川时,有一次外出,经过一条曲折小巷,忽然听到有人在哭,但只是干哭,声音一点也不悲哀。于是,他打发人去询问;原来是一位妇女因其夫急症病故而哭泣。张咏感到奇怪,就派他手下的一个官吏前往调查。这个官吏对尸体进行了检验,没有发现什么问题,回到家里便把这一奇怪之事告诉妻子。他妻子听后向他献策道:"你可以搜查死者头上的发髻,可能会发现什么问题。"等到这个官吏再去检验,果然发现一颗大铁钉深深地扎进死者的大脑部位。这个官吏高兴极了,逢人就讲他妻子的才华。不久,消息传到张咏那里。张咏就叫人把那个官吏的妻子请来厚赏她,然后询问她是怎么想出此法的。她不肯讲。张咏就下令将她和本案一起审讯,结果查明,她曾用同样的方法谋杀了前夫。张咏派人开棺检验,发现那颗钉子还在死者脑骨里扎着。于是,张咏下令将她和那个哭妇一起绑赴刑场斩首示众。这个案例说明了有些不常见的作案手法虽然罕见,但并非一案所独有,侦查人员如果能进行相似联想,通过类比推理建立侦查假说,往往能使疑难案件成功告破。在该案中,当张咏得知是那个官吏的妻子揭开了哭妇杀夫的秘密时,想到的是:她未到现场怎么能知道死者顶髻上会有钉子?这时,是"作案手段相似"使他把本案与别的案件沟通起来,于是产生了由此打开缺口,再侦他案的设想。这实际上是张咏在头脑中形成了一个侦查假说,有一未知案件,作案人是那个官吏的妻子,作案手段与目前案件相同。以此侦查假说为指导,他果然侦破了一起多年未破的积案,为屈死者申了冤。

总之,在建立侦查假说的过程中,溯原推理和类比推理等或然性推理具有打开思路,引发联想的作用,侦查假说的建立通常离不开这些或然性推理的应用。但是,由于或然性推理的结论不是从已有前提或事实材料中必然推出的,因此根据或然性推理建立的侦查假说必须接受实践的检验,即用进一步的证据材料验证侦查假说的真伪,从而证实或者证伪假说。

三、侦查假说的验证

侦查假说的验证,也叫做"侦查假说的检验",包括经验检验和逻辑检验两种方式。经验检验用直接观察的方式进行,逻辑检验用逻辑推理的方式进行。这两种检验方式既可单独使用,亦可结合使用。对侦查假说进行逻辑检验分为两步:第一步,从侦查假说中推演出待验命题,并围绕待验命题收集证据材料;第二步,用收集来的证据材料验证待验命题的真假,并用推理推出侦查假说的真假,从而证实或推翻侦查假说。

例如:

有这样一个案子,某天晚上,青年女社员徐××吃完晚饭后不久,她的邻居叫她端热水回来洗澡。徐端回热水后只擦了身子,随即关上大门,点上煤油灯,独坐堂屋做针线活。不久,突然从徐家厨房里窜出一名歹徒,将煤油灯吹熄并在她身上乱砍了二十余刀,迅即从后门逃去。徐重伤未死。经现场勘查,侦查人员在徐倒卧处发现一把柴刀,上面还留有血迹。显然,这把柴刀是作案工具。经了解,这把柴刀是被害人家里自己用的,原放在厨房靠水缸的地面上。水缸盖上面还放有一把菜刀,罪犯未曾动用。被害人家中衣物、橱柜等物未被翻动,也未发现现金、物资被盗。

侦查人员经过对现场痕迹物证的初步分析,提出了本案作为预谋杀人案的三个假说:(1) 谋财杀人;(2) 报仇杀人;(3) 奸情杀人。

接下来的工作就是对假说进行检验。要检验假说,就必须从假说中推演出一系列的待验命题。然后,侦查人员进一步针对这些待验命题收集证据材料,用以验证这些待验命题是否属实。从侦查假说中推演出待验命题,是以侦查假说为前件,以待验命题为后件,建立充分条件假言命题。就本案而言,可以作出如下推演:

(1) 如果是谋财杀人,那么可以推出:① 被害人家里现金或衣物被盗;② 被害人家里橱柜被翻动。

(2) 如果是报仇杀人,那么可以推出:① 被害人有仇人;② 仇人对被害人有报复杀人的动机;③ 仇人具有作案时间。

(3) 如果是奸情杀人,那么可以推出下列待验命题:① 被害人过去或现在曾有恋人;② 被害人的恋人有杀死被害人的动机;③ 被害人的恋人具有作案时间。

为了验证上述待验命题,侦查人员需要进一步收集材料。经过侦查人员的仔细调查,确认被害人家中衣物、橱柜均未被翻动,也没有现金或衣物被盗。被害人婚前曾与不少小伙子谈过恋爱,但是这些小伙子的作案嫌疑均被一一否定。这样,原先的侦查假说因为待验命题不成立而被证伪,或者说遭到否定。

当原有的侦查假说被否定之后,侦查人员必须通过重新分析已知的事实材料,提出新的侦查假说。同时,对新的假说也要继续进行验证。

当本案是预谋杀人案的侦查假说遭到否定之后,侦查人员重新对作案现场进行了分析。这时,他们想起放在水缸盖上的那把菜刀。因为如果是预谋杀人,其目的是置人于死地,就应该是自带凶器或者选用更易使人致死的凶器。可是,本案罪犯不仅没有自带凶器,而且菜刀与柴刀同放一处,为什么不用锋利的菜刀而用不锋利的柴刀呢?由此可以推知,本案不是预谋杀人。

罪犯不是预谋杀人,那就可能是临时起意;罪犯砍了二十余刀并未使被害人死亡,那可能意味着罪犯力量不够强大,可能是青少年作案。根据新的侦查假说,侦查人员重新确定了侦查方向。结果,侦查人员经过深入调查终于发现,本队中学生朱×有作案嫌疑:① 朱×在案发的当天晚上八时到十时这段时间去向不明,具有作案时间;② 朱×曾有流氓活动;③ 发现朱×的鞋子和现场留下的鞋印完全符合;④ 从朱×交出的衣服、袜子上发现了几处点滴血迹,经技术化验,与被害人徐××的血型相符。案件到此真相大白:原来朱×隐蔽在徐××家灶间内,想偷看徐××洗澡。但是,徐××后来仅用水擦了身子。朱×非常扫兴,由于潜伏时间较长,肚子又痛,就产生了行凶而逃的恶念。

本案侦查人员先是提出了作为预谋杀人案的三个侦查假说,但是从假说中推出的待验命题均被否定,从而使侦查假说被推翻。从逻辑上说,推翻一个假说采用的是充分条件假言推理的否定后件式,即 $H \rightarrow E, \neg E, \therefore \neg H$,因而具有必然性。推翻旧假说,就要提出新假说。侦查人员经过重新分析案情,并推断该案可能是青少年作案,通过调查发现中学生朱×情况反常,于是将朱×作为嫌疑人列入侦查范围。这实际上是提出了朱×是作案人的侦查假说。接下来,便是从假说中推出待验命题,加以验证。通过验证证实假说的推理不是必然性推理,其结论具有或然性,其推理形式为:$H \rightarrow E_1 \wedge E_2 \cdots \wedge E_n, E_1 \wedge E_2 \cdots \wedge E_n, \therefore H$。尽管结论不是必然的,但是对于及时侦破案件却是很有用的。实践中,通过决定性的验证,可以大大提高结论的可靠性。比如本案中,如果朱×是作案人,那么他的衣服上会沾有被害人的血迹,结果从其交出的衣服上发现了与被害人血型相同的血迹。虽然经过这样的验证,结论还不是必然的,但是结合其他相关证据,完全可以将可靠性提高到接近百分之百。

可见,对于一个案件的成功侦破,需要在掌握可靠事实材料的基础上建立正确的侦查假说,并对侦查假说进行验证。若假说被推翻(即证伪),还必须重新建立新的假说,以指导案件侦查工作。所以,案件侦查过程实际上就是一个侦查假说的提出、证伪、修正或再提出新假说的循环往复的过程,只有提出了正确的侦查假说,指导侦查实践,并使案件成功告破,这一循环过程才得以宣告终结。因为案件成功告破,也就证实了侦查假说,使侦查假说画上了圆满的句号。

思考题

1. 什么是假说?假说有哪些特征?
2. 在提出假说过程中主要运用什么推理?试举例说明。
3. 提出假说应注意哪些问题?
4. 验证假说的基本步骤是什么?
5. 为什么说验证假说是复杂的历史过程?
6. 假说对科学(特别是自然科学)发展的作用是什么?
7. 什么是侦查假说?它有什么特点?
8. 侦查假说通常有哪几种?试举例说明。
9. 如何建立正确的侦查假说?
10. 怎样验证侦查假说?

第十一章 法律逻辑基础

第一节 法律逻辑概述

一、法律逻辑的对象

美国资深法官、第三巡回上诉法院前院长鲁格罗·亚狄瑟在他的《法律的逻辑——法官写给法律人的逻辑指引》一书中这样写道:"法律逻辑是一般逻辑中的专门领域,在法学院和律师的在职进修教育中,必须更正式地强调它。"① "法律如果要受人尊重,就必须提出理由,而法律论证要被接受,就必须符合逻辑思考的规范。"②可见,在亚狄瑟这位资深法官的眼里,逻辑对于法律和法律人来说是何等的重要。

的确,逻辑与法律的关系是非常密切的。诚如《牛津法律大辞典》的作者戴维·M.沃克所指出的:"事实上,法律研究和适用法律均要大量地依靠逻辑。在法律研究的各个方面,逻辑被用来对法律制度、原理、每个独立法律体系和每个法律部门的原则进行分析和分类,分析法律术语、概念,以及其内涵和结论,它们之间的逻辑关系。……在实际适用法律中,逻辑是与确定某项法律是否可适用某个问题,试图通过辩论说服他人,或者决定某项争执等因素相关联的。"③由于法律人经常要解决互相对立的诉讼要求,要对案件事实予以揭示和证明,要辨别是非曲直,因此司法过程往往成为法律人自觉或不自觉地运用逻辑进行推理和判断的过程。西方逻辑史家黑尔蒙曾指出,三段论的逻辑形式早在古埃及和美索布达米亚的司法判决中就已经有所运用了。在立法文献中,古巴比伦的《汉谟拉比法典》也是用逻辑的对立命题与省略三段论的论断方式宣示法律规则的。④ 在西方,从古希腊思想家亚里士多德发展起来的一套严密的逻辑理论体系,对于罗马法的发展曾产生深远影响,加上罗马的法学家们对于各种法律概念、法律关系的阐述,终于使罗马法摆脱了其他古代法律体系不合理性、不合逻辑的轨迹,成长为一个博大精深、结构严谨的体系。这种讲究逻辑严密的传统对

---

① 〔美〕鲁格罗·亚狄瑟:《法律的逻辑》,唐欣伟译,法律出版社2007年版,第三版前言。
② 同上书,第一版前言摘要。
③ 〔英〕戴维·M.沃克:《牛津法律大辞典》,李双元等译,光明日报出版社1988年版,第562—563页。
④ 参见《中国逻辑思想论文选》,三联书店1981年版,第5页。

后世的西方各国的立法与司法影响至大。①

由于法律适用和法学研究都离不开逻辑的应用,因而不仅法学家对法律中的逻辑应用问题非常关注,而且逻辑学家也把逻辑研究的目光投向了法律领域。在这样的情势下,逻辑与法律的结合就是不可避免的。于是,一门研究法律领域特有逻辑现象和逻辑问题的交叉学科——法律逻辑——便应运而生。

作为一门学科,法律逻辑正式形成的标志是1951年克卢格的《法律逻辑》一书出版。在他看来,法律逻辑是形式逻辑在法律领域的应用。针对克卢格的观点,德国学者恩吉施提出了"实质法律逻辑"思想,西密提斯提出了"法律逻辑本质上是非形式的"思想,佩雷尔曼提出了"法律逻辑是一种非形式逻辑"的观点,从而引发法律逻辑本质上是形式的还是实质的(或非形式的)之争。②

如今,西方法律逻辑研究一方面进入了从非形式逻辑角度研究面向法律诉讼等现实法律论证的逻辑基础阶段,另一方面进入了从非单调逻辑或可废止逻辑角度研究面向法律专家系统的法律论证人工智能逻辑模型阶段。

由于历史的原因,我国的法律逻辑研究差不多比西方的研究落后了近三十年。20世纪80年代,我国法律逻辑研究才开始起步。迄今为止,我国法律逻辑研究大体经历了三个阶段,形成了一条具有中国特色的法律逻辑发展之路。

第一阶段是传统逻辑研究方法阶段。这一阶段主要采用了"传统逻辑原理+法律领域例子"的研究框架,基本上没有涉及法律逻辑的特殊性。这一阶段是西方法律逻辑产生和发展过程所没有的,因为当法律逻辑在西方兴起时,以数理逻辑为主的形式逻辑理论已居逻辑学的主导地位。

第二阶段是现代逻辑研究方法阶段。西方法律逻辑研究是从这个阶段起步的。在"逻辑学要现代化"的视野下,我国一些学者开始大胆尝试和探索"法律逻辑现代化"之路,涌现出了一批专门研究基于冯·赖特道义逻辑的法律逻辑研究者,他们企图建构贴近现代逻辑的法律逻辑体系。但是,这种研究方法在建立法律逻辑方面收效甚微,却在丰富哲学逻辑研究方面作出了贡献。

第三阶段是法理学研究方法阶段。由于形式逻辑无法解决法律推理的非单调性问题,美国法理学家迈卡蒂提出,研究法律逻辑应当从法律开始,而不是从形式逻辑开始。这就给法律逻辑明确提出了一个研究方向。于是,法学家们引入了"实质法律推理"这一概念,以弥补"形式法律推理"的不足。

法律逻辑的诞生,标志着逻辑与法律正式开始了两者的相互结合过程。但是,逻辑与法律如何结合,或者换句话说,法律逻辑研究什么、如何研究等问题,作为法律逻辑学科的基础性问题,仍然有待于人们去探索。需要说明的是,本章

---

① 参见贺卫方:《中国古代司法判决的风格与精神》,载《中国社会科学》1990年第6期。
② 参见熊明辉:《法律逻辑与批判性思维》,载《重庆工学院学报》2006年第7期。

对法律逻辑知识所作介绍和讨论都只能是初步的,或者说不成熟的。我们的主要目的是为法学专业学生如何在法律适用过程中更好地运用逻辑提供一点指引。

我们将主要结合我国法律逻辑研究的现状和法律适用的实际情况,对法律逻辑作点初步介绍。本章对法律逻辑的介绍将紧紧围绕着法律适用中的逻辑问题,也就是人们常说的法律逻辑问题,其核心是法律推理。但是,正如有的法学家所言,"研究法律推理可以有不同的角度和层次",可以是法律逻辑学的角度,也可以是诉讼法学或法哲学的角度。角度不同,其任务及具体研究内容当然也就不同。然而,把"法律逻辑学的任务"看做是"以法律推理活动的外在形式如公理、定理或符号系统等为对象的研究"①,却未必妥当。因为这样的"法律逻辑",实际上是以现代逻辑为主要工具的纯形式的逻辑,其研究方法局限于形式逻辑领域。大量的司法实践表明,对法律逻辑的研究如果仅局限于形式逻辑的角度,只是从逻辑的已有原理出发并用现有的模式解说司法实例,或者运用纯形式的符号运算构造出一个哪怕是完美的法律逻辑(或称"规范逻辑")系统,这样的法律逻辑并非法律工作者实际需要的逻辑,虽然其理论与实践意义不可完全否定,但是从它在司法工作中的应用效果看,显然难以得到法律工作者的普遍认可和真正接受。②

逻辑学皆以推理研究为中心,法律逻辑同样也以研究法律推理为核心。国外不少法学家在他们的论著中,甚至将"法律逻辑"与"法律推理"当做同义词使用。③ 不过,我们这里所说的"法律推理"却是狭义的,仅指适用法律的推理,也就是法学家通常所说的"司法推理"。

"法律推理区别于其他推理在于它所关注的是法律行为。在18和19世纪,许多西方法学家把法律推理看成逻辑三段论的运用:法律规范被视为大前提,某一案件的事实被视为小前提,法院判决或某一问题的解决方案被视为结论。"④不过,这种机械的法律推理观,即"将法官视为适用法律的机械,只能对立法者所制定的法规,作三段论的逻辑操作"⑤的观点,在19世纪末期,特别是20世纪初期,就遭到了西方各派法学家的批判。因为在这些法学家看来,尽管将一般法律适用于具体案件的过程总的可看做一种演绎过程,但是其推论活动却是非常

---

① 见张文显为《法律推理的理论与方法》所作的序。参见张保生:《法律推理的理论与方法》,中国政法大学出版社2000年版,"序"第3页。
② 参见雍琦主编:《法律适用中的逻辑》,中国政法大学出版社2002年版,第8页。
③ 如亚狄瑟就在《法律的逻辑》的"导论"中声明,"法律推理"与"法律逻辑""在书中,两者是同义词"。参见[美]鲁格罗·亚狄瑟:《法律的逻辑》,唐欣伟译,法律出版社2007年版,第2页。
④ 朱景文:《对西方法律传统的挑战:美国批判法律研究运动》,中国检察出版社1996年版,第291—292页。
⑤ 梁慧星:《民法解释学》,中国政法大学出版社1996年版,第62页。

复杂的。"除了事实认定方面的困难之外,面对千变万幻、复杂多歧的具体事实,如何妥当地适用法律也往往是颇费踌躇的,究其理由,或者成文法的条文语意暧昧、可以二解,或者法律规范之间互相抵触、无所适从,或者对于某种具体的案件无明文,或者墨守成规就有悖情理,因而不得不法外通融,如此等等,不一而足。"①不但如此,而且"即使在法律原文的拘束较强的场合,法律家也不可能像一架绞肉机:上面投入条文和事实的原料,下面输出判决的馅儿,保持着原色原味"②。因此,法律推理,即将一般法律适用于具体案件的推理,并不是形式逻辑推理的简单应用。这一点已经成为中外法学家的共识。

关于法律推理的形式,法学家们一般都认为其总的推演模式是演绎推理,具体表现为典型的三段论形式,即法律的规则为大前提,法庭认定的事实为小前提,推理的结论便是判决。法律推理的模式可刻画为:

R——法律规定
F——确认的案件事实
——————————————
D——裁决、判处结论

法律推理的复杂性主要不在于从既有的大、小前提推出结论,而在于如何构建法律推理的大、小前提,构建大、小前提本身就是相当复杂的推理过程。

首先,法律推理的大前提是法律规范,它通常表现为判断(或命题)形式,并都有其特定的逻辑结构,且总是以某个法律概念(或称"专门术语")为中心而展开的。这里就涉及很多复杂的逻辑问题。比如对法律规范逻辑结构的分析,如何从一般性规范推出适用于个案的特殊规范,法律规范中模糊概念的解释问题等等,这些都不是简单运用形式逻辑知识所能解决的。它需要结合法律思维进行综合分析,并经过一系列推理论证,才能建立起法律推理的大前提。

其次,作为法律推理小前提的事实认定,也不是简单的断定。任何案件在事实方面总是生动具体且各不相同的。不仅如此,即使对于同一事实材料,不同的法官出于不同的考虑,也会注意事实的不同方面,从而形成不同的判断。对于案件事实的认定实际上是对过去事件的追溯,因而不能不依靠一系列证据通过逻辑推理进行诉讼证明。严格说来,诉讼证明的结论只能是或然的,而不是必然的。因此,对于建立法律推理小前提的诉讼证明,就不宜简单套用形式逻辑的推理规则作判断。就连法学家也认为,对于事实认定,只要它不存在"合理疑点"

---

① 季卫东:《"应然"与"实然"的制度性结合》(代译序),载〔英〕麦考密克等:《制度法论》,周叶谦译,中国政法大学出版社1994年版。
② 季卫东:《追求效率的法理》(代译序),载〔美〕波斯纳:《法理学问题》,苏力译,中国政法大学出版社1994年版。

就可以成立。西方法学家甚至认为,"事实认定是概率性的而不是确定的"①。

最后,法律推理并不是由前提到结论的简单推论。在从前提到结论的推理过程中,既要运用形式法律推理,更要运用实质法律推理进行综合推断。不仅复杂案件和疑难案件需要如此,即使是简单案件也不可能是纯粹靠形式法律推理就能推得结论的。因为在法律推理中必须加入法官等人的价值判断,而这一点绝不是靠形式推理所能解决的。这也正是机器模拟法官推理进行判案难以令人满意的关键所在。

由于法律推理具有前述的复杂情形,不能靠简单套用形式逻辑的已有理论加以概括和说明,而必须运用包括非形式逻辑在内的一系列逻辑学理论,对法律思维中特有的逻辑现象和规律进行具体分析,形成符合法律思维实际的科学理论。

综上所述,我们认为,法律逻辑是一门研究法律领域特有的逻辑现象和逻辑问题的交叉学科。作为交叉学科的法律逻辑以法律推理为主要研究对象,同时还要研究构成法律推理大前提的法律规范命题,以及构成法律规范命题的法律概念,此外还要对大前提的构建和小前提的建立进行详细考察,从而为完整的法律推理过程提供理论和实践指导。

二、法律逻辑的性质和研究方法

目前,关于法律逻辑的性质主要有以下三种观点:

一是将法律逻辑视为形式逻辑的分支。此种观点认为,法律逻辑与形式逻辑有共同的研究对象,只是二者的侧重点不同。形式逻辑研究推理的普遍形式及其有效性,法律逻辑研究形式逻辑推理在法律领域的具体应用规律。这是一种具有普遍影响的法律逻辑观。不少学者虽然没有公开表明这一观点,但是他们实际上采用形式逻辑的原理解说司法实例,单纯从形式逻辑知识的应用角度构思法律逻辑,正是此种法律逻辑观的具体体现。

二是将法律逻辑视为应用逻辑的一个新分支。此种观点认为,逻辑学包括理论逻辑和应用逻辑。应用逻辑不同于逻辑应用,它不是某种逻辑理论的简单应用。法律逻辑虽要运用形式逻辑,但并不是形式逻辑的简单应用,它不仅运用形式逻辑知识,还运用非形式逻辑知识,如辩证逻辑、语言逻辑、论辩逻辑等。法律逻辑运用逻辑知识的结果是要形成自己的逻辑体系。因此,法律逻辑是应用逻辑的一个新分支,它研究如何将逻辑理论应用于法律工作实践的具体思维过程。

三是将法律逻辑视为理论法学的一个分支。此种观点认为,法学家要为法

---

① 参见〔美〕波斯纳:《法理学问题》,苏力译,中国政法大学出版社 2002 年版,第 268 页。

官寻找各种不同的(逻辑的以及逻辑以外的)判案指导思想,即法官裁断案件的方法论学说。他们将这种研究司法技术的方法论与理性思维等同起来,并称之为"法律逻辑"("法律推理")。大多数西方法学家持有这种观点。当然,在这些法学家眼里,"逻辑"的含义也各不相同。有的人如佩雷尔曼所说的"法律逻辑",是指他所创立的"新修辞学"(New Rhetoric);[1]有的人如利益法学代表人物赫克所说的法官活动的"逻辑"(Logik),则不属于认识思维的逻辑,而属于"情动思维的逻辑"(Emotionales Denken)。[2]但是,作为法学方法论的法律逻辑,在西方法学家眼里,一般都被当做理论法学的一个分支。

我们认为,从司法工作者的实际思维及法律逻辑研究的既有成果看,将法律逻辑视为形式逻辑分支的观点,显然满足不了法律工作者司法实践的需要。形式逻辑在司法实践中具有重要作用,而把法律逻辑的研究视野仅局限于形式逻辑则显然太狭窄了。

将法律逻辑视为理论法学的分支,其实是把法律逻辑划入法学,这种做法也是欠妥当的。因为从国内外法律逻辑研究现状看,法律逻辑主要研究逻辑学在立法和司法中的应用问题,而不是主要研究逻辑学在法学中的应用问题。法律逻辑应属于逻辑学,即它主要是逻辑科学在司法实践中的应用,因而属于应用逻辑的分支。

由此可见,将法律逻辑视为应用逻辑新分支的观点,或许更接近人们对法律逻辑的设想。

法律逻辑研究方法其实是一个与法律逻辑研究对象密切相关的问题。我们把法律推理设定为法律逻辑的主要研究对象,而在法学家看来,"法律推理是一种创造性的法律实践活动,无论是立法,还是执法、司法,甚至守法,都离不开法律推理"[3]。法律推理涉及的内容较广,人们可从不同角度运用不同方法加以研究。我们仅从逻辑角度对法律推理的构造以及与此相关的逻辑问题作点探讨,我们的方法仅限于逻辑方法,包括形式逻辑方法和非形式逻辑方法。

第二节 法律推理

一、法律推理的含义与特征

法律推理现已成为国内外法哲学研究的热点,并被法哲学家称为法哲学的

---

[1] 参见沈宗灵:《现代西方法理学》,北京大学出版社1992年版,第443—446页。
[2] 参见梁慧星:《20世纪民法学思潮回顾》,载《中国社会科学院研究生院学报》1995年第1期。
[3] 见张文显为《法律推理的理论与方法》所作的"序"。参见张保生:《法律推理的理论与方法》,中国政法大学出版社2000年版。

基本问题。如英国法哲学家哈特就认为,法哲学基本问题包括:定义和分析问题、法律推理问题、法律批评问题。① 美国法学家肖尔也说:"哲学的很大一部分,有的哲学家说是最重要的一部分,是对推理的研究。那么,毫不奇怪,法哲学的很大一部分就是对法律推理的研究。"②

关于什么是法律推理,目前尚未形成公认的定义。从国内外学者对"法律推理"这一术语的使用情况看,法律推理主要有以下三种含义:

(1) 法律推理就是"形式逻辑推理在法律中的应用"。这是国内外较有代表性的法律推理观。《牛津法律大辞典》的编者戴维·M. 沃克就认为,法律推理就是对法律命题的一般逻辑推理,在不同情况下,可使用各种推理。③ 国内一些法律逻辑著作也多将法律推理理解为形式逻辑推理在审判和侦查实践中的简单应用。因此,对法律逻辑的研究,便主要立足于在形式逻辑简单应用的层面上进行,即运用形式逻辑所讨论的各种推理形式或规则注解司法实例。

(2) 法律推理就是"法律规范推理"。随着现代逻辑尤其是模态逻辑和规范逻辑(道义逻辑)内容的日益丰富及其影响的日益扩大,国内外逻辑学界及法学界的不少学者都主张,应将现代逻辑理论应用于法律领域,研究其中的逻辑问题,建立以法律推理为核心的法律逻辑系统。波兰的齐姆宾斯基就将审判推理(即法律推理)归结为"由规范推导规范"的推理,并区分为"以规范的逻辑推导为基础的推理"、"以规范的工具推导为基础的推理"和"以立法者评价一贯性的假定为基础的推理"。④ 捷克的法理学家维·克纳普和阿·格尔洛赫也认为,法律推理主要就是以非古典逻辑为基础的法律规范推理,并试图建构法律规范推理的逻辑模型。⑤

(3) 法律推理就是"法官、检察官或律师将法律规范适用于具体案件的法律思维方法"。这个意义上的"法律推理"成为"法律逻辑"的同义语。西方国家的一些法学家在他们的论著中,时常将"法律推理"与"法律逻辑"视为同义语而交替使用。按照他们的说法,法律逻辑就是法律适用的逻辑,法律推理就是法律适用的推理。法律逻辑或法律推理就是法官、检察官或律师将一般法律规定适用于具体案件过程中,论证判决之所以正当、合理的一种技术,因而是"供法学家,特别是法官完成其任务之用的一些工具,方法论工具或智力手段"⑥。

综合以上各种观点,我们认为,狭义的法律推理也就是法律适用推理。它是

---

① 参见张文显:《二十世纪西方法哲学思潮研究》,法律出版社1996年版,第7页。
② 转引自张保生:《法律推理的理论与方法》,中国政法大学出版社2000年版,第4页。
③ 参见〔英〕戴维·M. 沃克:《牛津法律大辞典》,李双元等译,光明日报出版社1988年版,第751—752页。
④ 参见〔波〕齐姆宾斯基:《法律应用逻辑》,刘圣恩等译,群众出版社1988年版,第320—331页。
⑤ 参见雍琦:《审判逻辑导论》,成都科技大学出版社1998年版,第123页。
⑥ 转引自沈宗灵:《现代西方法理学》,北京大学出版社1992年版,第446页。

指法律工作者在法律适用过程中,运用证据确认案件事实,选择、分析法律规范,从而将确认的案件事实归属于相应的法律规范,援用相关的法律条款而导出待决案件的裁决、判处结论,并论证其结论可靠、正当和合理的理性思维活动。简言之,法律推理就是以确认的具体案件事实和援用的一般法律条款这两个前提,运用科学方法和规则,为法律适用结论提供正当理由的一种逻辑思维活动,因而其推理过程是逻辑演绎论证模式与辩护性推理的有机结合。

了解法律推理,必须注重把握法律推理的以下特征:

第一,法律推理指的是法律适用的总体推理模式,而非法律适用中某个具体的推理形式。法律适用推理的总体思维模式表现为演绎论证模式,通常分析为演绎三段论(或假言推理)。法律推理的演绎论证性质得到包括大陆法系和普通法系在内的中外法学家的公认。大陆法系法学家对成文法法律适用中法官法律推理模式的概括,一向以三段论式演绎推理为标准形式。例如,18世纪意大利法学家贝卡利亚就十分肯定地说:"法官对任何案件都应进行三段论式的逻辑推理。大前提是一般法律,小前提是行为是否符合法律,结论是自由或者刑罚。"[①]普通法系国家法学家也同样肯定判例法法律适用推理模式为演绎推理。例如,英国法学家哈特就说过:"传统理论认为,法院的判决是演绎三段论中的结论,规则是大前提,而案件中一致同意或确立的事实陈述是小前提。与此相类似,就法院引用判例而言,传统观点认为法院从过去判例中抽出规则是归纳推理,而将抽出的规则适用于当前的案件是演绎推理。"[②]

法律推理虽总体表现为"演绎论证模式",但它并不能简单归结为普通逻辑中的任一具体演绎推理形式。一个具体的法律推理绝不可能如此简单,它往往是各种推理的综合应用。法律推理作为一种理性思维活动,它必须以法律规则和确认的案件事实为已知前提,推导出裁决、判处结论。为了获得法律推理的前提,首先就必须运用证据认定案件事实并对其进行司法归类活动,以获得小前提,其中就已经包含着许多逻辑推理,这些推理自然成为法律推理不可分割的组成部分;其次则要在此基础上查明、选择并援用相关的法律条款,以获得大前提,而这一过程也同样包含许多复杂的推理和论证。也有学者将法律推理理解为获得法律推理大前提的推理,即法律规范的推导,而这并不是我们所理解的法律推理。

第二,法律推理是为判决结论提供正当理由的法律行为。法律推理区别于其他推理的一个重要方面,就在于它是为司法判决提供正当理由的法律行为。法律推理贯穿于法律适用活动的全过程,目的在于为法律适用提供正当理由。

[①] 〔意〕贝卡利亚:《论犯罪与刑罚》,黄风译,中国大百科全书出版社1993年版,第12页。
[②] 〔英〕H. L. A. 哈特:《法律推理问题》,刘星译,载《法学译丛》1991年第5期。

因此,法律推理总是与亚里士多德所说的"辩证推理"或"论辩推理"密切相关,通过论辩或讨论,从而为法律适用结论提供正当理由,以此论证或证明法律适用结论的合法性、正当性和合理性。

法律推理总是与法律适用结论的正当理由相关,正如麦考密克所指出的:"任何关于法律推理的研究,都旨在探明和阐释那些判别一个法律论辩是好的还是差的、可接受还是不可接受的标准。""就法律推理而言,'值得研究的过程是作为正当化过程的论辩过程'。"①他在《法律推理和法律理论》一书中多处明确地指出:"我的研究主题,是法庭上作出的公开判决所赖以成立的推理过程。""司法文书中的推理,实际上是用来为所发布的法庭指令提供理由的。""法官必须借助于这些理由表明他们的确是在维护'法律的正义',而且至少在达到这一目的的意义上,这些理由成为正当化的理由。"②他认为,法律论辩实际上是说服人,而说服的功能是靠提出正当理由,至少表面上是正当理由。所谓"正当理由",不仅是指判决的理由正当,而且包括原告提出主张的理由正当,被告进行辩护的理由正当;不仅是指理由本身正当,而且还包括证明适当(指承认对方所控诉的事实,但用所实施的行为是正当的和合法的作为理由加以辩护)。③

比利时哲学家佩雷尔曼所创立的新修辞学也是通过辩论提供法律理由的法律推理工具。他宣称:"新修辞学可解释为辩论学。它的研究对象是商讨技术,旨在促进人们在思想上接受向他们提出并争取他们同意的命题;新修辞学也研究得以使辩论开始和发展的条件以及这种发展的效果。"也就是说,新修辞学仅仅是一种说服人的手段或提出问题的技术。他声称,新修辞学的"这些方法已被法学家在实践中长期运用。法律推理是研究辩论的沃土"。④ 美国法学家戈尔丁也指出,法律适用过程中的法律推理(司法证明)不是抽象的,而是法官试图向败诉一方,向有可能受影响的其他人,也向司法社团证明他的判决,而这其中必然要介入价值判断。⑤

第三,法律推理不能仅靠形式逻辑,它还必须广泛采用各种非形式逻辑方法。法律推理作为提供法律理由的辩护性推理,不能单纯依靠形式逻辑,如传统的演绎、归纳和类比等方法,它还必须注意吸收和采纳各种非形式的方法,如批判性思维、论辩推理和辩证逻辑等。关于法律推理方法不能局限于形式逻辑的观点,西方法学家已有较多论述。例如,佩雷尔曼就主张,"法律逻辑并不是像

---

① 〔英〕尼尔·麦考密克:《法律推理与法律理论》,姜峰译,法律出版社2005年版,第11、19页。
② 同上书,第7、12、15页。
③ 参见张保生:《法律推理的理论与方法》,中国政法大学出版社2000年版,第66页。
④ 参见〔比〕斯龙、佩雷尔曼:《哲学中的修辞学:新修辞学》,载《英国百科全书》1977年版第15卷,第449、453页。
⑤ 参见〔美〕M. 戈尔丁:《科学与法律中的发现与证明问题》,顾速译,载《南京大学法律评论》1996年春季号。

我们通常所设想的,将形式逻辑应用于法律。我们所指的是供法学家,特别是法官完成其任务之用的一些工具,方法论工具或智力手段"①。这些智力手段是法律逻辑,而不是形式逻辑。因为问题涉及法律的内容而不是形式推理时,形式逻辑就无能为力。形式逻辑也不能帮助消除法律中的矛盾或填补法律中的空隙。因此,我们必须使用其他手段,即法律逻辑或法律推理手段。②

博登海默也认为,"形式逻辑在解决法律问题时只具有相对有限的作用","当作为推理基础的前提是清楚的、众所周知的或不证自明的时候,我们就不需要采取辩证推理之方法",而仅仅依靠形式逻辑的分析推理就可以"极为明确地得出一种演绎结论"。但是,如果发生另外一种情况,即当解决一个问题并非只有一种答案时,也就是"当在两个或两个以上可能存在的前提或基本原则间进行选择成为必要时","就必须通过对话、辩论、批判性探究"等方法发现最佳答案,也就是通过亚里士多德的辩证推理即通过提出"有道理的、有说服力的和合理的论辩去探索真理"。③ 关于法律推理必须突破形式逻辑界限,广泛采用各种非形式逻辑方法的问题,正如国内一位学者对此所作概括中所说的那样:"法律推理不等于形式逻辑推理,并不意味着它缺乏逻辑性。法律推理的逻辑是一个系统。在这个系统中,各种法律推理方法都可视为广义的逻辑方法,包括演绎逻辑、归纳逻辑、类比逻辑、概率逻辑、模糊逻辑、辩证逻辑乃至实践理性的经验逻辑等等。……只有把法律推理的逻辑理解为广义的'法律逻辑系统',认真探索各种非形式逻辑方法在法律推理中的作用,才能全面揭示法律推理的思维过程。在这个问题上,对某些法学家的所谓'非逻辑推理',只能作'非形式逻辑推理'来理解。"④

综上可见,法律推理不是主观推测,也不是经验擅断,而是严密的逻辑推理。主观推测或经验擅断尽管也有推导过程,但其推导过程往往缺乏逻辑联系和可靠的推导依据,因此结论十分可疑,缺乏论证性和说服力。在司法过程中,仅凭自己的直接经验而进行的主观推测或经验擅断太可怕,与现代法治精神水火不容,已为近代以来各国的法律理论和法治实践所摈弃。

二、法律推理的重要作用

法律推理在法律适用中具有十分重要的作用,具体可概括为以下两个方面:

第一,法律推理是法律适用的方法、手段和必要组成部分。

---

① 转引自沈宗灵:《现代西方法理学》,北京大学出版社1992年版,第446页。
② 同上。
③ 参见〔美〕博登海默:《法理学:法律哲学与法律方法》,邓正来译,中国政法大学出版社1999年版,第496—497页。
④ 张保生:《法律推理的理论与方法》,中国政法大学出版社2000年版,第87页。

法律推理是法律适用的必要组成部分，它贯穿于法律适用全过程。正如沈宗灵所指出的："没有法律推理，就没有法律适用。"①可见，法律推理作为法律适用的方法和手段，在法律适用活动中占有相当突出的地位，并发挥着极为重要的基础工具作用。

根据我国现行法律制度，立法权和司法权分离。我国各级司法机关及其公职人员只是法律规范的适用者和执行者，宪法授予他们的职权只是履行宪法和其他法律所设定的指令，运用立法机关制定或认可的法律规范对各类具体案件作出裁决或判处结论。但是，司法人员对各类具体案件依法作出的裁决或判处结论，绝非司法人员个人意志的体现，因此不能由司法人员根据自己的主观愿望随意作出断定或决定。司法人员对具体案件作出的任何裁决或判处结论，都必须具有法律上的依据和充足理由，既要有关于案件事实的认定，又要有对法律条款的选择和援用，还要有在此基础上将二者联结起来的推理和论证。

司法人员运用法律推理的主要目的，在于说明司法结论的合法性、权威性和正当性。在适用法律过程中，无论法官、检察官还是律师，都要通过自己的法律推理论证自己结论的合法性、正当性和合理性，即通过法律推理为其法律适用结论提供合法性、正当性和合理性论证。不言而喻，如果司法人员的法律适用不借助于法律推理进行推理和论证，则任何裁决或判处结论都可能被看成司法人员随意作出的主观断定，这样的断定不论是出于经验或者直觉，即使偶然与案件实际情况吻合，也体现不出它的合法性、权威性和正当性，因而其法律效力自然要受到人们的怀疑，无法体现出法律的公平性和正义性。

法律适用中的推理即法律推理，要达到论证所得结论的合法性、正当性和合理性的目的，其推理过程就必须符合以下要求：首先，对案件事实的认定要可靠，用于确认案件事实的证据必须确实、充分，而且对确认的案件事实进行司法归类必须准确、恰当；其次，分析、选择和援用的法律条款必须准确，合乎立法者的意图、法律目的和法律精神；最后，通过二者的联结，要能够合乎逻辑地推导出司法适用结论，并使所得结论符合法律、正义和理性标准。其中任何一个环节发生问题，都有可能影响到结论的有效性、合法性和正当性。只有以上三个方面都同时满足要求并且严格遵守逻辑，通过法律推理得出的法律适用结论才具有严密的论证性和充分的说服力。② 正因如此，在法律适用过程中，若要否定某个裁决或判处结论，就应当从分析得出该结论的法律推理入手。所以，在司法实践中，正常的法庭论辩总是围绕着法律推理能否成立的三个方面展开的。要对法律推理进行评价，也必须紧紧围绕上述三个方面展开。

---

① 沈宗灵：《法律推理与法律适用》，载《法学》1988 年第 5 期。
② 参见雍琦：《审判逻辑导论》，成都科技大学出版社 1998 年版，第 137—138 页。

第二，法律推理是建设法治国家的重要手段和工具。

法律推理不仅是法律适用过程中不可缺少的技术方法和必要组成部分，而且是建设法治国家的重要手段和工具。

法律推理作为法律适用的手段和工具，对我们建设法治国家，走上法治之路具有特殊意义。建设法治国家，关键在于实行法治。所谓"法治"，是对"人治"的否定，其要旨在于法律至上，法律具有最高的权威。其核心问题在于司法的法治化，即通过建立公正的司法程序，使其成为正确适用法律，从而体现法律正义的根本保证。要通过司法程序实现正义，就必须在法律适用中运用法律推理，即通过法律推理理性地而不是经验地（直觉地）适用法律。诚如一位美国法学家所言："法律秩序（即法治——引者注）依赖于三个台柱：一个自治的法律制度、普遍的规则和适用法律的推理过程。"①可见，建立法治国家，不仅要建立公正的司法程序，而且要在法律适用中运用法律推理保证法律正义的实现。在此意义上可以说，没有法律推理，就不可能有真正意义上的现代法治。

法律推理与法治有着极为密切的内在联系。法治包括形式法治和实质法治，二者都是要建立一种理性的法律秩序，实现社会的公平和正义，因而它们都根本有别于"人治"。但是，二者的价值取向有所不同。形式法治强调的是对法治的工具性使用，只关注法律的普遍性、稳定性、明确性和逻辑一致性等形式要件。实质法治则强调将法律看做一种精神和价值，并在法律适用中充分体现法律保护人权和自由的价值内容。

人类社会法治发展的一般历程是：先有形式法治得到充分发展，然后才在条件成熟时由形式法治发展为实质法治。与此相对应，法律推理同样也有形式推理和实质推理两类。形式推理是按照确定的法律规则和确认的案件事实严格适用法律的推理，主要是演绎推理模式。形式推理的特点在于，依据同样的前提就应得出相同的结论。即应以同样方式对待同样的人，对相同案件事实应有相同的法律适用（相同的处理）。因此，严格而又准确地运用形式推理，既可以充分体现"法律面前人人平等"和"依法审判"的原则，也可以保证法律的确定性、稳定性和可预见性，有利于维护司法的统一和一致，这无疑是达到法治尤其是形式法治所必需的。

与形式推理不同，实质推理则是以立法者制定法律规范的价值理由为主要依据而进行的推理。它是在法律适用过程中，于某些特定场合，根据对法律或案件事实本身实质内容的分析、评价，并以价值理由为主要依据而进行的适用法律的推理。它重在对法律规范和案件事实的具体内容进行分析和评价，尤其要分

---

① 〔美〕安·塞德曼、罗伯特·B.塞德曼：《法律秩序与社会改革》，时宜人译，中国政法大学出版社1992年版，第162页。

析构成案件事实的各种相关因素及其矛盾主次关系。因此,实质推理乃是辩证逻辑在法律适用中的应用。实质推理的应用,对于从形式法治走向实质法治,进而在新的基础上实现形式法治与实质法治的统一具有基础工具作用。

三、法律推理的基本类型

对于法律推理,不同学者按照不同标准可以进行不同的分类。

(一) 形式(分析)推理与实质(辩证)推理

就适用法律过程而言,根据推理是否涉及法律规范的具体内容,可以将法律推理分为形式推理(又称"分析推理")和实质推理(也称"辩证推理")。

1. 形式推理

形式推理是指撇开法律规范的具体内容和价值判断,仅依据法律规范的形式结构从逻辑上推出结论的法律推理。如果法律规范的含义明确清晰,待判决案件的事实清楚,它所适用的法律规范也是确定的,那么在这种情况下,运用已有的法律规范对具体案件作出处理结论的过程,也就是根据法律规范本身的逻辑特性,遵照相应的逻辑规则进行推论的过程。这种推理可以用形式化的方式加以刻画,故称"形式推理",亦称"分析推理"。

美国法哲学家博登海默也把法律推理分为分析推理和辩证推理。他认为,所谓分析推理,是指"解决法律问题时所运用的演绎方法、归纳方法和类推方法。分析推理的特征乃是法院可以获得表现为某一规则或原则的前提"[1]。根据博登海默的论述,沈宗灵明确提出将法律推理区分为形式推理和实质推理的主张。关于什么是形式推理,沈宗灵指出,形式推理也叫"分析推理",它是在法律适用过程中经常使用的推理,一般是形式逻辑的推理,有三种形式,即演绎推理、归纳推理和类比推理(类推)。形式推理能够满足人们对法律要有确定性、稳定性和可预见性的要求。但是,这种推理方式一般仅适用于简易案件。对于疑难案件,则必须进行一种高层次的实质推理。[2]

在我国这样一个以成文法为主要甚至唯一法律渊源的制定法国家,形式推理是适用法律中最基本和最常用的推理,而且从逻辑上可给予形式化研究和刻画的法律推理,严格说来也只有这种推理。

形式推理的特点在于,依据同样的前提就应得出相同的结论。比如,根据同样的犯罪事实,同样的符合法律规范的假定条件,就应适用同样的法律规范,援用相同的法律条款,并得出相同的裁决、判处结论。在运用形式推理适用法律过

---

[1] 〔美〕博登海默:《法理学:法律哲学与法律方法》,邓正来译,中国政法大学出版社1999年版,第491页。
[2] 参见沈宗灵:《法律推理与法律适用》,载《法学》1988年第5期。

程中,不掺杂、不介入其他非法律因素,不因人而异地实行"区别对待"。因此,如前所述,严格而又准确地运用形式推理,既可以充分体现"法律面前人人平等"和"依法审判"的原则,也可以保证法律的确定性、稳定性和可预见性,有利于维护司法的统一和一致,这无疑是达到法治尤其是形式法治所必需的。

但是,在法律适用过程中,许多时候往往无法简单地根据现有的法律规范对某一案件作出理所当然的判决,而是要深入探究法律规范的具体内容或者当初的立法意图,以及其他各种复杂社会因素,才能确定前提,推出结论,并说明作出某一裁决的理由,表明它的正当性和合理性。这样的推理过程涉及思维的具体内容,是实质的而不是形式上的,故称"实质推理"。

2. 实质推理

实质推理是指在某些特定场合,通过对法律或者对案件事实的实质内容进行分析、评价,并以价值判断为主要依据所进行的适用法律的推理。这些"特定场合"包括:法律无明文规定,出现法律漏洞;或者法律虽有规定,但规定本身过于笼统和抽象;或者法律规定本身互相交叉或互相冲突;或者运用形式推理适用法律,则明显违背法律精神或立法者的真实意图;等等。"以价值判断为主要依据",通常是指以法律规范之外的各种根据和理由,主要有适用者需要考虑的立法者意图、法律精神、法律的一般原则以及法理、国家政策、当前情势、社会公共道德和秩序等伦理道德或社会方面的因素。

博登海默也把实质推理叫做"辩证推理"。他认为:"辩证推理乃是要寻求一种答案,以对在两种互相矛盾的陈述中应当接受何者的问题作出回答。""由于不存在使结论具有确定性的无可辩驳的首要原则,所以我们通常所能做的只是通过提出有道理的、有说服力的和合理的论辩去探索真理。"①他指出,辩证推理所依据的逻辑并不是形式逻辑,"但它却有一种自身的逻辑。这种逻辑是建立在理性考虑基础之上的,而这就使它同武断的判断完全区别开来。这种逻辑的特征在于它是实质性的,而不是形式上的"②。关于什么是实质推理,沈宗灵更加明确地指出,这种推理并不是指思维形式是否正确,而是关系到思维的实质内容如何确定的问题。因此,这种推理已不是形式推理,而是非形式逻辑的思维。因为它涉及对法律规定和案件事实本身的实质内容所作的价值评价。一般地说,在有疑难案件的情况下,需要进行实质推理。这种推理具有一定的灵活性,但也为法官留下了滥用权力的空隙。③

实质推理一般不以或不仅仅以确定的法律条款作为推导依据,它必须以价

---

① 〔美〕博登海默:《法理学:法律哲学与法律方法》,邓正来译,中国政法大学出版社1999年版,第497页。
② 同上书,第500页。
③ 参见沈宗灵:《法律推理与法律适用》,载《法学》1988年第5期。

值判断为主要依据或作为隐含前提进行推导。实质推理结论的合理与否一般不取决于推理的结构形式,而依赖于分析法律规定或案件事实所形成的价值判断。因此,实质推理是一种涉及实质内容和价值判断的非形式推理,也是一种结构更加复杂、层次更高的推理,远不是单纯采用形式逻辑方法就能给予研究和刻画的推理。因此,对实质推理的研究和刻画就不宜采用形式逻辑的形式化方法,而应吸收和采纳各种非形式化方法。

必须指出,把法律推理分为形式推理和实质推理,只是出于研究和分析的需要,并不意味着在实际适用法律过程中存在着两种互相排斥的推理。事实上,在适用法律的推理活动中,这两种推理经常是交互运用,相互渗透,密不可分的。只不过在拥有不同法律制度和法律传统的国家(或地区),在不同的法律适用(刑事、民事或行政法律适用)领域,对形式推理和实质推理的运用有所偏重而已。一般说来,在以成文法为主要法律渊源的大陆法系国家,法律适用中以形式推理为主,以实质推理为辅;而在以判例法为主要法律渊源的英美法系国家,实质推理的应用范围就要广泛得多。在刑事法律适用中,由于实行"罪刑法定"和"法无明文不罚"的法治原则,因此一般以形式推理为主要的推理形式,基本上没有单纯运用实质推理的情形;而在民事法律适用、经济法律适用(尤其是仲裁适用)中,运用实质推理的机会就要多得多。①

(二) 法律规范推理与个案适用推理

根据法律推理是否涉及具体案件的事实问题,可以把法律推理分为法律规范推理和个案适用推理。

1. 法律规范推理

法律规范推理又称"法律规范命题之间的推导",是指由一个一般性(普遍性或全称)法律规范命题(即"制定法规范"),推导出另一个一般性(普遍性)法律规范命题(即"裁判规范")的推理。这种推理亦可称为"由规范推导规范的推理"。有些学者所说的"法律推理"或"审判推理",实际上所指的也就是这种法律规范推理。②

法律规范推理主要表现为:根据某个一般性、普遍性、综合了多种假定情况的法律规范命题(即立法者制定的法律规范),推导出它所包含的、可适用于某个具体案件的法律规范命题(即裁判规范——法官进行裁判时所遵循的法律规范)。

成文法国家的制定法法律条文(款),往往都表现为比较复杂的命题结构,

---

① 参见雍琦:《审判逻辑简论》,四川人民出版社 1990 年版,第 110、182—189 页;《审判逻辑导论》,成都科技大学出版社 1998 年版,第 141—145 页。

② 参见〔波〕齐姆宾斯基:《法律应用逻辑》,刘圣恩等译,群众出版社 1988 年版,第 320—331 页;王洪:《论法律推理》,载《自然辩证法研究》1996 年增刊;王洪:《司法判决与法律推理》,时事出版社 2002 年版,第 10 页。

可以将其视为一个法律规范命题组。借助于对这样的条文命题结构的分析,并根据其规范模态词(如"必须"、"允许"、"禁止"等)与各个肢命题间的逻辑关系,就可以由这一规范命题组推导出若干个结构简单的、可适用于具体案件的法律规范命题(即"裁判规范")。下面以我国《刑法》第236条第1款为例说明规范的推导过程:

以暴力、胁迫或者其他手段强奸妇女的,处三年以上十年以下有期徒刑。

把这一条款中省略的"词语"补充出来,就可以将其恢复为完整的语句表达式,即:

如果以暴力手段强奸妇女的,或者以胁迫手段强奸妇女的,或者以(类似于暴力、胁迫手段的)其他手段强奸妇女的,那么就应处三年以上十年以下有期徒刑。

刑法条文是立法者给司法者发出的、对犯罪者予以制裁的指令,因而一般都可以将其视为一种命令规范。如果我们以相应的符号表示这一规范命题中的规范模态词、肢命题以及肢命题之间的逻辑联结词,则我国《刑法》第236条第1款就可以"翻译"为命题逻辑的语言(公式)。

设:

p_1 = "以暴力手段强奸妇女的";
p_2 = "以胁迫手段强奸妇女的";
p_3 = "以其他手段强奸妇女的";
q = "处三年以上十年以下有期徒刑"。

则我国《刑法》第236条第1款的命题结构形式为:

$$O((p_1 \lor p_2 \lor p_3) \to q)$$

根据形式逻辑中介绍的命题形式之间的等值转换规律(即命题演算规律),由上述规范模态词制约的命题结构,可推演出下面这样的命题形式:

$$O((p_1 \to q) \land (p_2 \to q) \land (p_3 \to q))$$

再根据规范模态词与其肢命题间的逻辑关系,就可得出下面这样一个法律规范命题组:

(R1)　　$O(p_1 \to q)$
(R2)　　$O(p_2 \to q)$
(R3)　　$O(p_3 \to q)$

再将上述三个结构比较简单的法律规范命题形式转换成自然语言表达式,则可以得到下述一般性(普遍性)的、可适用于某个具体的强奸案件的三个法律

规范命题,即裁判规范:

(Ra) 如果以暴力手段强奸妇女的,那么就应处三年以上十年以下有期徒刑。

(Rb) 如果以胁迫手段强奸妇女的,那么就应处三年以上十年以下有期徒刑。

(Rc) 如果以(类似于暴力、胁迫手段的)其他手段强奸妇女的,那么就应处三年以上十年以下有期徒刑。

换言之,根据我国《刑法》第236条第1款的规定,运用法律规范推理,我们就能推出上述(Ra)、(Rb)、(Rc)这样三个可以适用于某个具体强奸案件的"裁判规范"。①

以上的法律规范推理表明,如果作为前提的法律规范命题(制定法规范)是法律上有效的,则经过逻辑推导所获得的结论即推出的法律规范命题(裁判规范)也同样是法律上有效的。

由以上分析不难看出,这个法律规范推理,就是波兰学者齐姆宾斯基所说的"以规范的逻辑推导为基础的(审判)推理"②。

然而,法律规范推理并不只限于"以规范的逻辑推导为基础的推理"一种,它还包括"以规范的工具推导为基础的推理"和"以立法者评价一贯性的假定为基础的推理"。③ 法律规范推理(即"由规范推导规范的推理")不仅要涉及命题逻辑规律,也同样要涉及立法者制定法律规范时的价值理由,但是并不涉及具体案件的事实。可见,法律规范推理涉及法律推理大前提的构建活动。(有关问题请参见后文"法律推理大前提的构建")

2. 个案适用推理

个案适用推理是指根据一般性(普遍性)法律规范命题和确认的某个具体案件的案件事实,从而推导出该待决案件的裁决、判处结论的推理。这种推理必然要涉及具体的、个别的案件事实。也就是说,它必须根据确实、充分的证据确认具体案件的事实,并将认定的该具体案件的事实归属到一般性法律规范的假定条件(即法律构成要件)中去,从而得出该待决案件的裁决、判处结论。这种个案适用推理的总体推理模式就是人们通常所说的"演绎推理"。它是法律适用推理中最基本、最典型、最常用的推理形式,并因此成为法律逻辑重点讨论的法律推理。

例如,甲公司为了促销产品,未经某乙(著名女影星)同意,擅自在其产品包

---

① 参见雍琦:《审判逻辑导论》,成都科技大学出版社1998年版,第146—147页。
② 〔波〕齐姆宾斯基:《法律应用逻辑》,刘圣恩等译,群众出版社1988年版,第324页。
③ 同上书,第326—331页。

装上使用了某乙的肖像。某乙诉至法院,法院依我国《民法通则》的有关规定判决甲公司应停止使用某乙肖像,并赔偿某乙的损失。

上述案件的审判中,法院就运用了如下个案适用推理:

[大前提]R:如果未经他人同意,以营利为目的使用他人肖像的,那么应当停止使用,并赔偿肖像权人的损失;①

[小前提]F:本案被告甲公司未经原告某乙同意,以营利为目的使用了原告某乙的肖像;②

[结　论]D:所以,本案被告甲公司应当停止使用原告某乙的肖像,并赔偿某乙的损失。③

在这里,我们暂不分析其由规范推导规范的过程,也暂时撇开规范模态词以及法律条款不同于法律规范命题的复杂结构,将该个案适用推理的形式结构简单表示为下列形式:

R:如果 p,那么 q
F:p
─────────
D:所以,q

该推理属于充分条件假言推理的肯定前件式,其结论是由两个前提合乎逻辑地推导出来的。因此,只要作为大前提的法律规定(即"裁判规范")具有法律效力(即合法、有效),小前提确认的案件事实真实可靠,其结论就必然合法、有效。④

在刑事法律适用和民事法律适用过程中,作为法律推理的个案适用推理又可以分为法律责任划归推理和法律责任量裁推理。

所谓法律责任划归推理,又叫做"个案裁处定性推理",是指根据法律条文(款)所规定(或推导)的、可适用于某个具体案件的法律规范命题,对照行为人的行为事实,得出案件定性结论的推理。这种推理在刑事法律适用中习惯上称为"定罪推理",而在民事法律适用中则叫做"民事责任划归推理"。

所谓定罪推理,是指根据《刑法》分则条文(款)规定(或推导)的罪名概念,对照被告人的行为事实,得出对案件事实定性结论的推理。

---

① 大前提"R"是根据我国《民法通则》第 100 条和第 120 条第 1 款的规定,进行法律规范推理而得到的一个完整的、可适用于该个案的裁判规范。《民法通则》第 100 条规定:"公民享有肖像权,未经本人同意,不得以营利为目的使用公民的肖像。"第 120 条第 1 款规定:"公民的姓名权、肖像权、名誉权、荣誉权受到侵害的,有权要求停止侵害,恢复名誉,消除影响,赔礼道歉,并可以要求赔偿损失。"
② 小前提"F"是根据本案证据确认的案件事实。
③ 结论"D"是法院作出的该具体个案的裁决、判处结论。
④ 参见雍琦:《审判逻辑导论》,成都科技大学出版社 1998 年版,第 148—149 页。

所谓民事责任划归推理,则是指法官(法院)在审理民事案件中,针对已经查明的案件当事人实施的违反民事法律规范行为引起的法律后果,确定民事责任主体的推理。即针对已经查明的案件当事人之间的权利义务争议,根据民事法律规范,解决由两造当事人中的哪一方承担民事法律责任的法律推理。

所谓法律责任量裁推理,亦称为"个案裁处定量推理",是指在法律责任划归推理所得结论基础上,进而确定负有法律责任的当事人应承担法律责任的具体方式和内容的法律推理。这种推理在刑事法律适用中通称为"量刑推理",即在定罪推理所得结论的基础上,根据相关的刑法条文(款)的制裁规定,得出对犯罪人判处结论的推理。

在民事法律适用中,这种推理叫做"民事责任量裁推理"。民事责任量裁推理的职能有两个:一是决定责任人承担何种方式的民事责任。我国《民法通则》第134条规定了十种承担民事责任的主要方式(即停止侵害,排除妨碍,消除危险,返还财产,恢复原状,修理、重作、更换,赔偿损失,支付违约金,消除影响、恢复名誉,赔礼道歉)和五种民事制裁的方式(即予以训诫,责令具结悔过,收缴进行非法活动的财物和非法所得,依照法律规定处以罚款,依照法律规定处以拘留)。二是决定当事人承担民事责任方式的具体内容,即承担民事责任的范围和幅度。

法律责任划归推理实际上是确立某一法律规范命题承受者的思维过程,即法学上所谓的"涵摄"或"归摄",或称为"司法归类活动"。就法律规范命题而言,它关于行为规定的描述只是一种假定或预见的条件(或可能),它的承受者是潜在的。比如,对于"禁止故意杀人"这样一个规范命题来说,一般公民都只是该规范潜在的、可能的承受者。一旦有人实施了"故意杀人"这样的行为,这个人就由潜在的、可能的承受者变成了现实的承受者,就成了"违禁者"或"犯法者"。"禁止p",就意味着要"制裁实施p行为者","违禁者"就要承担相应的法律责任。因此,确定某个人是否为某一法律规范的承受者,其实也就是确定他(她)是否要承担法律规范所假定的法律责任,也就是对其进行法律责任划归。

在法律适用过程中,法律责任划归推理和法律责任量裁推理是两个密切联系、不可分割的思维环节或阶段。法律责任划归的目的和归宿是法律责任量裁,而要进行法律责任量裁,就先要进行正确的法律责任划归。不通过法律责任划归推理,不进行司法归类活动,就谈不上适用哪一项法律规范,当然也就无法确定需要何人承担何种方式和内容的法律责任。

在具体的法律适用活动中,特别是在对某个具体案件的裁决或判处结论的论证活动中,法律责任划归和法律责任量裁这两种推理往往是结合起来运用的。譬如有这样一起刑事案件,经查证并运用证据证明了下列事实:某甲确实以口头传播的方法,凭空捏造并散布了某种虚构的事实,损害了某乙的人格,破坏了某乙的名誉,并且情节严重。

根据上述事实,可以确认某甲的行为属于情节严重的诽谤行为,这种行为可归类于我国《刑法》第 246 条第 1 款所假定或预见的"诽谤罪"行为。因此,根据"诽谤罪"的定义,运用法律责任划归推理(此即定罪推理),可得出"某甲的行为已构成诽谤罪"的结论。在此基础上,援用该《刑法》条款,再运用法律责任量裁推理(此即量刑推理),可得出如下裁判结论:"判处某甲有期徒刑 1 年 6 个月"。我们可将上述定罪推理与量型推理结合运用的情形用文字表达如下:

  R:根据我国《刑法》第 246 条第 1 款的规定,以暴力或者其他方法公然侮辱他人或者捏造事实诽谤他人,情节严重的,处 3 年以下有期徒刑、拘役、管制或者剥夺政治权利;

  F:本案被告某甲以口头传播的方法,捏造事实诽谤某乙,并且情节严重;

  D:被告某甲犯诽谤罪,判处有期徒刑 1 年 6 个月。

上面这一量刑推理实际上是与定罪推理结合运用的。大前提(R)包括两部分,可将其分析为:以暴力或者其他方法公然侮辱他人或者捏造事实诽谤他人,情节严重的行为是诽谤罪;对构成诽谤罪的人应当处 3 年以下有期徒刑、拘役、管制或者剥夺政治权利。小前提(F)确认本案被告某甲以口头传播的方法,捏造事实诽谤某乙,并且情节严重,属于以暴力或者其他方法公然侮辱他人或者捏造事实诽谤他人,情节严重的行为。由此,先用定罪推理得出本案被告某甲犯诽谤罪,再用量刑推理得出判处被告某甲有期徒刑 1 年 6 个月的结论。① 可见,在这一量刑推理的运用中就包含了定罪推理的运用,两者是互相结合、紧密相连的。但是,就法官等人的思维活动来说,法律责任划归推理(如定罪推理)与法律责任量裁推理(如量刑推理)却是法律适用推理中的两个不同环节或阶段,并且两个环节或阶段前后相随,不能截然割开,更不能跳过第一阶段,直接进行第二阶段的推理。

四、实质法律推理的必要性及主要类型

（一）实质法律推理的必要性

法律推理可分为形式推理和实质推理。形式推理是法律适用中,尤其是刑事法律适用中,最基本、最常见的法律推理形式。形式推理的特点是,依据同样的前提就应得出相同的结论。

但是,在实际运用法律推理过程中,纯粹运用形式推理的法律推理实际上是

---

① 参见雍琦:《审判逻辑导论》,成都科技大学出版社 1998 年版,第 152—153 页。

不存在的,否则,法官就可以进行机械的操作,成为"自动售货机"式的判决机器。果真如此,法官的作用就确如孟德斯鸠所言,是"复印机"或"仅仅是宣告国家法律的嘴巴"。这样,或许就真可以像某些人所设想的那样,由电子计算机代替法官即由电脑代替人脑进行判案。然而,事实上,这是不可能做到的。我们所说的法律推理尤其是刑事法律适用中的推理,不是完全没有法官的价值判断和自由裁量权的运用,而只是说在形式推理(严格说来,是以形式推理为主的法律推理)中,法官判案的主要依据不是与案件事实及法律内容相关的价值判断,而仅仅涉及形式要件。也就是说,形式推理一般仅适用于那些法律规则明确、具体而完备,案件事实清楚、案情简单的简易案件。同时,运用形式推理必须满足两个条件:一是国家制定了完备且明确的法律规范,假如法律不完备,法官找不到与案情相关的法律规范,即无法获得大前提,自然也就不能进行形式法律推理;二是确认的案件事实完全符合法律规范作出的预见,即能够将事实归于某个法律规范的构成要件之下,否则,没有小前提也无法进行形式法律推理。

然而,西方近现代法律发展的历史表明,要使法律完美无缺,从而对所有情况均有明确的法律规定,是根本不可能的。实践中总会不断有新型案件和疑难案件出现,它们一般都难以靠主要运用形式推理作出妥当处理。例如,关于基因保护、人体克隆、网上购物纠纷、网上侵权纠纷以及网上犯罪等现象,目前还没有制定出明确的法律规范。又如,司法实践中经常遇到的一些疑难案件,也很难找到明确的、可以适用于它们的法律规范。所以,无论从现有法律规定本身还是从案件事实与法律条款的联结方式看,这些案件都不是单纯依靠形式推理就可以作出妥当处理的。那种认为依据法律条款,仅仅运用形式推理就可以得出待处理案件唯一正确裁判结论的想法,只不过是过于天真的空想。在司法实践中,若要正确适用法律以得出妥当的裁判结论,则不仅要运用形式推理,还必须运用涉及实质内容和价值判断的实质推理,以此弥补形式推理的不足和局限,并通过法官创造性的司法推理活动解决实践中新的疑难法律问题。

(二)实质法律推理的主要类型

由于法律制度以及法律文化传统上的差异,各国采用的实质法律推理形式或方法也不尽相同。结合我国司法实践,主要有以下面几种"价值理由"为推理依据的实质法律推理:

1. 根据法律基本原则进行的法律推理

法律基本原则是一切法律规则的来源,也是整个法律规则的基础,具有不可动摇的根本地位。例如,我国民事法律中的公平、平等、自愿、等价有偿、诚实信用等基本原则;刑事法律中的罪刑法定、罪无明文不罚、无罪推(假)定等基本原则。这些基本原则是其他法律规则的来源和基础。在法律适用尤其是民事、经济法律适用中,当法律没有规定或法律规定含义不明时,为了使具体个案获得妥当、合理的处理,就必须根据法律基本原则进行实质法律推理。

例如：

在一起经济合同纠纷案件中,A 公司于 1994 年 2 月 18 日与 B 公司签订一份农副产品购销合同。合同约定:B 公司供给 A 公司棉粕 2000 吨,并于 3 月 20 日前全部进入 C 商业储运仓库。合同订立后,B 公司想加价自销,因此以各种其他理由先后两次向 A 公司明确表示拒绝履行合同。A 公司于 3 月 3 日向法院申请诉前调解和诉前保全。由于 B 公司仍拒绝履约,调解未果。合同履行期届至后,3 月 22 日,A 公司向法院起诉,请求法院判令 B 公司承担违约责任,偿付违约金。一审法院认定 B 公司违约,应承担民事责任;二审法院认定 B 公司不构成违约,对一审予以改判。A 公司不服,提请再审。再审法院认定:B 公司在合同约定的履行期届至前明确表示不再履行合同,构成先期违约。但是,我国当时的《经济合同法》仅对合同履行期届至后的现实违约(亦即实际违约)的法律后果作了具体规定,而对履行期到来前的先期违约行为所产生的后果缺乏相应的规定。根据我国《民法通则》第 4 条关于民事活动应当遵循"诚实信用"原则的规定,当事人双方订立合同后理应信守合同约定,按合同履行义务。B 公司在合同履行期到来之前无正当理由先期违约,给 A 公司造成了经济损失,直接破坏了当事人之间的合同关系,侵犯了 A 公司对合同利益的期待权,损害了 A 公司的利益,也违背了"诚实信用"原则。B 公司理应承担其先期违约的法律责任,因此再审法院判决 B 公司偿付 A 公司违约金。①

该案的再审判决就运用了实质法律推理。因为对于"先期违约"的法律事实,当时法律中没有相应的法律条文可供援用(即存在法律漏洞),以作为大前提而进行形式法律推理,法院结合本案事实情况,直接根据"诚实信用"这一民法基本原则,对 B 公司先期违约行为的实质内容作出价值判断,运用实质法律推理导出裁判结论,即 B 公司违背了"诚实信用"原则,判令 B 公司承担先期违约的责任。可见,再审法院根据案件的实质内容和价值判断所得出的裁判结论,不但是合理的、恰当的,也是合法的,具有可接受性。

2. 根据公共政策进行的法律推理

坚持"依法审判"和"以法律为准绳"的司法原则,是法律适用过程中构建形式法律推理的基本原则,也是现代法治国家的基本原则。但是,在法律适用过程中,我们经常会遇到法律规定模糊不明或者根本没有规定的情形。在这种情况

---

① 参见《某市对外贸易公司诉某市饲料公司购销合同先期违约不能交货案》,载《改判案例评解辑录》(第一辑),法律出版社 2000 年版,第 110—116 页。

下，就可以根据公共政策构建实质法律推理，对待处理个案作出妥当的处理。所谓公共政策，是指政府或执政党为管理国家和社会公共事务而设定的一般性的、具有指导意义的行为准则和目标。

政策包括两类，一为执政党的政策，即党的政策；二为行政机关、立法机关和司法机关的政策，即国家政策。依博登海默的看法，作为法律推理凭据的公共政策"主要是指尚未被整合进法律之中的政府政策和惯例"①。国内也有学者认为，法律推理中"作为补充渊源的政策，只包括国家机关的政策，而不包括党的政策"②。我国《民法通则》第6条规定："民事活动必须遵守法律，法律没有规定的，应当遵守国家政策。"这一规定确立了一条适用法律、政策的原则，即"法律优先于政策适用，用政策补充法律漏洞"的原则。新中国成立以来，公共政策尤其是执政党的政策始终对司法活动发挥着重要的导向作用。在个别时期，司法机关甚至主要按照执政党的政策处理案件。近年来，我国提出了"依法治国"的口号，强调应该把法律当做治国的基本方略，而党的政策也必须由党领导人民通过合法程序上升为国家法律，以减少公共政策包括党的政策对司法的冲击。但是，毋庸置疑的是，公共政策在我国未来的法治化进程中仍将发挥不可低估的作用。

不但如此，而且进行形式法律推理时，如果遇到适用明确规定的法律规范，将会造成违背立法本意、不合法律目的及法律精神的结果时，也就是前述"合法"与"合理"发生冲突时，也可以根据国家政策进行实质法律推理，以期对待处理个案作出妥当、合理的处理。

例如：

A县改革开放以后，商品经济发展较快，邮件猛增。但是，邮电业务跟不上形势发展，邮件包裹大量积压，运不出去，甚至一度停止收发，群众叫苦不迭。在这种情况下，邮电局乡邮电所管理员元某便和该局职工、家属18人合股设立邮点，收寄包裹，运到附近县城的邮局（所）转寄，分散本地邮局的压力，从中收取手续费及运费，共收寄包裹6500多件，总重量达7.2万斤，获利25万元，被人们称为"邮电大王"。结果，一审法院以邮电系国家专营、个人不得经营为由，对元某定以投机倒把罪。二审法院在分析案情时发现：如果不依"邮电专营"的法律判决，就会出现法有明文规定不适用的结果（即违背"依法审判"原则）；如果依"邮电专营"的规定判决，则会使有

---

① 〔美〕博登海默：《法理学：法律哲学与法律方法》，邓正来译，中国政法大学出版社1999年版，第465页。

② 徐国栋：《民法基本原则解释：成文法局限性之克服》，中国政法大学出版社1992年版，第130页。

利于社会的行为受到处罚(即"不合理")。二审法院认为:元某的行为虽然违反了国家有关邮电专营的规定,但是从有利于发展经济和便利群众的角度看,元某的行为同当前改革开放、搞活经济的国家政策是相符合的,不但无社会危害性,而且减轻了邮电局的工作压力,有利于经济发展和方便群众生活,是一种有利于社会的行为。最后,二审法院据此撤销一审判决,改判元某无罪。①

在本案的处理中,一审法院严格按现有法律规定,进行形式法律推理,得出形式上合法而实质上不合理的判决结论。二审法院则根据国家政策进行实质法律推理,因而得出了妥当、合理的判决结论。

3. 根据法理或学说进行的法律推理

"所谓法理,乃指法律之原理而言,亦即自法律根本精神演绎而得之法律一般的原则。""法理乃自法律规定的根本精神演绎而出,在法条中虽未揭示演绎而得之法律一般的原则,惟经学说判例的长期经营,却已渐为人所熟知。"②法理和学说在完善和发展法制方面的必要性和意义为世人所公认。但是,现代各国大都不承认法理和学说是正式法律渊源,不能作为法律适用中构建形式法律推理的大前提即法律依据。不过,法理和学说对实质法律推理仍然具有重要意义。诚如杨仁寿所言:"惟社会现象变化无穷,法律无从规范靡遗,且法律有时而尽,其漏洞苟不予填补,法律的规范目的即无由以达。自有授权审判官运用法理加以补充,以贯彻实践法律的规范目的之必要。"③因此,法理和学说特别是权威性的法律学说,对法官处理案件的思路有明显的导向作用。在有些场合,它还发挥着弥补法律不足的作用,即所谓"有法律,从法律,无法律,从法理"。

在我国审判实务中,根据法理和学说进行实质法律推理的实例也并不少见。在民事、经济类案件的审理中,当法律没有规定或规定过于原则、概括而含义不明时,或者适用现有法律规定将导致不合理结果时,也可以运用法理或学说进行实质法律推理。例如,根据关于情势变更原则的法理进行实质法律推理,在民事、经济类案件的审理中就被广泛地运用。根据民法理论,在履行经济合同中出现情势变更时,为了达到公平、合理地处理当前案件,就应运用情势变更原则进行实质法律推理。所谓情势变更原则,是指民事法律行为(主要指合同行为)成立后,由于当事人虽无过错,但不能预见、不可避免、不能克服的外因致该民事行为的客观基础——情势发生了当初无法预料的剧变,而依民事法律行为原有效力显失公平,又无法律特别规定解决办法的,当事人有权请求法院或仲裁机关予

---

① 转引自雍琦主编:《法律适用中的逻辑》,中国政法大学出版社2002年版,第394—395页。
② 杨仁寿:《法学方法论》,中国政法大学出版社1999年版,第143、144页。
③ 同上书,第143页。

以变更或撤销原民事法律行为的原则。

例如：

"长春市对外经济贸易公司诉长春市朝阳房地产开发公司购销房屋因情势变更而引起的价款纠纷案"①中，原告与被告于1992年6月15日签订房屋购销合同一份，原告向被告购买其正在建造中的房屋一栋，总售价399万元。合同签订后，由于市场建材价格大幅度上涨，同年8月和11月，长春市建委、建设银行联合发布文件，规定自1992年1月起，建设工程结算以原合同定价的50%—70%计取上涨价差。被告据此自行在原价399万的基础上上调99万元，原告提起诉讼。一审法院主张维持原合同效力，判决被告偿付违约金。二审法院经审理认为：建材大幅度涨价，从而使房屋成本提高，这对双方当事人来说，无疑是一种无法防止的外因，它使作为原合同基础的客观情况发生了非当初所能预见的根本变化，如仍按原合同履行显失公平，因此应允许被告变更协议价格。据此，二审法院判决原告给付被告房屋调价款。

本案二审中，就根据情势变更原则的法理进行了实质法律推理。虽然我国《民法通则》没有明确规定情势变更原则，但是由于作为本案合同的基础——情势因非当事人的过错而发生了变化，如仍按原合同履行，则违反《民法通则》规定的公平原则，显失公平。因此，二审法院主要依情势变更原则的法理作出了公正、合理的处理，其裁判结论具有可接受性。

4. 根据最相类似的法律条文进行的法律推理

法律适用中，当处理法律没有规定的具体个案时，通常的方法就是根据最相类似的法律条文进行法律推理，即按类推适用处理。所谓类推适用，是指对于法无明文规定的待处理案件，比附援引与其性质最相类似的法律规定进行处理。类推适用的理论依据是"等者等之"，即"相同之案件应为相同之处理"的法理。

例如：

"李杏英诉被告上海大润发有限公司杨浦店、上海大润发有限公司财产损害赔偿纠纷案"②中，原告于2000年11月1日下午在被告上海大润发有限公司杨浦店（简称"杨浦店"）购物，并使用该店设置的自助寄存柜。下午5时30分左右，原告购物结束后，持该店自助寄存柜密码条（号码为1250719748）找到被告杨浦店的工作人员，称其在购物前曾将皮包一只（内

---

① 详见最高人民法院中国应用法学研究所编：《人民法院案例选》（1993年第2辑），人民法院出版社1993年版，第127—131页。
② 参见(2002)沪二中民一(民)初字第60号民事判决书。

有从原告单位刚领取的公款人民币 4660 元及个人钱款人民币 650 元,计人民币 5310 元)和雨伞一把存入该店 22 号自助寄存柜内,因无法打开该自助寄存柜的箱子,而要求被告杨浦店给予解决。被告杨浦店工作人员按原告指认的柜箱打开后发现里面是空的,并告知原告其所指认的柜箱与密码条显示的柜箱位置不一致;当打开与密码条号码相符的另一柜箱后,发现里面亦是空的。当晚,原告向当地警署报案。

  法院认为,被告杨浦店作为一家大型超市,在人工寄存和自助寄存柜两种寄存方式并存的情况下,原告选择了自助寄存柜寄存其物品,双方之间形成的应是原告借用被告杨浦店自助寄存柜的法律关系,而不是被告杨浦店向原告提供保管服务的法律关系。依照《合同法》第 365 条、第 367 条的规定,"保管合同是保管人保管寄存人交付的保管物,并返还该物的合同","保管合同自保管物交付时成立,但当事人另有约定的除外"。保管合同为实践合同,即保管合同的成立,不仅须有当事人双方对保管寄存物品达成一致的意思表示,而且须向保管人移转寄存物的占有。本案中,原告在使用被告杨浦店自助寄存柜时,通过"投入硬币、退还硬币、吐出密码条、箱门自动打开、存放物品、关闭箱门"等人机对话方式,取得了被告杨浦店自助寄存柜的使用权,并未发生该柜箱内物品占有的转移,即未产生保管合同成立的必备要件——保管物转移占有的事实。被告杨浦店在向消费者提供无偿使用自助寄存柜服务的同时,亦在自助寄存柜上标明的"寄包须知"中明示:"本商场实行自助寄包,责任自负","现金及贵重物品不得寄存",说明被告已表明仅提供自助寄存柜的借用服务,并未作出保管消费者存入自助寄存柜内物品的承诺,被告杨浦店与原告之间并未就保管原告寄存物达成保管的一致意思表示。因此,双方形成的不是保管法律关系,而是借用法律关系。

  在本案借用关系中,被告作为出借人应保证其交付的借用物无瑕疵,并具备应有的使用效能。现根据证人李某的证词及当时自助寄存柜箱门没有被撬痕迹的情况,可以证明被告所提供的自助寄存柜质量合格。且被告在自助寄存柜上张贴的"操作步骤"和"寄包须知"表明,被告对其向消费者提供的无偿使用自助寄存柜服务,已提出正确的接受服务的方法和真实的说明及明确的警示,已尽到了经营者的法定义务。然而,原告既未能提供有效证据,足以证明其所称物品的遗失,是自助寄存柜本身的质量问题,或被告在提供借用自助寄存柜服务中存在的故意或重大过失行为所造成,也未能提供充分证据证明其确曾将所称钱款放入自助寄存柜内,且现场勘验反映原告持有的密码条所对应的柜箱与原告诉称放置其皮包的柜箱位置并不一致。因此,原告要求两被告承担其放置在自助寄存柜内物品遗失的赔偿责任,缺乏法律依据和事实基础,法院难以支持。据此,依法判决:不予支持原告的诉讼请求。

本案是一起消费者因使用超市自助寄存柜遗失物品而引起的财产损害赔偿纠纷案件,案情并不复杂,但在法律适用上有较大难度。法院通过论证最终认定自助寄存柜服务构成新型借用关系。我国《合同法》对借用合同没有直接规定,法律出现空白,为此法院运用《合同法》第124条赋予法官的"类推适用"权限[1],对分则最相类似的条款加以援引,即援引《合同法》第216条、第217条、第220条关于租赁合同的相关规定类推处理此案,从而对本案作出了正确的处理。

5. 根据利益衡量进行的法律推理

根据利益衡量进行的法律推理是最典型的实质法律推理方法。"利益衡量"最早是自由法运动后,利益法学派为反对概念法学所喊出的口号。[2] 20世纪60年代以来,"利益衡量"在日本则作为法律解释的一种方法和方法论而被大力宣扬,是指对对立或冲突双方的利益进行权衡、估量后,考虑应注重哪一方的利益。[3] 利益衡量,实质上就是公平原则,是法律适用中的一种价值判断标准。法律是为解决社会现实中发生的纠纷而确立基本准则的,成为法律受理对象的纠纷在实质上都涉及人们利益上的对立和冲突。无论是进行法律解释,还是处理个案进行裁决,都必须对案件当事人之间对立的利益进行比较衡量,作出价值判断。比如,在民事诉讼领域,由于是平等主体之间的权利义务的争执,主体有互换性,所以经常要依据充分的利益衡量以定胜负,根据立法目的或法理等填补法律漏洞,并根据具体情况作利益衡量,通过这样的实质法律推理实现实质正义。

例如:

"朱虹诉陈贯一侵犯肖像权案"就给司法人员提供了很大的利益衡量空间。关于公民的肖像权,《民法通则》中只有第100条的规定:"公民享有肖像权,未经本人同意,不得以营利为目的使用公民的肖像。"这不是一个很明确的规范。如何界定"以营利为目的"? 构成侵犯肖像权的要件除"未经本人同意"及"以营利为目的的使用"外是否还有其他要件? 最高人民法院有关的解释是:"以营利为目的,未经公民同意利用其肖像做广告、商标、装饰橱窗等,应当认定为侵犯公民肖像权的行为。"除列举了几种营利行为的表现形式外,其他的并未明确。1991年,最高人民法院在《关于上海科技报社和陈贯一与朱虹侵害肖像权上诉案的函》(以下简称《复函》)中指出:

---

① 我国《合同法》第124条规定:"本法分则或者其他法律没有明文规定的合同,适用本法总则的规定,并可以参照本法分则或者其他法律最相类似的规定。"
② 参见杨仁寿:《法学方法论》,中国政法大学出版社1999年版,第175页。
③ 参见梁慧星:《民法解释学》,中国政法大学出版社1995年版,第316—338页。

"上海科技报社、陈贯一未经朱虹同意,在上海科技报载文介绍陈贯一对'重症肌无力症'的治疗经验时,使用了朱虹患病时和治愈后的两幅照片,其目的是为了宣传医疗经验,对社会是有益的,且该行为并未造成严重不良后果,尚构不成侵害肖像权。"可以看出,法院首先将"以营利为目的"限定为以明显的、纯粹的谋取个人利益为目的(因为在报纸上宣传医疗成果并附有地址很难说没有一点谋私利),其次将侵权的构成要件上的法律漏洞填补为除了法定的两个要件外还包括"造成严重不良结果"。这三个要件是大前提,又根据本案的事实(法院认为朱虹因此受到的精神损害如果有,也构不成"严重不良"的程度),所以结论是陈贯一的行为不构成侵权。但是,《复函》接下来指出:"在处理时,应向上海科技报社和陈贯一指出,今后未经肖像权人同意,不得再使用其肖像。"显然,法院努力想在肖像权与言论自由(出版属于广义的言论自由)的冲突中寻找一个利益平衡点,但又颇令人费解:既然是"不构成侵权",为什么今后又"不得"这么做?如果再有类似案件,法院该如何处理?若还是认为不构成侵权,这种"指出"就没有任何实际意义;若认为这么做了应承担法律责任,在双方没有合同约定的情况下,一方要承担一定的法律责任的原因只能是其行为构成侵权。这说明法律在保护公民肖像权和保护言论自由二者之间存在着利益上的冲突和矛盾。这同时表明利益衡量终究只是一种取舍或选择,并非两全的决定。当两种权利发生冲突时,司法人员应根据法律原有的权利配置或法理、政策、公平正义的法律意识,把握现时社会中占主要地位的利益及与其他利益的制衡关系,从而确定其中一种权利的相对重要性,这种权利往往是社会中公民的基本权利,它的相对重要地位有一定的合理性和正当性,它应该是能给社会带来巨大的实际效益的权利。当然,这些权利在给每个人和社会带来利益的同时,个人和社会也必定会为此支付一定的成本或代价。司法人员进行利益衡量,就是要确定多少成本是合理的、必要的。言论出版自由是宪法赋予公民的基本权利,肖像权由民法予以保护,当两者相冲突时,对于我们这个正在改革、追求更为开放的社会来说,司法人员必须选择一个基本方向,即应当更多地或更优先保护这种科学讨论的自由。但是,这并不意味着言论自由是绝对的,它也应有限度。关键是这种限制是否会对总体的、未来的言论出版自由构成实质性的或根本性的限制。本案中,朱虹遭受的精神痛苦是否应为陈贯一行使言论出版自由而给他人和社会带来的利益而支付的必要的成本?如果"必须经同意使用他人的肖像"会对言论出版自由构成长期实质性的、根本的限制,那么这代价就是必要的;反之则是不必要的,陈贯一应承担侵权责任。

法院裁判案件,表面上看好像是依演绎推理(其典型为三段论),以法律规定联结确认的案件事实而直接得出裁判结论。但是,实际上,多数情形则往往取决于实质内容上的价值判断。也就是说,必须结合待处理案件的特定情况,考虑到各种各样实质上的妥当性,即进行利益衡量或考量。当然,在处理各种具体案件时,究竟应注重这方当事人的利益,还是应注重另一方当事人的利益,又是一个相当复杂和艰难的问题。实际上,企图提出一种似乎能适应任何情况的万应良方或共同准则是荒谬的,对不同具体案件的不同具体情况需要进行具体分析。总之,在处理具体案件时,应当在结合具体案件事实和法律条款的基础上,对双方当事人的利益以及它们与社会利益等利益关系进行各种细微的衡量,并据此作出综合判断,根据利益衡量进行实质法律推理,这样才能得出妥当、合理、具有可接受性的结论。

尽管如此,法官在裁判案件时,也不能仅凭利益衡量就作出裁判结论,还必须加上现行法上的依据和理由,即法律构成要件。也就是说,还必须援用现有的法律条款,以便验证依据利益衡量所得的结论是否具有妥当性、合理性,并增加裁判结论的合法性和说服力。①

根据利益衡量进行的法律推理要衡量双方当事人的利益,要涉及实质内容上的价值判断,属于实质法律推理的范畴。但是,在法律适用过程中,又绝不是单独地只根据利益衡量进行实质法律推理作出裁判,它总是渗透在形式法律推理过程中。这种渗透使得整个法律推理结论不仅具有正当性、合理性方面的可接受性,而且又具有合法性方面的论证力。

实质法律推理不以或不仅仅以确定的某一法律条款作为推导依据,还必须以一定的价值理由作为隐含的或显现的附加依据(前提)进行推导。因此,实质法律推理一般不涉及推理的结构形式——当然,不涉及推理的结构形式,并不意味着它没有结构形式——而是涉及基于对法律规定或案件事实本身实质内容的分析、评价的价值判断。实质法律推理是一种涉及实质内容和一定价值理由的非形式的推理,是一种推理结构更加复杂、层次更高的推理,远不是单纯采用形式逻辑(传统或现代)的方法就能给以研究、刻画的推理。因此,对实质法律推理的研究和刻画就不宜采用形式逻辑的形式化方法,而应积极吸收并采纳各种非形式逻辑的方法如论辩方法等。

应该指出的是,法律推理中实质推理的类型远不止上述几种。这里仅列出了较为常见的几种,并且上述分类也不是严格意义上的划分,对此所作分类仅具有相对性。实际上,它们相互之间是可以相容的,在实际法律适用过程中也是可以并用的。

---

① 参见梁慧星:《电视节目预告表的法律保护与利益衡量》,载《法学研究》1995 年第 2 期。

五、法律推理小前提的建立

1. 对案件事实的确认

为了正确适用法律,首先必须确认案件事实,并对事实进行法律评价,将其归于法律规范构成要件之下。从逻辑结构上看,这就是建立法律推理小前提的活动,它是进行法律推理的基础和出发点。

所谓案件事实,是指呈现于诉讼主体以及当事人、见证人或知情人感官之前的关于某一案件实际情况(简称"案情")的陈述或断定,与之对应的内容则是案件的实际情况(案情)。案件事实除具有一般事实的性质外,还具有以下一些特征:

第一,案件事实必须是与法律规范(或法律规定)相关的事实。它必须是受法律制约或法律评价的事实。凡与法律规定无关即不为法律制约、规范或评价的事实,仅是生活事实,而非案件事实。

第二,案件事实通常必须是已进入诉讼程序的事实。凡未进入诉讼程序的事实,即使与法律规范相关,也不自动成为案件事实。

第三,案件事实必须是经验事实,即直接经验或间接经验的事实。对于案件当事人、见证人而言,案件事实基本上是直接经验的事实。对于法官、检察官、律师来说,案件事实通常都不是他们自己亲身经历或参与过的事实,一般都是间接经验的事实(像冲击、扰乱法庭秩序,藐视法庭犯罪这样的案件,在司法实务中是极少见的),因为他们总是没有机会亲眼看见绝大多数案件的实际情况,而只能依据案件当事人、见证人根据直接看到、听到或者经历的案件实际情况,或者根据案件遗留的过去的痕迹物证等信息媒介了解和把握案件事实。

第四,案件事实具有不可重复的特性。案件一经发生,便不可重演。因此,某一案件的实际情况不可能在现实中予以重演,只能通过逻辑推理而在思维中予以再现。

诉讼活动中,案件当事人、检察官、律师或证人对案件事实的反映或陈述,如刑事诉讼中控诉方(检察官或自诉人)依法指控的事实,或者民事诉讼中原告方(或反诉方)依法所主张的事实,诉讼法学上一般称为"诉称事实"或"待证事实"。由于与诉称事实有关的主体对案件实际情况存在认识上和主张上的差异,同时还有强烈的利己动机和个人好恶等情感因素的干扰,最终可能导致诉辩双方自觉地或不自觉地采用虚假的陈述夸大或缩小、掩饰或抹杀案件的实际情况,以致诉称事实或待证事实真伪不明,使得诉称事实已经不是或者不完全是现实中案件本身形态的事实。因此,诉称事实或待证事实,与案件事实本身不是一回事。

所谓对案件事实的确认,又叫做"认定案件事实",是指法律适用过程中,法官、检察官或律师运用证据确认关于某一具体案件情况的陈述是否真实,从而认定某一法律规范所假定的情况已经发生或者没有发生。

2. 在确认事实基础上的司法归类

案件实际情况得到确认后,并不能自动构成法律推理的小前提,因为已确认的案件事实还无法与法律推理的大前提即相应的法律规范联结起来。因此,还必须对已经确认的案件事实以某种形式作出法律评价,表明该案件事实已在某个法律规范中被假定或预见到。也就是说,该案件所具有的特定情况属于某个法律规范的适用范围。这一活动过程就是所谓的"司法归类活动",即法学上所说的"涵摄"或"归摄",也有学者称之为"法律事实的解释"。

司法归类活动是以逻辑学上所说的"归类"作为基础的。逻辑学上所谓的"归类",就是将种概念所反映的较小的类归入到属概念所反映的较大的类的思维过程。比如,根据蝙蝠也分泌乳汁喂养新生的后代等属性,生物学上将其归入到哺乳动物而不是归入到鸟这一类中,这就是归类。归类有自然归类和人为归类两种。

所谓司法归类,是指法官等法律工作者以法律规范为标准,对案件事实进行法律评价或衡量,分析出某个案件事实本身所具有的法律意义。具体而言,也就是当某个案件事实被确认后,通过逻辑分析,弄清该法律事实在法律上的意义,如它产生、变更或消灭了哪些法律关系等问题。概括说来,司法归类具有三方面含义:

第一,司法归类是由法官等法律工作者,根据法律规范可能的涵盖范围,对案件事实所作的说明或法律评价。这种说明或评价尽管是在法律规范所涵盖的范围内进行的,但并不完全以法定情形为限。因为对案件事实进行说明和评价,虽然具有逻辑分析的成分,但也不排斥有时会依据经验法则加以判断,或依据价值观念进行解释。司法归类需要凭借法律概念的内涵对案件事实加以说明和评价,因而不可避免地需要作出法律上的判断,当然也包括根据立法宗旨和法律精神所作出的主观判断。

第二,法官等进行司法归类,实际上是对生活事实进行法律化解释和评价的过程,也是法官等通过法律思维剪裁生活事实,从而得出相关法律结论的过程。在司法活动中,适用法律是把具体案件事实与有关法律规范相互结合的思维活动过程,其中的司法归类则是将法律规范与案件事实联结起来的中介和桥梁。

第三,司法归类也是法官在裁决文书中说明案件裁判理由时应当详细说明的内容。法官裁判案件应当说明判决理由,且应在裁判文书中充分展示。判决理由既包括认定事实和适用法律的内容,也应包括司法归类的内容。在具体的诉讼活动中,某个案件事实往往能引申出多个法律结论,法官根据认定的事实和适用的法律,为什么得出这一结论而非别的结论,这都需要加以说明,否则很可能就是主观擅断或任意裁判。

在司法归类活动中,司法人员对法律规范的理解或解释不同,常会导致对同一案件事实作出不同的法律评价,并得出不同的法律适用结果。因此,司法归类活动即对确认的案件事实进行法律评价,必然依赖于对法律规范的理解、分析和选择,即司法归类活动必然与构建法律推理大前提的活动联系起来。

六、法律推理大前提的构建

1. 构建法律推理大前提活动的第一步——寻找法律

在进行三段论法律推理过程中,确认了案件事实,建立了法律推理小前提之后,还必须寻找、发现可供援用的法律规范。这一寻找、发现可供援用的法律规范的活动,也就是构建法律推理大前提的活动。能够充当法律推理大前提的法律规范,必须是一个具体的、逻辑结构完整的法律规范,即兼具行为模式和法律后果的法律规范。这样的法律规范一般很难在法律文本中直接找到。通过分析法律规范与法律条文之间的关系不难看出,"很少法条是完全的,它们通常必须通过组合才能形成完全的法条"。同时,充当法律推理大前提的法律规范,不能是笼统的、模糊的法律原则、法典文件或其他形式,而只能是那些具体的、完整的法律条款,或者由这些法律条款推出的具有明确指令的、解决具体案件的法律规则。正如黄茂荣所说:"只有完全法条才具有完整的构成要件与完整的法律效果,……只有完全的法条才能成为法律之适用上的大前提,因此在法律的适用上首先必须通过法律解释或法律补充进行法条的组合,以获得该当的完全法条。"[①]也就是说,为了获得法律推理大前提,必须寻找、发现可供援用的、具体的法律规范。所以,构建法律推理大前提的活动,也就是寻找、发现可供援用的法律规范的活动。

构建法律推理大前提活动的第一步,是根据案件事实寻找法律。

找法的结果,通常有三种可能情形:

其一,有可供适用的法律规范;

其二,没有可供适用的法律规范,即存在法律漏洞;

其三,法律虽有规定,却因过于抽象而无法予以直接援用,还须加以具体化。

若出现第一种情形,则应对可供适用的法律规范进行狭义的法律解释,以明确其意义内容,区分其构成要件及其法律效果之后,方可直接援用;若出现第二种情形,则应对所存之法律漏洞进行漏洞补充,以获得可供适用之具体法律规范方可援用;若出现第三种情形,则应对其加以具体化之后,方可获得供援用之法

---

① 黄茂荣:《法学方法与现代民法》,中国政法大学出版社2001年版,第181页。

律规范。①

这一找法活动过程,在法学方法论上被称为"广义的法律解释"。在具体适用法律过程中,通过上述法律解释活动(即找法活动)获得可供适用的法律规范之后,还必须援用体现这些法律规范的具体法律条款,并使确认的案件事实与援用的法律条款联结起来,借助于这样的联结,从所援用的法律条款中演绎推导出可靠的、合法的和妥当的裁决、判处结论。这是法律推理结论具有合法性、妥当性和可接受性的法律依据。

2. 构建法律推理大前提活动的第二步——解释和援用法律条款

找到法律条款之后,还必须对法律条款进行解释(理解)和援用。因此,构建法律推理大前提活动的第二步,便是对法律条款的解释(理解)和援用。

法律规范是兼具构成要件和法律效果的行为规范,它只能借助于法律条款表达出来。但是,法律条款与法律规范往往不是一回事。通常情况下,一个法律规范要借助于几个法律条款才能表达出来,有时一个法律规范的构成要件与法律效果甚至会出现在不同的法律部门中。但是,在构建法律推理大前提活动中,所援引的只能是相关法律条款(或条文),而法律推理所需要的却是相应的法律规范。这里面就有许多问题值得研究。这里仅讨论对法律规范(或法律条款)的解释(理解)和援用问题,暂不考虑法律规范与法律条款的区别,而将它们都看做找法活动所找到的"法",并用"法律规范(条款)"笼统称呼它。

法律规范(条款)本身,就其内容而言无所谓真假,即规范本身不具有逻辑学意义上的真假。但是,法律规范(条款)本身和对法律规范(条款)的援用并非一回事,后者还要涉及援用者对被援用的法律规范(条款)的理解和解释问题。理解和解释就有正确与否的问题,即有真假的问题。从逻辑上说,法律规范(条款)本身是外在于法律规范(条款)的援用者而客观存在的,而援用者在援用法律规范(条款)时已加进了援用者的主观理解。这种理解(或解释)未必与客观存在的法律规范(条款)完全吻合。尽管从表面上看,二者的文字表述在多数情况下是一致的,但当法律条款被援用时,不可避免地会掺入援用者的理解成分乃至评价因素,实际上已经加入了司法人员就有关法律规范(条款)的司法解释。如果把外在于援用者的法律规范(条款)表述为"规范 N",则司法人员所援用(理解)的法律规范(条款)就应表述为"援用者所理解的'规范 N'"。

由此可见,作为法律元语言的"规范 N"自身无所谓真假,而作为司法语言的"援用者所理解的'规范 N'"因掺入了援用者的理解成分,相对于"规范 N"自身表述的意思来说就存在理解是否正确的问题,即有真假的问题。从这个意义上,我们可以说法律推理的大前提也同样存在是否真实的问题。

---

① 参见梁慧星:《民法解释学》,中国政法大学出版社 1995 年版,第 192 页。

对法律推理大前提的真假,可从以下三个方面确定:

首先,所依据的大前提是否属于具有法律效力的法律条款;

其次,具有法律效力的条款是否为制定良好的普遍规则,即它是"善法"还是"恶法";

最后,援用者所理解或解释的法律条款是否符合立法者所确立的或可推知的含义(即立法真意),或者是否符合法律的价值目的(即是否符合正义和人类理性)。

可见,进行法律推理时,如果大前提确系相应的法律条款,并且援用时也理解正确,这样的大前提就是真实可靠的,也是具有法律效力的,由此演绎推导出的裁决、判处结论也就具有法律的权威性和强制性;反之,如果大前提不真实,或者真实性不可靠,那么由此而推导出的裁决、判处结论当然也就不具有合法性和正当性,这样的结论就不具有说服力,也难以被人接受。

第三节 规范命题

一、规范命题概述

规范命题是表达行为规范的语句。了解规范命题,先要对行为规范及法律规范作一简单介绍。所谓行为规范,就是约束人们行为的规则,它要求特定的人在假定的某种情况出现时以某种方式做出或不做出什么样的行为。例如:

  医生进入手术室前必须严格消毒。

  任何人不得在学校附近燃放烟花爆竹。

行为规范包括三方面内容:(1)规范的承受者,表明规范是对谁发出的指令;(2)承受者应有的行为,表明要求做出或不做出的是何种行为;(3)履行行为的条件,表明何种情况出现时履行行为。

根据一个完整的行为规范所必须包括的三方面内容,可将其结构概括为如下表达式:①

  如果某人具有特征 T,并且出现情况 W,那么必须(允许或禁止)履行 C。

或者用公式表示为:$(T \land W) \rightarrow NC$

公式中的"C",既可指作为,如"严格消毒",也可指不作为,如"不燃放烟花爆竹"。"N"是规范模态词,代表自然语言中的"必须"、"允许"和"禁止"这类语

---

① 参见〔波〕齐姆宾斯基:《法律应用逻辑》,刘圣恩等译,群众出版社1988年版,第142页。

词。实际生活中,行为规范的三个部分通常并不完整表达出来。"T"和"W"经常省略。但是,应注意,若省略"T",即没有指明规范承受者,则有两种可能,或者通过语境已经明确,或者对所有人都适用;若省略"W",即没有指出行为的条件,则表明在任何情况下都得按指令行事。

任何行为规范,包括法律规范,都必然表达为一个个具有命题结构形式的语句,而且作为规范,是给特定对象发出的指令,因而既要有对行为的表达,还要有对行为执行方式的说明。逻辑学中将"必须"、"允许"、"禁止"这类表达行为执行方式的语词称为"规范模态词",并将包含规范模态词的语句称为"规范模态命题",简称"规范命题"。

规范模态命题属于广义模态命题。对规范命题一般依模态词不同而分为三类,这是法理学所采用的分类,即将规范命题分为授权性规范命题、义务性规范命题和禁止性规范命题。

逻辑学上,通常先根据命题中是否包含其他规范命题,将规范命题分为两类:基本规范命题和复合规范命题。

基本规范命题就是不包含其他规范命题的命题,通常由规范模态词加上非模态命题(简单命题或复合命题)构成,亦称"规范命题的基本形式"。例如:

> 合议庭成员人数必须是单数。
> 对于从犯,应当从轻、减轻处罚或者免除处罚。

它们都具有"必须 p"这样的形式,所以是规范命题的基本形式。

复合规范命题就是包含其他规范命题的命题,通常由联结词加上基本规范命题构成,亦称"规范命题的复合形式"。例如:

> 对于应当判处死刑的犯罪分子,如果不是必须立即执行的,可以判处死刑同时宣告缓期二年执行。

其形式为"如果并非必须 p,那么允许 q 并且 r",因而是复合规范命题。

二、规范命题的基本形式及其逻辑关系

(一)规范命题的基本形式

关于基本规范命题,一般分为必须命题和允许命题两类。

1. 必须命题

必须命题亦称"义务性规范命题",也就是含有"必须"、"应当"这类模态词的命题。它表明对承受者给出的相关行为规定是被命令强制履行的。也就是说,假定的情况一旦出现,承受者就得履行行为,不履行行为的做法是遭到禁止的,并有可能导致惩罚或其他不利后果。例如:

① 公民必须履行宪法和法律规定的义务。
② 搜查妇女的身体,应当由女工作人员进行。
③ 汽车进入居住区必须不鸣笛。
④ 在公共场所应当不抽烟。

以上都是必须命题,若把模态词抽取出来,可获得必须命题的一般形式,即"必须p"或"应当p"。规范命题变项部分可以是肯定的,也可以是否定的。若用"p"代表变项部分为肯定,用"┐p"代表变项部分为否定,并用"O"表示"必须",则①和②的形式为"Op",③和④的形式为"O┐p"。

现代汉语中表达必须命题,除了"必须"和"应当"外,通常还用"有义务"、"有……的义务"、"有……的责任"等表示。例如:

人民法院有义务保证被告人获得辩护。
凡是知道案件情况的人,都有作证的义务。
附带民事诉讼的当事人对自己提出的主张,有责任提供证据。

以上语句也同样表达必须命题。

2. 允许命题

允许命题也叫"授权性规范命题",它表明承受者有做出或不做出某种行为的权利,即允许承受者做出或不做出某种行为。它表明,当假定的情况出现时,按照规范指令履行行为是承受者的权利,任何人都不得非法干涉,否则便是侵犯他人权利。

现代汉语中表达允许命题,除了"允许"外,还常用"可"、"可以"、"准予"、"准许"、"有权"、"有……的权利"、"有……的自由"等表示。例如:

⑤ 允许外国公司、企业与中国合营者共同举办合营企业。
⑥ 被告人可以为自己辩护。
⑦ 公民有不发表言论的权利。
⑧ 公民有不信仰宗教的自由。

以上都是允许命题,若把模态词抽取出来,可获得允许命题的一般形式,即"允许p"或"可以p"。规范命题变项部分可能为肯定,也可能为否定。若用"p"代表变项部分为肯定,用"┐p"代表变项部分为否定,并用"P"表示"允许",则⑤和⑥的形式为"Pp",⑦和⑧的形式为"P┐p"。

法律规范中,关于权利性的法律条文(如宪法中规定公民基本权利的条文),一般也都属于允许命题。

自然语言表达的规范命题,除必须命题和允许命题两种基本形式外,还有禁止命题,即包含"禁止"模态词的规范命题,它与禁止性规范相对应。在自然语言中,除了"禁止"一词外,含有"严禁"、"不得"、"不许"、"不准"等模态词的规范命题也属于禁止命题。但是,从逻辑学角度考虑,我们没有将禁止命题单独列出。主要理由有两点:第一,在规范逻辑中,"允许"被定义为"不禁止","禁止"被定义为"不允许"。可见,"禁止"这样的规范模态,实际上可以通过对"允许"进行否定而得到。即使从语词含义考虑,"禁止"的含义其实就是"必须不"。所以,禁止命题其实并不是一种独立的规范命题基本形式,它只不过是必须否定命题的另一种表达方式或者简称。第二,将规范命题归结为必须命题和允许命题两种基本形式,就可以与真值模态命题中的必然命题和可能命题两种基本形式相对应,这样做便于我们研究和把握不同规范命题之间的逻辑关系。因此,可将禁止命题看做必须命题或允许命题的某种变形,而不必将禁止命题作为规范命题的基本形式单独列出。

基于上面对规范命题的分类,规范命题存在两种基本形式,即必须命题和允许命题。又由于规范命题中的变项可以是肯定的命题形式(用"p"表示),也可以是否定的命题形式(用"¬p"表示),仿照真值模态命题的分类方式,规范命题亦可分为以下四种形式:

(1) 必须肯定命题,形式为"必须 p",或者写成"Op"。
(2) 必须否定命题,形式为"必须非 p",或者写成"O¬p"。
(3) 允许肯定命题,形式为"允许 p",或者写成"Pp"。
(4) 允许否定命题,形式为"允许非 p",或者写成"P¬p"。

关于禁止命题与必须命题和允许命题之间的等值转换,应主要掌握以下几对重要关系:

(1) Fp↔O¬p   ("禁止 p"等值于"必须不 p")
(2) Fp↔¬Pp   ("禁止 p"等值于"不允许 p")

(二) 规范命题间的逻辑关系

素材相同的四种规范命题"Op"、"O¬p"、"Pp"、"P¬p"之间,也有着类似于真值模态命题"Lp"、"L¬p"、"Mp"、"M¬p"之间的逻辑关系。只是,它并非完全意义上的真假制约关系,而是有关权利和义务的逻辑推演关系。这种关系也可借用下页逻辑方阵图表示。

规范命题间的逻辑推演关系,不同于真值模态命题间的对当关系。严格说来,规范命题之间不具有逻辑上的真假关系,它们之间只是一种妥当或不妥当、合理或不合理的推演关系。这些关系虽然借用模态对当关系称呼,但是要注意它们之间存在的差异。

1. 反对关系

"Op"与"O¬p"之间为反对关系。也就是说,在同一规范体系中,"p"与"¬p"两种行为不可能同时都是义务,但可以同时都不是义务。这意味着,同一

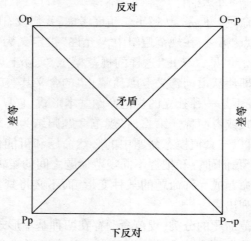

规范体系中,"p"与"￢p"不能同时设立为义务。否则,规范本身就不协调。同时,由于"Op"与"O￢p"之间为反对关系,因此若在一个规范体系中已明确规定"p"是义务,则可推知"￢p"并非义务,反之亦然。但是,假如规范体系中明确规定"p"(或"￢p")不是义务,不能由此推出"￢p"(或"p")就是义务,有可能"p"与"￢p"都不是义务。

2. 差等关系

"Op"与"Pp"、"O￢p"与"P￢p"之间均为差等关系。也就是说,"必须"蕴涵"允许","允许"的否定蕴涵"必须"的否定。换言之,义务蕴涵权利,对权利的否定也就意味着对义务的否定。

这意味着,在制定规范时,由于权利与义务可能同时成立(义务蕴涵权利),也可能同时不成立(否定权利蕴涵否定义务),因此当某种行为可设立为义务时,亦可设立为权利;若某种行为不能设立为权利,或设立为权利不妥当,也就不能设立为义务。但是,某种行为可以设立为权利,不等于也可以设立为义务;当某种行为只是与人的自由相联系,而不是与职责或职权相联系时,就只能设立为权利,而不能设立为义务。例如,宪法规定公民有言论自由,即公民有言论的权利,但不能推出公民有言论的义务,因为公民有沉默权。此外,否定某种行为是义务,不意味着也能否定这种行为是权利。但是,如果否定某种行为是权利,也就否定了该种行为是义务。例如,新的《婚姻管理登记条例》将"接受婚前检查"由强制性规定修改为建议性规定,这意味着"接受婚前检查"已经不再是义务。但是,否定了"接受婚前检查"是义务,不等于也否定了"接受婚前检查"的权利。虽然法律没有将此明确规定为权利,但是公民显然是具有这项权利的。再如,教师在考试前没有将试卷内容透露给学生的权利,因而教师也就必定没有将试卷内容透露给学生的义务。

3. 下反对关系

"Pp"与"P¬p"之间为下反对关系。也就是说，在同一规范体系中，"Pp"与"P¬p"二者可同时成立，但并非必然同时成立。换言之，"p"与"¬p"可同时设立为权利，但并非必然同设为权利。因此，若规定承受者有"p"权利，并不意味着就否认他有"¬p"权利，也不意味着肯定他有"¬p"权利。这就是说，由允许"p"不能推出不允许"¬p"，也不能推出允许"¬p"。因为在有些情况下，比如"p"与"¬p"都没有规定为义务时，规定"Pp"，则意味着"P¬p"。例如，宪法既没有将信仰宗教规定为义务，也没有将不信仰宗教规定为义务。此时，若规定公民有信仰宗教的权利，也就意味着公民有不信仰宗教的权利。但是，在另外的情况下，比如"p"既被设为权利，又被设为义务时，"Pp"成立，而"P¬p"则不成立。这时，"Pp"就不意味着"P¬p"。例如，宪法规定公民有受教育的权利和义务，在此情况下，公民有受教育的权利，显然并不意味着"公民可以受教育，也可以不受教育"。可见，根据下反对关系，不能由"可以怎样"推出"不可以怎样"或"可以不怎样"。另外，在同一规范体系中，若"Pp"（或"P¬p"）不成立，则"P¬p"（或"Pp"）必定成立，即由不允许"p"可以推出允许"¬p"，由不允许"¬p"可以推出允许"p"。换言之，在规范体系中，若不承认承受者有做出"p"（或"¬p"）的权利，就得承认他有做出"¬p"（或"p"）的权利。否则，既不承认有"p"的权利，又不承认有"¬p"的权利，就会使得承受者动辄得咎，无所适从。这样的规范肯定是不合理的。

4. 矛盾关系

"Op"与"P¬p"、"O¬p"与"Pp"之间分别为矛盾关系。也就是说，在同一规范体系中，"Op"与"P¬p"（或"O¬p"与"Pp"）既不能同时成立，也不能同时不成立。换言之，在规范中若将"p"设立为义务，就不能同时又将"¬p"设立为权利（反之亦然）；若将"p"设立为权利，就不能将"¬p"设立为义务（反之亦然）。同理，在规范中若否定了承受者有"¬p"这样的权利，就等于设立了他有"p"这样的义务（反之亦然）；若否定了有"p"这样的义务，就等于设立了有"¬p"这样的权利（反之亦然）。

因此，由对"Op"的否定（即"不必须p"），可以推出"P¬p"；由对"Pp"的否定（即"不允许p"），可以推出"O¬p"。同理，由对"O¬p"的否定（即"不必须非p"），可以推出"Pp"；由对"P¬p"的否定（即"不允许非p"），可以推出"Op"。

基于上述规范模态命题之间的逻辑关系，可概括出如下这样一些推演关系：

若以"→"表示由左边公式可推出右边公式，以"←"表示由右边公式可推出左边公式，以"↔"表示左右两边公式可以互推，意即"等值"，则上述推演关系可表示如下：

① $\neg Op \leftrightarrow P\neg p$ （矛盾关系）
② $\neg O\neg p \leftrightarrow Pp$ （矛盾关系）
③ $\neg Pp \leftrightarrow O\neg p$ （矛盾关系）
④ $\neg P\neg p \leftrightarrow Op$ （矛盾关系）
⑤ $Op \rightarrow Pp$ （蕴涵关系）
⑥ $O\neg p \rightarrow P\neg p$ （蕴涵关系）

在法律中还有不少规范命题是以禁止命题的形式出现的，若以符号"F"表示"禁止"，则禁止命题的一般形式就是"Fp"或"F¬p"。

由于"禁止"被解释为"不允许"，"允许"被解释为"不禁止"，"禁止"的含义相当于"必须不"，于是又可补充如下关于禁止命题的公式：

⑦ $Fp \leftrightarrow \neg Pp$
⑧ $F\neg p \leftrightarrow \neg P\neg p$
⑨ $Fp \leftrightarrow O\neg p$ （因为 $Fp \leftrightarrow \neg Pp \leftrightarrow O\neg p$）
⑩ $F\neg p \leftrightarrow Op$ （因为 $F\neg p \leftrightarrow \neg P\neg p \leftrightarrow Op$）

上面这些公式，表明了必须命题、允许命题和禁止命题之间的相互关系。同时，由于禁止命题又与制裁性规范相联系，规定"Fp"，就意味着要制裁作"p"者，因而也表明了这些规范命题与制裁性规范的关系。从上面这些关系可以看出，只有当"p"（或"¬p"）被设立为义务，即规定"Op"（或"O¬p"）时，才可作出"F¬p"（或"Fp"）这样的规范命题，也才能设立制裁作"¬p"者（或制裁作"p"者）这样的规范。

从以上分析不难看出，规范模态词不同，就会导致命题结构不同（如由"禁止"变换为"必须"，则变项"p"就要相应地变为"¬p"等），而变项"p"既可以是简单命题，又常常表现为复合命题。当受规范模态词制约的行为规定即变项"p"为复合命题时，规范模态词的不同如何影响命题的结构，以及由联结词结合规范命题基本形式所形成的复合规范命题与各肢命题间存在何种关系？下面对此略作介绍。

三、复合规范命题之间的逻辑关系

复合规范命题就是包含其他规范命题的命题，通常由联结词加上基本规范命题构成，亦称做"规范命题的复合形式"。例如：

① 公民可以依照本法规定立遗嘱处分个人财产，并可以指定遗嘱执行人。

② 律师应当在一个律师事务所执业，不得同时在两个以上律师事务所执业。

上面两例都是复合规范命题。对它们可以进行以下分析,如例①可变形为:

允许公民依照本法规定立遗嘱处分个人财产,并且允许公民指定遗嘱执行人。

该复合规范命题的形式可表示为:允许 p 并且允许 q。

也可用符号语言表达为:$Pp \land Pq$。

如前所述,基本规范命题就是不包含其他规范命题的命题,通常由规范模态词加上肢命题(简单命题或复合命题)构成,亦称"规范命题的基本形式"。肢命题即变项可以是简单命题,也可以是复合命题。如果变项是复合命题,则称为"规范命题复杂形式"(注意:它有别于规范命题的复合形式即复合规范命题)。规范命题复杂形式与复合规范命题在形式结构方面有明显的区别。例如,$P(p \land q)$ 与 $Pp \land Pq$ 就有区别,前者是基本规范命题的形式,即非模态命题变项部分是复合命题;后者是复合规范命题的形式,由真值联结词联结的是两个基本规范命题。从逻辑结构方面分析,这两种形式是逻辑性质根本不同的命题形式,应加以区分。但是,规范逻辑告诉我们,这两种命题形式之间也存在着一定的逻辑推演联系,主要表现为逻辑上的等值关系和蕴涵关系。具体可用以下公式表示:

(1) $O(p \land q) \leftrightarrow Op \land Oq$

(2) $P(p \lor q) \leftrightarrow Pp \lor Pq$

(3) $Op \lor Oq \rightarrow O(p \lor q)$

(4) $O(p \lor q) \rightarrow Op \lor Pq$

(5) $P(p \land q) \rightarrow Pp \land Pq$

(6) $F(p \lor q) \leftrightarrow Fp \land Fq$

规范逻辑将上面这些公式所刻画的重要关系称为"规范模态词的分配与概括"。例如,(1)式从左边推出右边,叫做"对规范模态词的分配";而从右边推出左边,叫做"对规范模态词的概括"。应注意的是,上述公式中,(1)、(2)、(6)是等值关系,其余皆是蕴涵关系。

第四节 法律概念

法律概念是法律的基本构成要素,一些中外法学家将法律概念形象地称为法律的"砖石"。从适用法律的角度看,法律概念又是对具体案件进行司法归类并在此基础上适用法律规定,进而通过法律推理得出裁决、判处结论的中介和支柱。在司法实践中,许多案件的争议往往是由于双方当事人对某个法律概念的不同理解所造成的。因此,从研究法律推理的角度出发,我们不仅要讨论法律推理和法律规范命题,还必须对法律概念进行必要的分析。

一、法律概念的含义及特点

(一)法律概念的含义

所谓法律概念,是指出现在法律规范中用以指称那些应由法律规范调整的事件或行为的法律专门术语。

例如,法律文本中的"公民"、"法人"、"合同"、"遗嘱"、"债"、"财产所有权"、"起诉"、"答辩"、"故意"、"过失"、"自首"、"不可抗力"、"民事法律行为"等概念就是法律概念。

掌握法律概念,必须注意它与法学概念之间的区别和联系。

首先,法律概念与法学概念间有着本质区别。法律概念与法学概念虽然都与法律现象有关,但是前者存在于法律条文之中,它是法律的基本构成要素,是国家意志的体现,具有法律的约束力和强制性;后者主要存在于法学理论研究与教学中,它是法学专家、学者的创见,在得到国家法律认可之前,不具有法律的约束力和强制性。例如,"合同"、"民事权利"、"不可抗力"、"犯罪未遂"、"正当防卫"等,都是存在于我国现行法律条文之中并具有法律效力的概念,所以都是法律概念;而"自然法"、"正当程序"、"所有权权能"、"婚内强奸"、"性贿赂"等,都是法学专家、学者在法学的教学和研究中创立的反映社会法律现象的概念,它们虽然与法律有关,但是并不存在于法律条文之中,因而不具有法律上的效力,不属于法律概念,而仅仅是法学概念。

其次,法律概念与法学概念的区别也不是绝对的,二者之间存在着密切联系:(1)有不少概念既是法律概念,又是法学概念。例如,"自然人"、"法人"、"诚实信用"、"时效"、"善意"、"刑事责任"等即是如此。(2)法学概念一旦得到国家认可,即可转化为法律概念。如"法人犯罪",原本只是个法学概念,但现已进入我国《刑法》中,成为法律概念。

(二)法律概念的特点

法律概念的特点是相对于普通概念而言的,具体可概括为以下几方面:

1. 法律概念的内涵和外延一般是国家以法律形式加以规定的,因而具有主观规定性

在法律中,几乎所有的法律概念,特别是刑法中的罪名概念,其内涵都是通过规定方式确立的。在形成法律概念过程中,立法者并非要掌握该对象的一切特征,因此仅把该对象中某些重要的、对法律规定有意义的特征摄入概念内涵,舍弃其余特征,或者对法律规定来说,其余特征都被视为不重要。例如,我国《民法通则》第11条规定:"18周岁以上的公民是成年人。"该条"成年人"概念的设定,其内涵只包含两个特征:第一,所涉及者仅是自然人;第二,必须年满18周岁。这两个特征必须纳入法律概念的内涵,至于"成年人"的其他特征,法律通常不予考虑。

2. 表达法律概念的语词是约定的,并与法律概念保持一一对应关系

一般情况下,概念与语词之间不是一一对应关系。但是,在法律中,考虑到概念与语词间这种并非一一对应的复杂关系可能会给严肃的法律文本的理解造成困难和歧义,立法者在立法过程中对法律概念的表达问题一般都会给予特别关注,尽可能选择没有歧义的语词表达法律概念。例如,我国诉讼法中相当多的法律概念就选用了单义性的语词作为其表达形式,这样的概念或语词如"公诉"、"自诉"、"起诉"、"申诉"、"抗诉"、"拘传"、"原告人"、"被告人"、"公诉人"、"财产保全"、"先予执行"、"取保候审"、"监视居住"、"移送管辖"、"指定管辖"、"诉讼中止"、"诉讼终结"等。由于这类语词不是日常语言中的通用语词,进入法律领域才被赋予一定含义以表达确定的法律概念。这些概念或语词已经成为法律中的专门术语,离开法律语境一般不再用来表达别的概念。这样的法律专门术语其实类似于现代逻辑中的符号语言,其语词与所表达的概念之间实际上是一一对应的关系。

二、法律定义的种类及特殊形式

法律概念的精确性,要求立法者必须通过各种方法对法律概念加以明确,而定义是立法者明确法律概念最常用的逻辑方法。

(一) 法律定义的种类

根据不同的标准,定义可以区分为不同的类型。例如,概念都有内涵和外延,明确概念可从内涵着手,也可从外延着手。于是,根据定义的目的(明确概念内涵还是明确概念外延),可将定义分为内涵定义和外延定义。另外,被定义项可以是某个语词或概念所代表的事物,也可以仅仅是该语词本身。也就是说,通过定义可以揭示概念的内涵,也可以仅仅说明该语词的字面含义。因此,根据定义是否涉及概念的内涵,可将定义分为真实定义和语词定义。

下面结合法律文本中的实例,对内涵定义、外延定义和语词定义作一简要说明。

1. 内涵定义,就是明确法律概念内涵的定义。例如:

未成年工是指年满16周岁未满18周岁的劳动者。

2. 外延定义,就是明确法律概念外延的定义。例如:

近亲属是指夫、妻、父、母、子、女、同胞兄弟姐妹。

3. 语词定义,就是只涉及表达概念的语词的含义而不涉及概念的内涵的定义。例如:

本法所称的著作权即版权。

(二) 法律定义的特殊形式

在法律文本中所见到的法律定义往往还以特殊的定义形式出现。这种特殊形式的法律定义主要有如下几种：①

1. 析取型定义

如果被定义概念指称的对象包括两种以上的不同特征且又不能作总的概括，在定义项中就只能分别列出其种差项。这样，各个种差项之间就具有"或者"一词表示的逻辑关系，即析取关系。这样的法律定义，称为"析取型定义"。例如：

> 应当预见自己的行为可能发生危害社会的结果，因为疏忽大意而没有预见，或者已经预见而轻信能够避免，以致发生这种结果的，是过失犯罪。

2. 合取型定义

如果被定义概念指称的对象共同具有若干种差项表明的性质且又不能作总的概括，各个种差项之间就具有"并且"一词表示的逻辑关系，即合取关系。这样的法律定义，称为"合取型定义"。例如：

> 本条所称商业秘密，是指不为公众所知悉，能为权利人带来经济利益，具有实用性并经权利人采取保密措施的技术信息和经营信息。

3. 内涵外延型定义

如果对某个法律概念既要明确其内涵，又要明确其外延，这时通常采用内涵外延型定义。由于法律对概念的确定性有较高要求，所以在法律文本及法律解释中常会见到这种内涵外延型定义。例如：

> 本法所称物权，是指权利人依法对特定的物享有直接支配和排他的权利，包括所有权、用益物权和担保物权。

4. 肯定否定型定义

定义一般不能采用否定形式，但由于法律要求释义精确、缜密、精细，因此常采用肯定否定相结合的形式，给法律概念下定义。例如：

> 正当防卫明显超过必要限度造成重大损害的（属于防卫过当），应当负刑事责任。对正在进行行凶、杀人、抢劫、强奸、绑架以及其他严重危及人身安全的暴力犯罪，采取防卫行为，造成不法侵害人伤亡的，不属于防卫过当，不负刑事责任。

---

① 限于篇幅，对法律定义的六种特殊形式不作详细分析。有关内容可参见缪四平：《法律定义研究》，载《华东政法学院学报》2003年第3期。

5. 复合型定义

在需要用法律加以规范的事物或现象中,经常会出现主体、客体及行为等相互之间错综复杂的情况,对这些复杂情况,立法者有必要加以综合概括,从而形成概括性的定义。这时,种差项之间既非单纯的析取,亦非简单的合取,而是既有合取又有析取的复合型关系。若一个法律概念的种差项之间存在着合取与析取的复合关系,这样的定义称做"复合型定义"。例如:

> 本法所称合同是平等主体的自然人、法人、其他组织之间设立、变更、终止民事权利义务关系的协议。

6. 省略型定义

在刑法中,有时为了考虑行文的简洁紧凑,常用省略形式将几个相互之间有联系的罪名合成一个罪名,并用一个定义的表达形式概括表达,这样形成的定义称为"省略型定义"。例如,依照我国《刑法》第363条的规定,可以给出如下定义:

> 制作、复制、出版、贩卖、传播淫秽物品罪就是以牟利为目的,制作、复制、出版、贩卖、传播淫秽物品的行为。

很明显,这一定义的被定义概念其实包含五个罪名,而定义概念也分别揭示了这五个罪名各自不同的构成性质。从语句形式上看,这好像是一个定义;而从逻辑上分析,其实包含了五个定义。这种省略形式的定义,除法律行文外,在其他场合是难以见到的。

三、法律中的模糊概念

(一) 模糊概念在法律中存在的必要性

在法律文本中,随处可见诸如"情节轻微"、"数额巨大"、"手段恶劣"、"诚实信用"、"合理期限"等内涵和外延都不十分确定的概念,它们就是人们通常所称的"模糊概念"。

例如,表示时间的"傍晚",表示年龄的"老年",表示性质的"高"、"矮"、"快"、"慢",表示数量的"多数"、"巨大"等,就其内涵而言,具有模糊性;就其外延而言,其外延的边缘部分极其模糊,因而属于模糊概念。

模糊概念在日常生活中有其独特的作用,在法律中也大量运用。

(二) 模糊概念在法律中的作用

模糊概念在法律中的作用大致有以下几方面:

1. 用于列举事物。当法律要列举的事物很多,又无法一一列举或无须一一列举时,常常使用"其他……"或"以及其他……"等模糊概念表示。

2. 用于表示事物的数量。由于法律中有相当一部分数量(数额)不必也不能采用具体数字予以明确,所以往往要用"数额较大"、"数额巨大"、"数额特别巨大"等模糊概念表示。

3. 用于表示犯罪情节与后果的轻重程度。由于犯罪情节与后果的轻重程度是无法量化的,所以法律中常常用"情节轻微"、"情节严重"、"情节特别恶劣"、"重大伤害"、"重大损失"、"严重后果"、"严重危害"、"重大伤亡事故"、"后果特别严重"等模糊概念表示。

4. 用于表示时间和空间。因为法律所提及的时间和空间范围大多是不确定的,所以常用"必要时"、"在一定时期内"、"在特定时期内"、"部分地区"、"个别地区"、"合理期限内"等模糊概念表示。

5. 用于表示事物的状态。由于事物的状态各式各样,也难以确切刻画,所以法律常用"感情破裂"、"危急情况"、"紧急状态"等模糊概念表示。

6. 用于表示处分、制裁的情态。由于处分、制裁的情态不能量化,也难以确切刻画,所以法律常用"酌情给予行政处分"、"酌情处罚"、"从轻处罚"、"减轻处罚"、"从重处罚"、"严厉惩处"等模糊概念表示。

7. 用于表示犯罪的动机和目的。由于犯罪的动机各式各样,难以划一,所以法律常用"以营利为目的"、"为他人谋取利益"、"为谋取不正当利益"等模糊概念表示。

8. 用于表示那些性质相近或界线不明的事物(现象)。这类模糊概念在法律中最普遍,如"伤害"、"欺诈"、"胁迫"、"善意"、"恶意"、"过错"、"侮辱"、"诽谤"、"剽窃"等。可以毫不夸张地说,法律中多数条文都是由这些模糊概念构成的。离开了模糊概念,成文法律就根本无法制定出来。

(三) 模糊概念在法律中的清晰化处理

模糊概念对法律表述的简明概括起到很大作用,但是法律中模糊概念运用过多,就会使法律条文的含义不确定,从而使法律缺乏可操作性。因此,有必要运用各种方法对模糊概念进行清晰化处理,以减少或降低概念的模糊性。

法律中对模糊概念的清晰化处理有许多方法,这里仅介绍立法中对模糊概念加以限制的三种方法,即附加约定、行文制约、聚合互见。

1. 附加约定

附加约定,是指立法者在制定具体法律过程中,必须运用某个模糊概念时,在运用概念之前或之后专门附加一段说明或解释,就相关概念的含义和适用对象等作出具体而明确的规定,从而使概念得以明确的方法。例如,刑法中的"重伤"就属于模糊概念,其内涵和外延很不明确。但是,"重伤"在刑法中是一个使用频率极高的重要概念。在很多情况下,是否致人重伤,直接关系到对犯罪嫌疑人的定性和量刑。因此,对于什么是"重伤",法律必须作出明确界定。为此,我国《刑法》第 95 条对"重伤"作了较为具体的规定:

本法所称重伤,是指有下列情形之一的伤害:

(一) 使人肢体残废或者毁人容貌的;

(二) 使人失去听觉、视觉或者其他器官机能的;

(三) 其他对于人身健康有重大伤害的。

虽然还含有"其他"、"重大"这样的模糊概念,但这时的"重伤",其含义要明确得多。

2. 行文制约

行文制约,是指立法者在制定法律过程中,不得不使用模糊概念时,通过相关上下文的帮衬和制约,使模糊概念的含义和界限得到相对明确的揭示,从而使该概念内涵和外延变得清晰起来的方法。例如,我国《刑法》第 279 条规定:

冒充国家机关工作人员招摇撞骗的,处三年以下有期徒刑、拘役、管制或者剥夺政治权利;情节严重的,处三年以上十年以下有期徒刑。

冒充人民警察招摇撞骗的,依照前款的规定从重处罚。

"从重处罚"原是个模糊概念,但在上述条文中,由于上下文的帮衬和制约,其含义界限获得了相对的明确,那就是:犯罪嫌疑人的犯罪情节若属于分号前所说的那种情况,则他所判刑接近三年;若属于分号后所说的那种情况,则他所判刑接近十年。

3. 聚合互见

聚合互见,是指立法者在制定法律过程中,将一部法律中的模糊概念按类别聚合成一个系列,并经互相对比,让各自的含义界限在这种系列对比中得到一定显示的方法。例如,在经济犯罪中经常涉及数额大小,但是刑法条文对数额的规定又不宜过于具体,因此通常要使用模糊概念表示数额大小。在涉及经济犯罪的案件中,表示数额大小的概念主要有:

数额较大——数额巨大——数额特别巨大……

由于在同一条文中,这些模糊概念经过聚合而形成了一个概念系列,在这一概念系列中,通过聚合对比左右概念,概念的含义范围得以显示。所以,用聚合互见的手法使模糊概念的模糊程度得到一定的控制,这在法律文本特别是刑法条文中是较为常见的。

由此可见,通过立法途径对模糊概念进行清晰化处理,是与法律创制同步进行的,其本身可以说就是法律创制过程必不可少的一个组成部分。

思考题

1. 逻辑学与法学的关系是什么?

2. 法律逻辑是一门什么性质的学科？它主要研究哪些内容？
3. 为什么说研究法律逻辑仅靠形式逻辑是不够的？
3. 什么是法律推理？它具有哪些特点？
4. 什么是形式法律推理？什么是实质法律推理？
5. 形式推理与实质推理在统一的法律推理中具有何种关系？
6. 什么是法律规范推理？什么是个案适用推理？
7. 什么是法律责任划归推理？什么是法律责任量裁推理？举例说明。
8. 法律推理的主要作用是什么？
9. 怎样建立法律推理的小前提？
10. 在司法归类活动中价值判断的作用如何？
11. 如何构建法律推理的大前提？
12. 法律规范的结构与法律规范命题的结构有何不同？
13. 基本法律规范命题一般分为几种？自然语言中相应的模态词有哪些？
14. 规范命题四种基本形式之间的逻辑推演关系与传统对当关系的区别和联系是什么？
15. 规范命题复杂形式与复合规范命题之间的逻辑推演关系主要有哪两种？举例说明。
16. 什么是法律概念？它与法学概念有何区别与联系？
17. 法律定义的特殊形式有哪些？举例说明。
18. 法律中模糊概念存在的必要性是什么？模糊概念在法律中有何作用？
19. 立法中对模糊概念进行清晰化处理主要有哪些方法？举例说明。

后　记

本书各章节撰稿人如下：
　　第一、八、九章　　　　　　　张晓光
　　第二、三、七、十、十一章　　缪四平
　　第四章　　　　　　　　　　　梁永春
　　第五章　　　　　　　　　　　孔庆荣
　　第六章　　　　　　　　　　　王　莘

编　者
2008 年 12 月